失能失智老龄人
安养信托的制度设计

陈雪萍 ◎ 著

中国社会科学出版社

图书在版编目(CIP)数据

失能失智老龄人安养信托的制度设计 / 陈雪萍著 . —北京：中国社会科学出版社，2022.8

ISBN 978-7-5227-0440-1

Ⅰ.①失… Ⅱ.①陈… Ⅲ.①养老—信托法—研究—中国 Ⅳ.①D922.282.4

中国版本图书馆 CIP 数据核字（2022）第 117874 号

出 版 人	赵剑英
责任编辑	梁剑琴
责任校对	李 剑
责任印制	郝美娜

出 版	中国社会科学出版社
社 址	北京鼓楼西大街甲 158 号
邮 编	100720
网 址	http://www.csspw.cn
发 行 部	010-84083685
门 市 部	010-84029450
经 销	新华书店及其他书店

印刷装订	北京君升印刷有限公司
版 次	2022 年 8 月第 1 版
印 次	2022 年 8 月第 1 次印刷

开 本	710×1000 1/16
印 张	17.5
插 页	2
字 数	296 千字
定 价	108.00 元

凡购买中国社会科学出版社图书，如有质量问题请与本社营销中心联系调换
电话：010-84083683
版权所有 侵权必究

人生下半场基本生活需满足
乐活、尊严更重要

序　言

　　人口老龄化是国际社会面临的共同难题，解决人口老龄化问题是对中华民族伟大复兴战略全局的巨大考验，成为《中共中央关于制定国民经济和社会发展第十四个五年规划和二〇三五年远景目标的建议》的"国家战略"。随着"高龄化社会"向"高龄社会"的急遽变迁，快速老龄化凸现。因低出年率，我国已呈现少子高龄社会结构，失智失能风险剧升，照料需求增大，而我国医疗、康复、护理类专业化服务人才欠缺，导致专业化养老服务难以满足日益增长且多元化的养老需求。以往高龄者的扶养与照顾事务，系由同居之家属如配偶或子女为之。随着社会变迁，单身或丁克家庭越来越多，高龄者生活所需依赖的家属已不存在；即使高龄者有成年子女，但因工作无法照护高龄父母，家庭原有的养老功能衰退，高龄者需要的经济来源、财产管理和人身照护服务，无法从家庭中获得，需要求助于外援。

　　高龄者生活安养及医疗照护已成为国家和公民个人所面临的重大问题。从国家层面，可借由养老服务体系的构建予以落实；通过国家的介入，以社会法的措施保障高龄者之生活如日常生活料理、居家护理、复健、医疗服务等。从个人层面，可通过财产管理将年轻时累积之资产活化，实现晚年安养照护之目的。

　　信托制度具有安全保障、专业化管理、持续性等多功能性，已突破财产管理范围，与安养照护、医疗护理等不可分离，可较好地弥补监护等制度之不足。信托制度将高龄者之安养照护与财产管理相衔接，具有解决老龄者照护难题之优势。

　　《失能失智老龄人安养信托的制度设计》一书，从"人""财"两个维度，为提高高龄者生活质量、解决高龄者难题，提供一种全新的思路和解决方案。此书不仅开拓了信托服务养老研究的新领域，也为高龄者安养制度的研究起到示范作用。"读圣贤书""闻养老事"，愿此书能助益于高龄者"人""财"之规划。

目　　录

导论 ……………………………………………………………（1）
 一　研究的背景 …………………………………………（1）
 二　研究的现实意义和理论意义 ………………………（3）
 三　研究内容、研究方法、突出特色和主要建树 ……（5）
 四　学术价值和应用价值 ………………………………（9）

第一章　问题提出：失能失智老龄人安养之现状 ………（11）
 第一节　需要为基础：人口高龄化之挑战 ……………（11）
  一　失能失智老龄人安养机制之动因 ………………（11）
  二　失能失智老龄人安养机制之缺漏 ………………（13）
  三　失能失智老龄人安养制度之困境 ………………（14）
 第二节　安养照护理念：权利保障和尊严维护 ………（17）
  一　自我决定权的保障 ………………………………（17）
  二　尊严的维护 ………………………………………（18）

第二章　现实需要：失能失智老龄人安养信托法制之回应 ………（20）
 第一节　理论回应：原则、制度和标准 ………………（20）
  一　原则之遵守 ………………………………………（20）
  二　制度之保障 ………………………………………（25）
  三　标准之确立 ………………………………………（27）
 第二节　因应策略：制度之最佳选择 …………………（34）
  一　意定监护与信托之共性 …………………………（34）
  二　监护与信托之并用 ………………………………（37）
 第三节　制度回应：老龄人身上照护与财产管理问题之因应 ……（45）
  一　从保护到自主 ……………………………………（45）
  二　由监护到信托 ……………………………………（49）
  三　自愿为主强制为辅 ………………………………（52）

第三章　基本法理：失能失智老龄人安养信托之制度基础 …………（54）
　第一节　基本理念：安养信托设计的宗旨 ………………………（54）
　　一　权利保障之需要 ……………………………………………（54）
　　二　安养信托之内涵 ……………………………………………（57）
　第二节　核心功能：失能失智老龄人安养信托之活化 …………（59）
　　一　意思冻结之功能 ……………………………………………（60）
　　二　自由裁量之功能 ……………………………………………（60）
　　三　替代意定监护之功能 ………………………………………（63）
　　四　受益人连续性之功能 ………………………………………（64）
　第三节　信托之设立：要素、财产及类型 ………………………（65）
　　一　安养信托之要素 ……………………………………………（65）
　　二　安养信托之财产 ……………………………………………（77）
　　三　安养信托之类型 ……………………………………………（81）

第四章　安养信托之成立与生效：成立要件和生效要件 …………（98）
　第一节　安养信托之成立要件："三个确定性"要件及形式
　　　　　要件 …………………………………………………………（98）
　　一　安养信托的完全设立 ………………………………………（98）
　　二　"三个确定性"要件 ………………………………………（99）
　　三　形式要件 …………………………………………………（103）
　第二节　安养信托的生效要件：目的的有效性、当事人资格要件
　　　　　及财产权移转要件 ………………………………………（108）
　　一　目的的有效性 ……………………………………………（108）
　　二　当事人资格要件 …………………………………………（113）
　　三　财产权移转要件 …………………………………………（116）

第五章　他山之石：失能失智老龄人安养照护信托法制的域外
　　　　经验 …………………………………………………………（119）
　第一节　英国信托法制之经验 …………………………………（119）
　　一　照护信托 …………………………………………………（119）
　　二　保险信托 …………………………………………………（121）
　　三　资产保护信托 ……………………………………………（125）
　　四　福祉型信托 ………………………………………………（127）
　　五　英国信托可资借鉴之处 …………………………………（129）

第二节　美国信托法制之经验 ……………………………… (130)
一　特殊需要信托 …………………………………………… (130)
二　资产保护信托 …………………………………………… (139)
三　不可撤销的人寿保险信托 ……………………………… (142)
四　监护信托与支援信托 …………………………………… (144)
五　美国信托制度可资借鉴之处 …………………………… (146)

第三节　日本信托法制之经验 ……………………………… (149)
一　福祉型信托 ……………………………………………… (149)
二　成年监护制度支援信托 ………………………………… (153)
三　生命保险信托 …………………………………………… (163)
四　日本信托制度可资借鉴之处 …………………………… (165)

第四节　中国台湾地区信托法制之经验 …………………… (167)
一　安养信托 ………………………………………………… (167)
二　监护信托 ………………………………………………… (170)
三　保险金信托 ……………………………………………… (173)
四　中国台湾地区信托制度可借鉴之处 …………………… (177)

第六章　架构运作：失能失智老龄人安养信托之运作机理 … (181)

第一节　架构：失能失智老龄人安养信托之法律构造 …… (181)
一　特殊需要信托之法律构造 ……………………………… (181)
二　监护信托之法律构造 …………………………………… (187)
三　成年监护制度支援信托之法律构造 …………………… (194)
四　安养（福祉型）信托之法律构造 ……………………… (200)
五　保险信托与保险金信托之法律构造 …………………… (207)

第二节　运作：失能失智老龄人安养信托之运作规范 …… (215)
一　特殊需要信托的构成要件 ……………………………… (215)
二　监护信托的构成要件 …………………………………… (219)
三　监护制度支援信托的构成要件 ………………………… (223)
四　安养（福祉型）信托的构成要件 ……………………… (225)
五　保险（金）信托的构成要件 …………………………… (228)

第七章　内外监督：失能失智老龄人安养信托之监控机制 … (231)

第一节　安养信托受托人的内部监控 ……………………… (231)
一　安养信托受托人模式 …………………………………… (231)

二　安养信托受托人的义务监控 …………………………（235）
　第二节　安养信托受托人的外部监控 ……………………（243）
　　一　法院的监控 ……………………………………………（243）
　　二　监察人的监控 …………………………………………（245)
结语 ……………………………………………………………（247）
参考文献 ………………………………………………………（255）
后记 ……………………………………………………………（268）

导 论

一 研究的背景

《世界人口展望：2019 年修订版》的数据显示，到 2050 年，全球每 6 人就有 1 位年龄在 65 岁以上，占比为 16%，而在 2019 年每 11 人就有 1 位年龄在 65 岁以上，占比为 9%；到 2050 年，欧洲和北美每 4 个人就有 1 位年龄在 65 岁或以上。2018 年，全球 65 岁或以上人口史无前例地超过了 50 岁以下人口数量。此外，预计 80 岁或以上人口将增长两倍，从 2019 年的 1.43 亿增至 2050 年的 4.26 亿。[①] 可见，随着全球经济的发展，人口老龄化问题已经不再是简单的区域性问题，而逐渐呈现出全球性、加速增长的特点。

伴随老龄人口数量的持续增加，高龄、超高龄和失能失智老人数量不断上升，老龄社会呈高龄化、失能化等趋势，养老服务需求持续增长。随家庭养老功能的日渐弱化，对社会化养老的需求快速增长。从世界卫生组织提供的数据[②]来看，到 2030 年我国 65 岁以上老龄人的人数从 7% 上升至 14%，人口老龄化的加剧，势必产生更多的失能失智老龄人，他们因身心障碍或功能性失能[③]即失能失智，成为社会的弱势群体，需要依赖社会福利的支援或其他家庭成员的照顾，始能免于生活上的匮乏和照护资源的缺乏，我国应迅速应对这一现实。

目前，我国失能、半失能老龄人的数量达到了 4000 万，其中大部分

[①] United Nations, "World Population Prospects 2019: Highlights", https://www.un.org/development/desa/publications/world-population-prospects-2019-highlights.html., on March 26, 2020.

[②] WHO, "Global Health and Aging", https://www.who.int/ageing/publications/global_health.pdf., on March 26, 2020.

[③] 法律上丧失辨识能力（限制民事行为能力和无民事行为能力）以及因物理能力丧失而心智能力健全即具有完全判断能力（完全行为能力）因罹患疾病而需要照护的人。

人借助社会化服务实行居家养老。庞大的数字显示失能失智老龄人对照护的迫切需求，包括日常生活起居的照料如翻身、擦身、喂饭、按摩等需求。① 需要综合谋划积极应对人口老龄化之失能失智老龄人照护之路径，并利用相关制度予以保障。

中国早已进入老龄化社会，养老不只是基本生活需求，还要让老龄人乐活且有尊严！随着高龄化来袭，罹患疾病而功能性失能或意思能力弱化而失智的老龄人人数日益增加，对照护行业的需求越来越迫切。失能失智老龄人照顾是一件既需体力又需耐力的事。若家庭成员有时间精力，可以亲自照顾老龄人。但因高龄少子日趋严重，家庭照顾功能日渐衰退，亟须建构照护制度，解决失能失智老龄人的安养照护问题。

为解决日益迫切的失能失智老龄人的安养照护问题，党的十九届四中全会《中共中央关于坚持和完善中国特色社会主义制度　推进国家治理体系和治理能力现代化若干重大问题的决定》明确提出以加快建设居家社区机构相协调、医养康养相结合为核心的养老服务体系的战略目标。根据党的十九大的精神，老龄化应对应"积极化"、养老服务应"法治化"、养老事业应"多元化"，但如何解决失能失智老龄人的身上照护和养护医疗等问题是我们当下面临的重大课题，具体采取何种因应对策，最终必须通过法律的形式加以实现。从宏观来看，养老服务体系建设需要解决"居家社区机构养老相协调"和"医养康养相结合"两方面的问题，从微观来看，涉及"医护照料""健康养护""福祉提升"等具体目的，透过信托功能可促进"协调""结合"得以落实，保障安养目的得以实现。

老龄人福利的最基本目标是在国家基本社会保障的前提下，满足老龄人基本生存需要，通过社会福利事业发展满足老龄人的个性化的需要。我国老龄人福利尤其是失能失智老龄人的社会福利已成为政府社会福利施政中最优先的考量。因整体社会福利资源的贫乏，老龄人在因老化所导致身体与心智功能退化时，安养照顾问题如医疗复健、福利服务、家庭照顾负担与照顾人力承继、不同层次的个性化照护需求等问题日趋复杂，对家庭造成沉重的压力和负担。不论是居家照顾或机构安养均涉及"经济能力"

---

① 张群琛：《谁来破解失能老人照护难题？失能老人家属对护工不放心》，《北京晚报》2020年4月21日。

和"照护服务"问题，对有经济能力的老龄人，若能提前做好财产配置与管理，通过切实可行的"制度设计"可较容易地解决生活费用问题和改善照顾安养问题；失能失智老龄人之照顾与安养支出，对大多数家庭而言负担沉重，对经济拮据的老龄人，除了政府提供的基本福利外，若仍不能获得维持基本生活和基本安养费用支出，可通过信托等制度寻求民间资源之救助。信托是一种参与社会福利的管道，对居家且生活有困难或机构内养护费用负担有困难的失能失智老龄人给予经济上的协助；就安养照护而言，也可通过信托制度安排，将资产移转给受托人，由其安排养护机构以换取终身照顾的承诺。信托受托人有义务依信托本旨为信托财产之管理并依委托人之约定，将信托利益交付给委托人指定的机构或个人，提供医疗照护服务，委托人也可选任信托监察人，监督受托人执行信托行为的情况，保护受益人权益。受托人还会受到法院监控、信义义务的监控和有意思能力或决策能力的受益人的监控，这种内外监督机制可以有效防止受托人之滥权，并能防范其道德风险。信托已超出传统财产管理的范围，财产管理与安养照护不能截然分开，老龄人可通过信托本旨依其经济能力、身体状况和不同层次需求，选择适当的养老服务模式（居家社区机构、医养康养），具体由受托人来落实，不仅可以保护高龄者或失能失智者的财产管理和安全，而且可以保障其生活照顾、安养照护、医疗健康服务、休养照护等。

二 研究的现实意义和理论意义

（一）现实意义

目前，我国的老龄人人口数量持续上升，人口出生率却不断下降，人口老龄化或超高龄化的问题极其突出。数据显示，2019年，我国65岁以上人口数量为1.76亿人，占总人口比重12.57%，这一比例较之于2018年提升0.64%；同年，人口出生率下为10.48%，较之于2018年下降0.46%。我国老龄人呈高龄化趋势，失能失智风险提升，而医疗、康复、护理类专业化服务人才欠缺，导致专业化养老服务难以满足日益增长且多元化的养老需求。目前我国有能力为失能、半失能老人提供专业护理和医疗的养老机构数量有限，有能力进行风险管控和承担的机构更少。人口老龄化问题一直是我国政府部门关注的重点问题。

生活不能自理的母亲被活埋，卧病在床高老龄者被保姆闷杀①，保姆谋害老龄人的事件时有发生②，失能失智老龄人的安全问题备受关注。可见，照护行业需健全法治，完善管理，提供专业化的照护服务，将照护服务纳入法治化的轨道。

随着人均寿命的延长，罹患失能失智症的概率增加，失能失智者照护问题日趋严重。在当前的养老照护服务格局下，居家安养照护仍居首位，家庭照料仍占主导地位。但随着高龄化的加剧，失能失智老龄人人数的不断攀升，医疗服务和"社会化照料"的需求不断增加，需要建置不同类型的社会照料服务网或体系，居家社区机构照料需协调发展，医疗服务和健康养护需结合。通过信托制度在照护领域的运用，探讨其可行架构和运作规范，设计实质意义上的安养信托，让照护服务机构及信托机构妥善利用信托保全、增值、保护、意思冻结或破产隔离等功能③，维护被照护者权益，确保老龄人之财产管理和安养照护之目的，符合本人利益以及使本人意思得以延续。并用监护与信托或通过成年监护制度支援信托，防止亲属监护人的滥权，确保被监护人的财产安全，为其提供安养照护。万向信托成功落地全国第一单成年监护制度支援信托，实现信托与监护的创新融合，对解决失能失智老龄人的身上事务和财产管理具有极高的价值。实务中，也可将特殊需要信托、安养（福祉型）信托、照护服务预收款信托、以房养老信托、安养（福祉型）信托、安养公益信托、安养型家族信托等各类信托引入安养照护领域，满足失能失智老龄人多元化的养老服务需求。理论界也需要探掘其法源和法理，将研究成果用以指导信托制度在安养照护领域的应用。

人口老龄化趋势下的老龄人群体由于身体、智力等各方面的原因，面临着诸多财产管理和人身照护的问题。一是老龄人对于自己的老年生活并没有进行有效的事先规划。这使得老龄人迈入耄耋之年时，想要有效管理自己的财产却已经来不及；而自己的身体和生活也可能因得不到及时的照

---

① 《保姆闷死卧床老人，老年人安全事故频发，家中有老人的可长点心吧》，https://baijiahao.baidu.com/s? id=16665802035620804760&wfr=spider&for=pc，2020年5月14日。

② 《保姆杀害老人引众怒，我们如何才能有尊严地养老》，https://www.sohu.com/a/405894752_120620724，2020年7月5日。

③ 王志诚：《信托法》，五南图书出版公司2016年版，第46—54页。

护和料理而使自己陷入困境。二是亲友造成当事人本人之困扰。亲友之间争夺财产时有发生，这很可能使他们忽视对老龄人的照护。三是本人意思未受到应有的尊重。从我国现行法律对失能失智老龄人的保护来看，老龄人智力衰退或心智丧失时，首要的法律保护手段是开启并适用监护制度，老龄人对自己的财产或是人身的照护计划自然得不到满足。四是老龄人财产可能因有心人的欺诈而受到损害。由于没有采取防范措施，老龄人很可能在尚未完全失能失智之前被人欺骗。

（二）理论意义

以积极应对老龄化战略为切入点，明确"信托法制"对"老龄人安养照护和财产管理"的兼顾作用。通过信托的安全保障、财产管理、投融资、意思冻结、节税、财富传承等诸多功能，满足老龄人之现实需要，设计各种安养信托；结合信托之弹性与灵活性的特征，研究各类安养信托制度（实质意义上），以满足失能失智老龄人照护需求。

重点研究老龄化社会之信托制度的基本理论，探讨其运作规范，深入把握其规律，进一步深化安养信托制度之内涵，提升制度的实用性及其研究的学术性。

探讨运用于失能失智老龄人安养照护的信托制度之运作方式、法律构造和监督机制，将信托与其他制度相结合，体现安养信托在理念、原则、方式、形态、运作和监控上的创新。

三 研究内容、研究方法、突出特色和主要建树

（一）研究内容

借鉴国际经验，结合我国实践，活化信托制度，灵活与监护、保险等一些制度顺利连接，有效协助失能失智老龄人保全财产，支援其身心照护，以改善失能失智老龄人之福祉。围绕此目标，本书分为7章：

第一章提出问题，探讨积极老龄化视域下失能失智老龄人安养照护之现状。首先，分析人口高龄化挑战所产生的失能失智老龄人安养机制之动因、阙漏以及安养制度之困境；其次，探掘权利保障和尊严维护的安养照护理念，以自我决定权的保障和尊严的维护作为安养信托制度设计的根基。

第二章以现实需要为导向，以信托法制回应失能失智老龄人安养照护问题。从理论回应、制度保障和行为能力三个层面，提出因应失能失智老

龄人安养照护的理论问题；从制度的最佳选择角度，提出因应策略；兼顾老龄人身上照护与财产管理的双重需要，进行制度回应，以保护与自主并举的安养信托制度替代监护制度，并根据需求在自愿和强制信托之间作出选择。

第三章探掘失能失智老龄人安养信托的基本法理，作为失能失智老龄人安养信托设立之制度基础。确立失能失智老龄人安养照护制度权利保障之理念，明确安养信托之内涵，不仅要有形式上的安养信托，也要发展实质上安养信托；发挥信托的核心功能，活化失能失智老龄人安养信托制度；以要素、财产及类型为核心，探讨安养信托之设立。

第四章探讨安养信托之成立要件和生效要件，保障安养信托之完全设立。以"三个确定性"及形式要件作为安养信托之成立要件，目的的有效性、当事人资格要件及财产权移转要件作为安养信托的生效要件。

第五章梳理英国、美国、日本和中国台湾地区等域外安养信托之法制经验，他山之石，以之攻玉。英国称为"照护信托"的信托是提供改进的、综合性的健康和社会照护的一种机会，是围绕失能失智老龄人的需要而设计的制度，可以有效地解决安养照护的难题。美国的特殊需要信托可以补充医疗救助制度的不足，提高被救助者生活质量，满足其福利扩大化需求。美国的监护信托可以发挥成年监护制度和信托制度结合之功能，共同改善失能失智老龄人的保护环境，提高其照护服务质量，实现当事人意思自治和弥补监护人财产管理能力不足或者滥权等问题，保障受益人身心照护之需要。① 日本的福祉型信托是对美国信托的借鉴及活化，通过共同受托人的模式，在协助高龄人进行完善的财产管理之余，同时兼顾身心照护之落实，最终实现老龄人设立信托的各种具体目的；并用监护与信托制度，让受托人履行义务，行使广泛的自由裁量权（包括与医疗、护理等相关的裁量）；创设成年监护制度支援信托，通过家庭法院对信托行为进行事前审查，避免监护人为一己之私实施不当的信托行为；引进专家监护人，由专家监护人依照受监护人之生活状态及财产状况，协助法院判断具体个案可否适合设立信托，协助法院建立合理的信托架构；活用生命保险信托，在老龄人照护安排方面发挥重大作用。中国台湾地区在借鉴日本老

---

① 参见陈雪萍、张滋越《我国成年监护特殊需要信托制度之构建——美国特殊需要信托制度之借鉴》，《上海财经大学学报》（哲学社会科学版）2020年第1期。

龄人安养信托法制的基础上，受托机构将安养信托与人身照顾机构相结合，将老龄人"衣、食、住、行"与信托相结合，将居家照顾、社区照顾和机构照顾相结合；借鉴日本的监护信托制度，设立意定监护信托制度以尊重当事人自我决定权，在当事人行为能力尚健全时，由行为人自己选定的第三人实施财产管理与身体照护的制度；学习美国经验，将法定监护作为最后手段，即使本人丧失了判断能力，预先对其财产或人身事务有所安排，而有他人予以协助（例如持续性代理权授予或信托）时，公权力不应介入而开始法定监护，信托制度具有优先性。中国台湾地区大胆引入日本成年监护制度支援信托的经验，充分发挥了成年监护制度支援信托的优势，避免了亲属监护人的滥权问题，更好地保护了老龄人的财产安全和照顾其身心。

第六章解析各种类型的安养信托之法律架构，探讨失能失智老龄人安养信托之运作机理。研析特殊需要信托、监护信托、成年监护制度支援信托、安养（福祉型）信托、保险信托或保险金信托等法律构造；从成立要件、生效要件、信托之撤销、修订和终止、信托外部第三人的关系等方面探讨失能失智老龄人安养信托之运作规范。

第七章探讨失能失智老龄人安养信托之监控机制，确立受托人内外监督机制。首先，根据不同类型的安养信托确立受托人模式；其次，从义务监控和受益人监控角度，建立受托人内部监控机制；最后，从法院的监控和监察人的监控方面，建构受托人外部监控机制。

为满足高龄者对财产管理与身心照护的高度需求，活化信托制度有助于高龄人口的财富规划和财产运用。英美、日本及中国台湾地区对失能失智老龄人财产管理和保全、安养照护和社会求助等方面的信托法制的成功经验为我们提供了有益的借鉴。2020年万向信托首推以"意定监护+信托"为架构的监护支援信托产品，是我国监护信托的首次尝试。

安养信托可以协助高龄者完善财产管理之余，兼顾身心照护之落实，是所有为实现这些目的的信托类型的总称，其制度设计需要因应受益人现实状况和实际需要，委托人须有一定自由支配的财产，受益人有财产管理与身心照护的一体性需求，须与其他福祉措施联动。① 许多信托类型皆可

---

① 参见［日］今川嘉文、石田光曠、大貫正男、河合保弘《誰でも使える民事信託—財產管理・後見・中小企業承繼・まちづくりetc. 活用の實務》，日本加除出版2012发売，第37—38頁。

适用，具体取决于信托的各种意图，须依老龄人不同阶段（意思表示清晰且判断能力充分、决断能力弱化、判断能力全然丧失和高龄者身故以后）的需求而为之。

（二）研究方法

拟采用案例法、文献和比较归纳法、比较法、实证分析法等多种研究方法，探讨失能失智老龄人安养照护问题之信托法制因应策略，构建本土化的安养信托法律制度，其中以比较和实证分析为主，各种研究方式交叉运用。

1. 案例研究

剖析老龄人安养信托案例，从社会现实问题入手，明确信托与监护、保险等制度结合解决老龄人照护制度所面临的难题以及发挥的相互补充之作用。

2. 文献和比较归纳研究

通过国内外相关文献的整理、比较和归纳，多面向了解并掌握相关前沿理论，明确信托制度的核心功能；结合信托法理和老龄人安养照护与财产管理的双重需求，确立我国失能失智老龄人安养信托法制之理论基础和运作规范。

3. 比较研究

比较分析英国、美国、日本和中国台湾地区有关老龄人安养信托之独特特征，明确安养信托的内涵，以实质意义上的安养信托作为类型化的依据，探讨信托与其他制度结合之模式、受托人模式选择、信义义务、受托人权力、义务与责任等问题；分析研究受托人内外监控机制，构建受益人权利保护机制；分析不同国家信托与其他制度结合的运作机理、规范，并以之为借鉴，探索构建失能失智老龄人照护之信托运作机制。

4. 实证研究

对调研活动所搜集的案例和数据进行统计分析，并结合会议、论坛所讨论的一系列典型个案，进行归纳分析，将信托与其他制度耦合，在信义义务和受益人权利监控基础上，设计老龄人安养信托监控机制；透过实证考察和规范分析，探索信托制度之活化效用，解决失能失智老龄人安养照护之难题。

5. 本土化研究

以原则为指导，引入信托理念，确立信托财产"双重所有权制度"，创设真正意义上的"安养信托"制度,将运作规范、监控机制和受益人保障机制本土化,建构失能失智老龄人安养信托制度及其运作机制和监督机制,完善相关立法。

(三) 突出特色和主要建树

1. 学术思想创新

从法学、人口学等交叉学科视角来研究失能失智老龄人照护之信托法制,通过信托制度和监护、保险等其他制度之融合创新方式解决失能失智老龄人的安养照护和财产管理问题,进一步深化老龄人照护之信托制度之内涵,提升其实用性及其研究的学术性。研究成果可作为我国立法决策之参考。

2. 学术观点创新

(1) 以人为本,确立"自我决定权""最佳利益"原则,以之作为老龄人照护之信托法制设计之目标和立法目标。(2) 建立法院和监察人分工协作的外部监督机制,为受托人、监察人和法院设立明确的行为规范,防止受托人的滥权,防范其道德风险。(3) 合理定位老龄人安养信托制度。安养信托透过制度之活化,具有普惠性,能使老龄人依据不同的生命曲线、自身的需求和经济状况提前进行财产规划,失能失智时落实财产管理和安养照护之目的。

四 学术价值和应用价值

(一) 学术价值

一是提供理论根基,推动我国信托制度的本土化。运用信托的灵活性和多功能性,尊重老龄人自我决定之意思,保护其最佳利益,通过安全、专业和持续性的信托制度,促进失能失智老龄人的经济安全和生活保障,为我国失能失智老龄人财产管理、健康医疗和安养照护问题之解决提供理论根基;对推动我国信托制度的本土化具有重要的意义。

二是提供理论指导和行为规范。利用信托的意思冻结、受益人连续、受托人裁量等功能,满足失能失智老龄人长期财产管理和安养照护之需要,为提前规划资产、安排身上事务以及当事人、监督者之行为提供理论指导和行为规范;研究成果可作为我国立法决策之参考。

三是为有效运作提供理论支持,为信托法制之本土化及相关立法提供理论指导和技术支持。探讨国外及中国台湾地区老龄人照护之信托法制的理论与实践经验，研究安养信托内在机理，为其有效运作提供理论支持，为政府部门制定因应老龄人安养照护需求之政策提供参考；分析信托与我国物权制度的扞格，为我国老龄人安养信托法制之本土化及相关立法提供理论指导和技术支持。

（二）应用价值

因罹患失能失智症者的照护问题日趋严重，将信托与监护、保险等其他制度并用或通过特殊需要信托、监护信托、成年监护制度支援信托、安养（福祉型）信托和保险信托，保护本人利益，使本人意思可得延续，防止亲属监护人的滥权，确保本人的财产安全和安养照护。万向信托融合创新全国第一单监护制度支援信托，对解决失能失智老龄人的身上事务和财产管理具有极高的价值，但老龄人安养信托在成立、运作和消灭上皆有其特殊性，如何在理论层面正当化，如何解决本人意愿之尊重与指定监护人之冲突，安养信托制度如何运作如受托人模式、受托人资质（涉及安养照护）、受托人与监护人如何协作、受托人尤其是共同受托人权力义务责任如何分配、公权力如何介入、受托人如何监督等，这些问题的研究将助益于我国失能失智老龄人安养信托的深入推广和实践。

第一章　问题提出：失能失智老龄人安养之现状

第一节　需要为基础：人口高龄化之挑战

人口老龄化系世界各国必须共同面对的现实问题，没有任何国家可以例外。随着科学技术的发展、医学的进步、人们寿命的延长，老龄人死亡率大幅下降，又因生育率降低，许多国家进入人口零增长期，人口老龄化进程加剧。①

一　失能失智老龄人安养机制之动因

（一）我国人口高龄化之趋快

随着"高龄化社会"向"高龄社会"急遽变迁，快速老龄化凸显。我国人口结构因低出生率和低死亡率而发生变化，人口老龄化加快，老龄人问题日趋严重。联合国世界卫生组织对高龄化社会的认定以65岁以上老龄人口占全国总人口7%以上为标准，如果达到14%以上则为"高龄社会"。根据民政部《2016年社会服务发展统计公报》，截至2016年年底，我国65岁及以上人口占总人口的10.8%。②截至2018年年底，中国60岁及以上老年人口占全国总人口的17.9%，65岁及以上占全国总人口的11.9%。截至2019年年底，我国60周岁及以上人口占总人口的比重为

---

① 佟新：《人口社会学》，北京大学出版社2006年版，第164页。
② 民政部：《2016年社会服务发展统计公报》，新华网，http://www.xinhuanet.com/politics/2017-08/03/c_129672055.html.，2017年8月3日。

18.1%，65周岁以上人口占比达到12.6%。① 这些数据显示我国人口高龄化趋快，正向"高龄社会"逼近。因应"老龄化社会"之挑战，国家和社会需要积极应对。

(二) 安养照护需求之速升

高龄少子之社会结构下，失能失智老龄人趋多，照料需求增大。国外研究发现，65岁及以上老龄人中，37%的人会出现感官、身体、活动、个人照护或认知方面的缺陷而影响日常生活，9%的人存在自身照料的困难，10%会有认知障碍，这些都会产生长期照护的需求。②

以往高龄者的扶养与照顾事务，是由同居之家属如配偶或子女而为之。随着社会变迁，单身或丁克家庭越来越多，高龄者生活所依赖的家属已不存在；即使高龄者有成年子女，但因工作原因无法照护高龄父母，家庭原有的养老功能衰退，这些高龄者与子女一起生活的形态已鲜见，他们往往必须单独面对日常生活事务，作出财产上的决定，照护自己的身体。高龄者需要的经济来源、财产管理和人身照护服务，无法从家庭中获得，需求助于外援。

高龄者生活安养及医疗照护成为国家和公民个人所面临的重大问题，从国家层面，可借由养老服务体系的构建予以落实；通过国家介入解决老龄人安养照护问题，以信托措施保障高龄者生活如日常生活料理、居家护理、复健、医疗服务等。从个人层面，可通过财产管理将年轻时累积之资产活化实现晚年安养照护之目的。信托制度可衔接高龄者安养照护与财产管理，解决老龄安养照护难题。

高龄者随着年事渐高且身体和智力衰退，财产管理和身心照护需求日渐强烈。我国《民法典》监护制度对"失能失智"老龄人财产和身心保护不是十分有力，失能失智老龄人财产与身上照护问题亟待解决。信托已突破财产管理范围，与安养照护、医疗护理等不可分离，可较好地弥补监护制度不足。美、日等国十分关注信托制度之活化，运用成年监护信托制

---

① 国家统计局：《我国60岁以上老年人口24949万人，占总人口的17.9%，老龄化加深》，搜狐网，https://m.sohu.com/a/291016099_100018361，2019年1月23日。

② Ari Houser, "Wendy Fox-Grage, Kathleen Ujvari, Across the States 2012: Profiles of Long Term Services and Supports", https://www.aarp.org/home-garden/livable-communities/info-09-2012/across-the-states-2012-profiles-of-long-term-services-supports-AARP-ppi-ltc.html, on May 21, 2020.

度为失能失智老龄人提供财产管理、安养照护等服务，为我国台湾地区所广泛借鉴，日本与我国台湾地区的经验也为我国将信托制度引入老龄人照护领域提供了极有价值的参考。

二　失能失智老龄人安养机制之缺漏

（一）安养照护服务体系缺失

尽管安养照护需求剧增，但我国安养照护机制尚存缺漏。目前我国失能失智老龄人从养老机构和社区获得的生活照料与医疗护理服务极其匮乏，完善的失能失智老龄人长期照护服务体系尚未建立，大多数失能失智老龄人仍依靠家庭、亲属间的非正式照护。因此，因应人口高龄化，需构筑完善的老龄人长期照护体系。

从长期照护体系的服务内容上看，长期照护体系是为了满足失能失智老年人的需要，尤其是为失能失智老龄人提供包括经济供养、医疗服务、日常生活照料、精神慰藉"四位一体"的综合服务体系。① 发达国家长期照护体系包括服务载体、资金来源、长期照护服务标准和规范、管理与监督机构②等构成要素，为失能失智老龄人提供全方位的综合照护服务。③

（二）安养照护问题解决路径阙如

监护法律制度对需要长期照护的失能失智老龄人可提供一定的保障，但囿于制度的局限，有些老龄人未被此制度所涵盖。《民法通则》限制成年监护对象为精神病人，《老年人权益保障法》第 26 条将成年监护对象扩大至老龄人，确立了老龄人意定监护制度④，《民法典》完善了成年监护制度，将保护范围拓展至成年人，⑤ 增加意定监护制度和成年法定监护

---

① 张云英、王薇：《发达国家和地区空巢老年人长期照护的经验与启示》，《社会保障研究》2012 年第 6 期。

② 林艳：《为什么要在中国构建长期照护服务体系》，《人口与发展》2009 年第 4 期。

③ 张云英、胡潇月：《城市失能老年人长期照护体系研究综述——基于 2002—2015 年国内外文献研究》，《湖北经济学院学报》2016 年第 4 期。

④ 参见杨立新《〈民法总则〉制定与我国监护制度之完善》，《法学家》2016 年第 1 期；陈雪萍、张滋越《我国成年监护特殊需要信托制度之构建——美国特殊需要信托制度之借鉴》，《上海财经大学学报》（哲学社会科学版）2020 年第 1 期。

⑤ 参见孙犀铭《民法典语境下成年监护改革的拐点与转进》，《法学家》2018 年第 4 期。

制度，确立了成年监护的两项基本原则：尊重被监护人的真实意愿和最有利于被监护人。《民法典》在一定程度上弥补了原有监护制度体系的不足，但现行成年监护制度仍存阙漏，无法落实对老龄人被监护的生活保障，丧失或部分丧失行为能力的老龄人的身心照护、生活照顾和财产管理等问题未能得到有效解决。当下我国成年监护制度的运作以行为能力是否完全丧失为前提，严格区分了"失能"（失去生活自理能力）、"失智"（辨识能力不足），监护对象限制为失智成年人，以行为能力欠缺作为认定监护的条件，[①] 但仅囿于身体残疾而生活无法自理和无法管理财产却具有完全行为能力的老龄人，无法获得该制度的保护。面对日益凸显的人口老龄化问题，我国《民法典》已设定法定成年监护制度和意定成年监护制度，以协助判断能力减弱或丧失之高龄者，通过选任监护人代表本人为意思表示，照护其财产和身上事务。但因监护人多为本人之成年家属，未必关心财产管理事务和身上监护事务以及熟知监护人之职责伦理，且监护制度本身的局限性，需要有监护以外的制度予以配合，方可达到失能失智老龄人财产管理与人身保护之目的。

三　失能失智老龄人安养制度之困境

解决失能失智老龄人安养照护问题，信托制度是有效手段。

（一）照护服务所需财富储备法律制度缺失

养老储备是老龄人获得妥适照护之前提，需多方拓展其收入来源，做好资产规划，通过信托制度推动养老金制度的发展，为民众提供更高水平的养老金待遇，提高其养老储备能力和养老财富的主动权。

老龄人除需满足基本生活需求外，也要不断满足多元化、高层次的需求，各类照护服务机构应相互协作提供照护服务。我国由政府和社会提供的养老机构发展越来越不能满足高龄化社会需求，大部分失能失智老龄人需要加强医疗护理和康复保健，但因国家医疗政策长期没有调整，对开设老龄人安养机构、医护机构也没有明确的政策支持，造成老年安养机构、医护机构的运作效率不高。私人养老机构的建设也因资金匮乏而发展受限，不能满足老龄人多元化的需求。

[①] 参见彭诚信、李贝《现代监护理念下监护与行为能力关系的重构》，《法学研究》2019年第4期。

受传统文化影响，我国大多数老龄人一般在年轻时较少考虑如何运用自身财产为日后失能失智后的安养与照护事宜作出妥善规划，却较早地将财产分配给子女运用，或被亲属觊觎，以致待老龄体衰病弱需要照护时没有足够资产用以安养疗护。由于老龄人事先未作妥善的财产规划，有时亲属因争夺财产而忽略老龄人感受与照顾，甚至趁老龄人失能失智时，侵占其财产。因大多数高龄而身心障碍的人未被认定为无民事行为能力，在法律上仍属有行为能力，无法亲自处理事务，有时亲友趁其意识不清楚时侵害其财产，或者领取政府的补助并未用于该身心障碍老龄人之安养上。因功能性失能而未被认定为无民事行为能力或限制民事行为能力之老龄人也无法亲自管理其财产，其身心急需照护，却无法获得监护制度的保护。

导入信托机制，通过信托制度的资产管理功能、投融资功能、安全保障的功能，将安养（福祉型）信托与长期照护保险、人寿保险、年金等制度相结合，在做好养老财富储备的前提下，满足老龄人多元化、多层次养老照护需求；通过信托机构独立、专业化的管理，确保退休福利和其他财产的安全有效运用，由受托人进行信义投资，依委托人需要，定期或不定期将信托收益交付给受益人（委托人或委托人指定的人），作为生活费、医疗费等，确保失能失智老龄人的品质生活；尊重本人自由意思，活化信托制度，将财产提前交付信托，为日后失能失智之安养照护预先作出安排；利用不动产投资信托筹集资金发展养老机构，兴建养老设施，为老龄人安养照护提供充分的物质保障。

（二）我国失能失智老龄人社区和家庭照顾制度阙如

现行以法定监护为主的监护状态，给失能失智老龄人家庭带来了沉重的负担。根据2018年广州市《成年心智障碍人士就业状况和需求调研报告》显示：超过一半成年智障人士的监护人已经年迈，依靠退休金维持家庭生活；超过30%的家庭收入来源依靠政府低保及救济。[1] 失能失智老龄人生活自理能力差，需要照顾者投入更多的金钱和时间，照顾者本人也步入老龄人行列，照顾者身体和心理上存在较大负担；照顾者本人可能年龄偏大，已进入高龄或超高龄阶段，其去世后，失能失智老龄人面临无人

---

[1] 参见广东现代国际市场研究《成年心智障碍人士就业状况和需求调研报告》，搜狐网，https://www.sohu.com/a/227539827_100098499，2018年4月8日。

照顾的困境。现实中，因缺乏有效的监管机制，法定监护人侵占被监护人财产、虐待被监护人的现象多发，被监护人的身心照顾和财产安全未能得到应有的保障，法定监护人的义务和责任未能有效地履行。我国部分城市如深圳，吸收借鉴我国台湾地区和香港特别行政区的服务理念，尝试开展失能失智老龄人社区化服务，由民办非营利机构为失能失智老龄人提供生活照料。但是其依然存在运作上的问题，因为民办非营利机构的责任无法规制、无能力为失能失智老龄人管理财产。越来越多的失能失智老龄人家庭希望能通过一些合理可靠的制度来提升失能失智老龄人未来的生活品质。2018年12月27日发布的《中国心智障碍者保障现状及其保障需求调研报告》显示：当前有14.81%的心智障碍者无任何社会保险予以保障，而且社会保险对大部分家庭康复机构费用的报销只不过是杯水车薪。很多保险公司主张心智障碍人群属于商业保险的免赔范围，商业保险也未能发挥应有的补充保障作用，而且目前市面上没有直接为心智障碍者提供的寿险（以心智障碍者作为被保险人）。①

《民法典》以及《老年人权益保障法》等对无民事行为能力或限制民事行为能力的老龄人人身财产权益设置成年监护制度，但相关配套制度还不甚完善。在老龄人安养照护机制中引入信托架构，有助于弥补现行制度不足，满足失能失智老龄人和其家庭的双重利益（身心照料和财产管理）需求。许多国家和地区采用不同信托形态来保障老龄人特殊人群的利益，如日本的特别障碍者扶养信托、英国的安养信托、保护信托等；我国台湾地区的安养（福祉型）信托对保障高龄者生活安养发挥着重要作用，"建立老人财产信托制度，身体健康老人以自愿方式设立财产信托，失智、失能老人则采强制信托方式"②，美国发展起来的以补充医疗救助的特殊需要信托是改变我国失能失智老龄人保护现状的重要路径之一，它既能改善失能失智老龄人的身心照护和安养生活之状态，也能以信义义务约束照顾者，为家庭避免预期风险，使失能失智老龄人的亲属不产生后顾之忧。

---

① 参见 Everest《我们走了，孩子怎么办？》，载微信公众号"ALSO 孤独症"，yzdsb.hebnews.cn/pc/paper/c/202104/18/content_8/326.html，2019 年 3 月 28 日。

② 潘秀菊：《高龄化社会信托商品之规划》，《月旦财经法杂志》2008 年第 12 期。

第二节 安养照护理念：权利保障和尊严维护

一 自我决定权的保障

（一）积极老龄化之内在要求

积极老龄化不仅意味着"老有所养"，满足老年人基础生活需求，而且要实现"老有所为""老有所乐"，保障老龄人健康快乐地生活，不断满足老年人多元化、高层次的需求。以权利为基础，围绕失能失智老龄人照护问题，依老龄人自我决定权，选择照护服务类型，构建养老服务体系，应对"未富先老""未备先老"的人口老龄化危机问题。

人口老化过程中老龄人通常因器官的退化或意外而造成"失能"，自己生活品质受到影响，也影响到照顾者的生活品质，增加了家人的负担。遵循"积极老龄化"理念，老龄人需积极促进"健康、参与及安全"，以提高其生活品质；努力减少疾病与失能风险、维持高认知能力和身体功能、主动参与社会并为社会作出贡献。由于我国曾经的"一孩政策"所形成的家庭机制不利于长照制度永续地发展，现有的家庭机制难以发挥照顾功能；随着持续进入高龄，罹患失能失智症机会大增，老龄人照护服务需求提升。居家养老是老龄人最具尊严的首选，但需要居家的设施协助，也需要社区化来建构提供服务的网络，同时发挥社区邻里的互助，以及以房养老解决"有房无钱"老龄人的困境，这些均可通过信托制度得以实现。

（二）成年监护制度变革之内在动力

失能失智老龄人"自我决定权"之理念是变革成年监护制度的内在动力。依据我国民法之规定，民事行为能力无论欠缺或残存多少，均分为无行为能力和限制行为能力人。唯有符合无行为能力或限制行为能力要件的这两类老龄人方可受到监护制度的保护。这旨在保护被监护人的财产权益，但其宗旨更偏重于维护交易安全和保护第三人的利益；这虽保护被监护人的人身权利不受侵害，但忽视本人在具体事务中尚存的部分意思能力，本人之自由意思未得到充分的尊重。《民法典》第 30 条强化对当事人自由意思的尊重，明确在尊重被监护人的真实意愿的前提下监护人之间可以协议确定监护人；第 33 条强调尊重被监护人的真实意愿，可以在其具有完全民事行为能力时以书面协议确定意定监护人；第35条规定，监护人应在履行监护职责时最大限度地尊重成年人被监护人的真实意愿，保障并协助其实施与其智力、精神状况相适应的民事法律行为，且不能干涉被监护人实施有能力独立处理的事务。尽管《民法典》对被监护人的自由意思体现出充分和极大的尊重，但无论法定或意定监护制度的启动仍以被监护人丧失或部分丧失行为能力为前提，忽视了未被纳入监护制度范围的"功能性失能"老龄人的安养照护问题，这类老龄人的意思无法通过成年监护制度得到应有的尊重。

为了满足老龄人医疗、预防与照顾需求，尊重个人权利及使其残存能力被有效利用，通过信托与其他制度结合或信托制度之具体设计如成年监护信托和安养（福祉型）信托等，利用信托的多功能性如意思冻结功能等妥适解决安养照护、医养康养等问题，以尊重失能失智老龄人个人人格为基础，确保其财产管理和人身照护之目标得以实现。总之，我国失能失智老龄人安养信托制度之设计须以人格尊严和自我决定权为考量。

二 尊严的维护

（一）尊严的价值内涵

尊严是一个复杂的概念，蕴含不同的解释。尽管在失能失智老龄人照护方面尊严主要是指基本护理照料提供的尊严，但有观点认为"尊严"是指以尊重和自治为核心的照护价值而非是照护提供本身。"尊严关注人们对自身或他人身价或价值的感受、思想以及行为如何，有尊严地待人就是将他人作为有价值的人看待，作为有价值的个人予以尊重。"[①] "尊严是人格之核心，意味着将需要照护的人作为人对待，使他们能够对他们的生活保持最大可能的独立、选择和控制。这就意味着专业人士应当以自己或其家庭成员应有的尊重来支援需要照护的人。"[②] 失能失智老龄人的尊重、交流、隐私以及作为人对待是尊严照护的重要内涵，但尊严照护应关注更为具体的如饮食、营养、个人卫生和盥洗等基本和关键的方面。帮助失能

---

① Royal College of Nursing, "Defending Dignity – Challenges and Opportunities for Nursing, London: RCN, 2008", http://www.rcn.org.uk/publications., on May 20, 2020.

② "The Social Care Institute for Excellence, 2010", http://www.scie.org.uk/publications/guides/guide15/index.asp, on June 31, 2012.

失智老龄人重获尊严才是护理至关重要的价值目标，尊严与正直、尊重和价值相关，有尊严的照护促进自治、独立，产生尊重，维护个人身份，激励参与，采取有效的沟通，以人为本。

(二) 尊严的战略保障

《国家积极应对老龄化中长期规划》也将积极应对老龄化作为一项重大的国家战略，旨在最终解决老龄人的长期照护问题，保障老龄人获得有尊严的照护。

在老龄人安养照护方面，我国国家和地方政策极其关注和保障老龄人的尊严，要求社会各方提供有尊严的照料。2018年《老年人权益保障法》修订后，确立了政府、社会、家庭和个人的责任，为失能失智老龄人的安养照护和医疗护理等提供法律保障。为保障老龄人能获得有尊严的照护，需要制定相关的恰当的政策和制度避免安养照护中失能失智老龄人的尊严受到侵害，提升效率（减少重复服务，更好地利用稀缺资源），提供更加灵活的、无缝对接服务，从而更公平地重新分配服务，提升服务使用者满意度。① 为促进失能失智老龄人生活完美并实现对其的社会关爱，信托作为有效路径包含3个关键因素：合作安排应包括老龄人生活的各方面，必须包括其愿望所涵盖的所有方面，不仅仅是健康和社会照护；涉及合作的组织必须保护所有与上述问题相关的利益或履行相关的责任以及执行运作管理策略；合作必须与失能失智老龄人的需求相一致。

---

① Jon Glasby & Edward Peck, *Care Trusts: Partnership Working in Action*, Oxford: Radcliffe Medical Press Ltd., 2004, p. 13.

第二章　现实需要：失能失智老龄人安养信托法制之回应

第一节　理论回应：原则、制度和标准

一　原则之遵守

"自我决定权"和"最佳利益"原则是提升被照护人法律地位的指导性原则。[①]

（一）自由意思之尊重

除纯粹财产管理之外，失能失智老龄人还需要生活维持和养护医疗等方面的照护服务。制度设计须考量失能失智老龄人的身心状态与生活状况，更应尊重其自由意思。"尊重本人的自我决定权"是国际人权组织对残障者关注的焦点。让各类障碍者含失能者享有决定本人基本生活方式的自主决定权，使有残存行为能力者不被剥夺其行为能力，即使本人在将来丧失判断能力之后如失智时，也享有对某些有能力处理的事务之决定权，这才是"尊重自我决定权"之精义。[②]

1. 意定监护制度

一个人的意愿、偏爱和权利位于决策程序的核心。许多国家通过监护法律制度规定由以社区为基础的组织向缺乏认知能力的人提供住宿和专业

[①] 《德国民法典》第 1896 条第 1a 项、第 1908d 条。参见《德国民法典》（第 3 版），陈卫佐译，法律出版社 2010 年版，第 535 页。

[②] ［日］矶村保：《成年监护的多元化》，《民商法杂志（成年监护法改革特集）》2000 年第 4 期。转引自李霞《成年后见制度的日本法观察——兼及我国的制度反思》，《法学论坛》2003 年第 5 期。

化服务，提倡对失能失智老龄人的关爱和对其自由决策权的尊重，这主要对"社区式护理"寄予厚望，提倡关闭集中服务的设施，促进主流社会对失能失智老龄人加倍关怀。[1]

"人格尊严"是个人"生存权"的核心部分，属于维系个人生命及自由发展人格不可或缺之权利。[2] 人格尊严具有不可侵犯性。人格尊严强调人的主体性，具有作为人的尊严与价值，人的自由意志应受到尊重，人作为各种权利之主体，可以作为自己之主人，根据其自由意志，享有自我决定、自我形成之权利。一个人的人格尊严只能通过其本身的自我决定来成就。[3]

"自我决定权"是指个人在不妨碍他人的范围内，自己决定自己生活方式及行动，是个人"人格自律"的原则，也是个人主义的思想之一。[4] 个人能够不受公权力的介入和干涉，进而能自律性地决定与其人格的存否具有重要关联性的私领域事项。[5] 在自己有判断能力的情形下，对于自己的事项，自己应当为最佳之判断，不可由他人替代或剥夺其决定之机会。"自我决定权"的内容涉及自己的生命、身体之处分事宜，如自杀、安乐死、拒绝治疗等。[6]

"自我决定权"被纳入一般人格权的范围予以保护。[7] 作为人格尊严的核心内容，"自我决定权"在正当行使的范围内应受到充分的保障和尊重，但不得侵害和妨害他人之权利。对失能失智老龄人应避免使其个人精神、身体受到侵害，应使其与一般社会成员相同，即使失能失智老龄人对社会事务之处理能力薄弱，但若其对自身的价值、信念或重大事务仍有思

---

[1] Lusina Ho, Rebecca Lee, *Special Needs Financial Planning: A Comparative Perspective*, Cambridge: Cambridge University Press 2019, p. 5.

[2] 陈清秀:《宪法上人性尊严》，载李鸿禧六秩祝贺文集编辑委员会《现代国家与宪法——李鸿禧六秩祝贺文集》，元照出版有限公司1997年版，第95页。

[3] 参见林义轩《我国成年监护及辅助宣告制度之研究》，硕士学位论文，中国文化大学，2013年，第24页。

[4] 吴煜宗:《私事的自己决定》，《月旦法学教室》2003年第6期。

[5] 参见林义轩《我国成年监护及辅助宣告制度之研究》，硕士学位论文，中国文化大学，2013年，第24页。

[6] 许志雄:《人权的概括性保障与新人权》，载周志宏、许志雄、陈铭详等编《现代宪法论》，元照出版有限公司2008年版，第255—257页。

[7] 《德国基本法》第2条，《日本宪法》第13条。

想上之意识即具有残余之能力时，其以自己之能力支配其自我之生命，则其自我决策应予以适当尊重。①

2. 信托制度

当监护制度保障不充分的情况下，信托可为高龄者提供更为恰当的保护方式。信托目的只要不违反信托法之规定，委托人可将身上照护事务信托给受托人，由其照护受益人之身体。信托法的其他规定也可援引作为身体照护之依据。利用信托，高龄者自我决定权受到高度尊重，受托人尊重其自我决定权，为其管理事务。我国台湾地区为高龄者设计的"安养（福祉型）信托"本质上为高龄委托人指定用途之信托业务，目的不在于赚取利润，完全旨在保障老龄人生活，协助老龄人处理财产和身上事务。

信托可在委托人尚存意思能力时预先设立，委托人丧失意思能力后也可得存续，它立足于意思自治。② 信托可有力贯彻委托人自我决定权，委托人之信托意图是限制法院涉足其财产继承和管理，这也是信托法制的主要目标。③ 老龄人在需要监护前提前规划并作出恰当的决定，以信托替代监护，失能失智时被监护人的资产由专业信托公司为其最佳利益进行管理，避免不合理投资风险，获得比现金持有更高的投资回报率，减少监护成本，解决监护人财产管理不专业的难题。④ 信托可让老龄人指定的人照护身上事务，而不是让法院选择其不愿意的人来行事。⑤ 失能失智老龄人的精神状况并非全有或全无，具有程度上之差异，其自我决定权不应一律剥夺，应依其可以支配其生活能力的多寡给予尊重。若其"自我决定权"的行使使决策前后矛盾或无法连贯一致，该权利行使对其有所不利，其不再拥有自我决定权以作出违反最佳利益决策之机会，由信托受托人为其最

---

① 参见林义轩《我国成年监护及辅助宣告制度之研究》，硕士学位论文，中国文化大学，2013 年，第 24 页。

② ［日］新井诚：《信托法》，刘华译，中国政法大学出版社 2017 年版，第 430 页。

③ See Feder, David & Sitkoff, Robert H., "Revocable Trusts and Incapacity Planning: More than Just a Will Substitute", *Elder Law Journal*, Vol.24, No.1, 2016.

④ Ford Bergner L.L.P., "Estate Plan: Protect Your Loved One From Elder Abuse", https://fordbergner.com/estate-plan-protect-your-loved-one-from-elder-abuse/, on June 30, 2020.

⑤ See Julie Garber, "Federal Estate Tax Exemptions 1997 Through 2019, Balance", https://www.thebalance.com/exemption-from-federal-estate-taxes-3505630 (providing overview of operation and amount of exemption from federal estate and gift taxes), on July 9, 2019.

佳利益做出决定。鉴于此，需依据一种判断标准，判定失能失智老龄人是否拥有支配自己生活之能力，运用信托制度保障其最佳利益。信托制度的设计应保障失能失智老龄人之自我决定权之尊重，考量其最佳利益之保护，最终实现失能失智老龄人保护之理念。

一个人有能力决定其未来，对其个人生活和环境作出选择，这是作为人的至关重要的核心。一个人对作出影响其日常生活和资产管理决策的能力受到侵害会产生何种结果？此类问题的回答需要考虑如下方面："此人在何处生活？""他们接受何种医疗和服务？""他们的资产如何管理""谁应当提供此人所需要的帮助以及在何情形下提供帮助？""在作出决策时使用谁的价值或标准或采取何种决策框架？""易受害人防范风险的愿望与其决策自由之间如何恰当地平衡？""运用何种标准判断作出日常决策所需要的能力程度？""如果一个人能自由作出决策但与'最佳利益'标准相悖，那么如何应对？"这些均可通过信托法来予以解决。

"人格尊严"之本旨是"自我决定权"。一些国家基于尊重被监护者之"自己决定权"及使其生活正常化之原则，不剥夺被监护者之行为能力，使被监护者在社会的援助下，能依自己的意思决定其所要之生活方式；在不受歧视下，平等、正常地参与社会。① 失能失智老龄人于精神状态正常时，依自己意思预先设立信托，当其日后精神状况异常时对其财产管理、人身照护由受托人来为之。

安养信托在自愿基础上设立，实现一种合作模式，可以最好的方式提供较好的健康和社会照护服务。服务的配置可以确保失能失智老龄人由信托覆盖，使其受到特定的关注。信托设立不影响本人之行为能力，受托人也是本人自己所选择，较尊重本人自主性。受托机构可让受益人随时参与决策，尊重失能失智老龄人之余存能力，保障身心障碍者有关自己生活安排之"自主决定权"。②

(二) 最佳利益之维护

高龄者年老体衰无力经营自主生活，需依赖他人养护照顾，以往这些照顾工作主要由同居家人承担。随着家庭功能缩小，高龄人口剧增，高龄

---

① 刘得宽：《新成年监护制度之检讨》，《法学丛刊》1997年第168期。
② 黄诗淳：《美国生前信托之启示：以信托与监护之关系为焦点》，《台大法学论丛》2019年第2期。

者年老病衰、精神障碍或心智缺陷而失能所衍生相关社会问题日益增加。

安养照护制度的设计应以被照护人的最佳利益为考量。何为最佳利益？根据英国《心智能力法》（Mental Capacity Act）的宗旨，最佳利益是尽量使本人获得适当、必要之支援，并受到保护，充分灵活运用本人之残存能力，确保其最佳利益。该法第4条定义了"最佳利益"规则：照护者（1）不能仅根据一个人的年龄或外表或可能导致他人对何为其最佳利益作出不合理推断的状况或其行为方式来作出决定。（2）作出决定须考量所有相关情况。（3）是否有可能在将来某个时候对有关事项取得能力，如果明显有可能，那么，何时可能取得。（4）在合理可行的情况下，他必须允许并鼓励此人参与或提升其参与能力，尽可能地参与为其利益的行为和影响其利益的决策。（5）如果决定涉及维持其生命的对待，在考量此对待是否有利于有关人员的最佳利益时，他不能受结束生命意愿的驱使。（6）可以合理地确定：此人之过去、现在的意望和情感，尤其是在其有行为能力时所作出的任何相关书面声明；若其有行为能力，则可能影响其信仰和价值取向的决定；若他能够如此决定，可能会考量的其他因素。（7）若与他们协商具有可操作性和恰当的，必须考量：此人指定的任何人作为就相关事项或该种事项进行协商之人的观点；任何对他进行照护或对其福利有害关系的任何人的观点；由此人赋予的持续性代理权之任何受赠与人的观点；以及任何由法院任命的此人之代表，关于什么是此人的最佳利益，尤其关于上述（6）所提及的事项所表达的观点。（8）上述（1）至（7）所施加的义务也可以适用于如下任何相关权力的行使：持续性代理权力下之可能行使权力；如果他合理地相信他人缺乏行为能力，根据此法由其可行使的权力。（9）由某人而非法院所为的行为或决策，须充分遵守此条，如果已经遵守了上述（1）至（7）的要件，他合理地相信其行为或决策是为了相关被照护人的最佳利益。[①]

失能失智老龄人的最佳利益为何？需要考虑四个层面：一是该失能失智者最需要何种协助？主要有：第一，日常生活照顾，如饮食、盥洗、保洁等；第二，养护医疗，进行失能诊疗、复健等；第三，财产维护与经济安全的保障等。二是该失能失智老龄人最担忧的事项为何？主要有：第一，缺乏生活上的照顾与支援；第二，原有的照顾与支援中断；第三，在

---

① Mental Capacity Act 2005, §4.

受照顾和支援过程中，人身、生命、财产遭受侵害和损失。三是该失能失智老龄人在心理上、精神上需要何种理解与关怀？主要有：第一，被倾听和受尊重；第二，照顾和支援的稳定、持续，有安全感和信赖感；第三，盼早日康复，恢复独立生活自理能力。四是身心健康具有可改善的可能性：失能失智老龄人因身体机能衰退而影响其意思能力与生活独立能力，但具有可能通过医疗养护、复健、再学习而改善相关机能与健康。由此，失能失智老龄人之最佳利益主要有：一是个人需求及意志得以关怀和尊重；二是照顾与支援持续、稳定、有安全感和信赖感；三是经济安全和保障；四是防止及排除危害；五是积极改变现状，改善机能、恢复健康。

为了保护失能失智高龄者的福祉，通过具体的监护制度和信托制度，协调"最佳利益"和"尊重自我决定权"原则，解决失能失智老龄人照护问题。为实现本人意思自主决定权和自我意愿之尊重，受照护人可在丧失意思能力前预先对其财产管理和身上照护作出安排，当客观最佳利益与本人主观意思之间有所冲突时，应以本人主观意愿为先，保障其意思自主决定权得以尊重，关涉人身照护事项以及会造成人身侵害之重大医疗行为等由本人自行决定。高龄者在丧失意思能力前，不能事先就财产管理和身上照护事项作出安排的，丧失行为能力后，可透过信托制度确保高龄者财产管理以及本人之生活照护得以落实。即使在丧失意思能力前已就相关事项作出安排，实现本人意思之最佳状态，但在丧失意思能力后尚需确保本人意思得以延续，也可通过信托与监护制度结合得以实现。

二 制度之保障

应对高龄化社会高龄者身上照护之需求，保障在残存岁月中品质生活、老有所养、老有所终的人生目标得以实现，信托与监护等其他制度结合是解决高龄化问题的重要保障。

（一）监护制度

失能失智老龄人是老化后才发生的智能障碍。有的老龄人存在轻度的辨识能力不足，智力一定程度低下，难以预料较复杂的行为及其后果；有的则受到身体和精神疾病的限制，不能有效地保护自己，也极有可能对他人的合法权益造成损害。

我国台湾地区对已达到"因精神障碍或其他心智缺陷，致不能为意思表示之效果者,或不能辨识其意思表示之效果者"①,通过成年监护制度在其身体衰弱心智渐失时获得合理保护,从而能有尊严地走完人生。成年意定监护制度,使高龄者在自己尚有意思能力的情况下,可以为未来或心智渐失或功能性失能进行准备,就其未来生活、财产管理、身上照护等事务作出安排,全部能按自己的意思自主决定。在高龄者失能失智前,按自己的意愿选任意定监护人,在日后辨识能力不足时,明确赋予意定监护人对有关自己的生活、疗养看护及财产管理事务的全部或一部分进行照顾和处理,即使本人意思能力丧失,仍能依本人所期望之方式得到照顾。

(二) 信托制度

失能失智老龄人除有财产管理之需求外,尚有"身上照护"之需求,应以其本人意思尊重及身上照护为考量。身上照护之内容中,养护医疗不仅对失能失智老龄人的影响甚大,而且医疗侵入行为之同意最为重要。具有安全、专业和持续性的信托制度可依老龄人的意愿安排财产管理和身上照护等事务,为老龄人尤其失能失智老龄人提供较高的保障。为了提升对老龄人的保障,可将意定监护制度与成年监护信托制度结合,通过信托机制加强对老龄人的照护。也可通过成年监护制度支援信托制度,由监护人或受托人按照老龄人的意愿送至机构照顾。因信托制度具有安全、专业和持续的功能,与其他制度相比较而言,即使委托人去世或丧失意思能力,信托关系并不中断,而其他制度则会因委托人去世或失去意思能力而中断。利用信托制度之优势,老龄人不但生活有保障,也可照顾遗属,造福社会,实现利己、利人、利他之三赢目的。

老龄人罹患失智或辨识能力不足,容易被欺诈,或被居心叵测之人利用各种手段侵占其财产。一旦其财产产生巨额损失,就会引发"银发财务危机",导致产生社会问题。运用信托制度,通过信托财产之独立性,可以有效避免老龄人失能失智时财产遭到他人或是不肖子女的觊觎或剥夺;通过信托文件的规定可以保障置于信托的财产能得以有效地运用,受托人按信托之意旨为受益人利益分配信托利益,例如支付每月必需的生活费、医疗费或安养机构费用等,按信托文件之规定,为老龄人安排医疗养护,申请社会福利,联合安养机构提供照护服务等。

现实生活中,高龄者因自己的健康随着年龄老化越来越弱化,且无子

---

① 高凤仙:《亲属法理论与实务》,五南图书出版公司2020年版,第377页。

或少子，或者由于子女不在身边，没有依靠，由其护理患有阿尔兹海默症的配偶存在困难。高龄者虽然拥有相当数额的金融资产，但由于年事已高，很难亲自进行管理运用，随着年龄增长担心自己丧失判断能力后财产的安全管理。有可能在配偶之前死亡，担心自己死亡后配偶的生活安养照护问题。以往，一般由近亲照顾老龄人的财产及进行个人监护。随着家族间纽带关系变弱和少子化的发展，这样的事情变得十分困难。

信托与监护制度结合受到人们的关注。养老与信托制度的结合，形成一种兼顾老龄人财产管理与人身照护的创新制度。不同国家对其结合创设不同的制度设计，我国台湾地区在吸收国外养老信托制度经验基础上，设计了高龄人安养（福祉型）信托制度；美国以可撤销生前信托以及财产管理信托等制度构建安养信托体系；日本区分老龄人判断能力丧失与否，创建财产管理信托、任意监护信托、成年监护制度支援信托和福祉信托，或者任意监护、法定监护和福祉信托等制度体系；我国综合信托对老龄人财产管理与身心照护的功用，提出养老信托、养老服务型消费信托等老龄人安养信托概念。老人安养（福祉型）信托的概念是我国台湾地区对于"信托+养老"制度融合的称谓，本书结合我国关于"信托+养老"制度融合的研究，将域外老人安养（福祉型）信托制度作为主要比照对象，针对我国老龄化的特点（老龄人口基数大、老龄化速度快、未富先老、发展不平衡、传统养老方式的弱化），[①] 设计老龄人安养信托制度。

三 标准之确立

（一）失能失智之界定

失能失智的判断与照顾护理相关。照护人须采取合理的措施确定受照护人是否欠缺解决相关问题的能力，并合理相信受照护人没有相应能力，并为其最佳利益履行照护之职责。

何为能力？[②] 一个人是否受监护取决于其能力或决策能力。判断某人是否有能力是一个困难且复杂的程序。目前，对"能力"没有确切的定义，有观点指出："无论立法的定义或实质标准如何清晰、详尽或全面，

[①] 尹隆：《老龄化挑战下的养老信托职能和发展对策研究》，《西南金融》2014年第1期。

[②] Tina Sarkar, *Health Care for People with Intellectual and Developmental Disabilities across the Lifespan*, Switzerland：Springer International Publishing, 2016, pp.1972-1974.

但失能的确在绝大多数案件中取决于具有灵活性的衡量程序。"① 失能可能是医学上的"incompetency",也可能是法律上的"incapacity",但许多国家立法采取法律上"失能"之概念。医学上"失能"对监护目的来说过于宽泛,它容易与刑事诉讼和民事义务中其他类型的无法律能力相混淆。② 失能更容易使人将自我照护和经济资源管理所必需的认知过程和功能性技能中之心智障碍后果联系起来。尽管有许多不同标准判断能力,但功能性能力概念获得最普遍接受且已纳入许多国家的法律中。功能性能力关注决策的程序而非后果,其要素为:承认失能是部分或完全;承认失能不是固定不变而是随着时间的推移而变化的,它关注法定标准而非医学标准。功能性失能更为人们所接受,因其可规避不体面的标签。③

失能包括认知或交流障碍及功能性障碍,包括精神疾病、精神缺陷、身体疾病或残障、长期吸毒、长期酗酒、监禁、被外国势力扣留、失踪、未成年人或其他残障原因。④

2005年英国《心智能力法》对失能失智明确了判断标准:一是大脑或心智是否受损或有功能性障碍;二是大脑或心智受损或功能性障碍是否影响该人所作出的决定。该法第2条界定欠缺行为能力人:关键时刻,任何人因心智或脑部损害或功能障碍,不能就相关事务自己作出决定,即为欠缺亲自处理自己事务能力之人;该受损或障碍不论是永久性或暂时性;欠缺行为能力之判断,不能仅依年龄或外表或状况、行为表现,这可能会误导他人对本人形成不当的推断;任何涉及某人是否为本法所界定之欠缺心智能力的判断都必须衡量上述所有可能性。⑤

有学者将失能定义为老龄人因患有一些慢性疾病、身体受有损伤、心

---

① Sabatino, C.P., "Competency: Refining our Legal Fictions", In Smyer M., Schaie K.W., Kapp M.B.eds., *Older Adults'Decision-making and the Law*, New York: Springer1996, pp.1-28.

② Tor P., "Finding incompetency in guardianship: standardizing the process", *Arizona Law Rev.*Vol.35, 1993, pp.739-764.

③ Tor P., "Finding incompetency in guardianship: standardizing the process", *Arizona Law Rev.*Vol.35, 1993, pp.739-764.

④ Code of the District of Columbia, § 19-1101.Definitions. (8) "Incapacitated" means lacking the ability to manage property and business affairs effectively by reason of mental illness, mental deficiency, physical illness or disability, chronic use of drugs, chronic intoxication, confinement, detention by a foreign power, disappearance, minority, or other disabling cause.

⑤ Mental Capacity Act 2005 § 2.

理失常以及老龄智力减退等因素导致身体功能受到一定程度损伤，使得老龄人日常活动处于受限状态。① 有学者认为，失能老龄人系因身体机能受损或因高龄产生智力衰退导致生活无法自理，生活中需要依赖他人提供日常生活照料与健康护理服务的老龄人群体。失能亦可表现为身体失能（生活自理能力的缺失）、感官失能（视力、听力等方面受损）以及心智失能（缺乏认知能力）。②

失能包括认知或交流障碍以及功能性障碍，广义的失能包含功能性能力的缺失以及心智能力的丧失，即失能失智，本书所论及的是指广义的失能。

（二）行为能力标准之缺陷

安养信托制度之建构需要解决行为能力作为受监护或照护的判断标准的妥适性问题。我国有学者认为自然人民事行为能力的判断应以意思能力状态为基础。③ 一般人具有正常的意思决定能力，就具有意思能力，包含两重因素：能正确认识自己所实施或要实施的行为；按照该认识妥当地控制自己将要实施的行为。④ 它是自然人认识自己行为的动机和结果，外界根据此认识决定其是否具备正常的意思能力。⑤

1. 行为能力与意思能力之关系

一般而言，有行为能力之人，绝大多数也有意思能力。关于行为能力与意思能力之关系存在不同观点：

第一，意思能力前提说。如果一人欠缺意思能力，则此人为无行为能力之人，因此，意思能力为行为能力之前提。"行为能力须以行为人具有对于事务有正常识别及能预见其行为可能发生何种效果的能力（意思能力、识别能力）为前提。"⑥ 总之，无意思能力则无行为能力，有意思能

---

① 中华人民共和国国家统计局：《2010年第六次全国人口普查主要数据公报》，http://www.stats.gov.cn/tjsj/tjgb/rkpcgb/qgrkpcgb/201104/t20110428_30327.html.，2010-04-28。

② 张云英、胡潇月：《城市失能老年人长期照护体系研究综述——基于2002—2015年国内外文献研究》，《湖北经济学院学报》2016年第4期。

③ 马俊驹、余延满：《民法原论》（第3版），法律出版社2007年版，第89页。

④ 参见［日］新井诚《权利能力·意思能力·行为能力·不法行为能力》，《法学教室》1993年第144号，第16页。

⑤ 梁慧星：《民法总论》，法律出版社2015年版，第67页。

⑥ 王泽鉴：《民法总则》，五南图书出版公司2009年版，第336页。

力则有行为能力。①

监护设立之原因与意思能力有关,以精神障碍或其他心智缺陷使意思表示或受意思表示或辨识其意思表示效果之能力受限为前提,法定成年监护制度以意思能力欠缺或不足为前提。意思能力欠缺之人所为之意思表示有效与否,学界观点不一。高龄化来袭,愈来愈多的人因老龄认知判断力衰减,无法自理生活,已无法判断法律行为之重要性。若行为能力以意思能力为前提,则高龄化社会将对行为能力制度产生冲击。

第二,意思能力独立说。有学者主张意思能力独立于行为能力。②《德国民法典》第104条第2款将无行为能力人界定为"因精神活动之病理上障碍致非一时的处于丧失自由决定意思之状态者"。无行为能力者之意思表示无效,一时处于丧失自由决定意思之状态者,并非为无行为能力之人。虽非无行为能力之人,而其意思表示,是在无意思或精神错乱中所为者无效。③ 如果意思能力之欠缺会影响到法律行为如信托行为之效力,则对意思能力概念之阐述及其与行为能力、辨识能力、事理辨别能力之关系,需进一步厘清。④

2. 行为能力标准对受监护人保护不力

我国《民法典》第21条规定"无民事行为能力的成年人"为不能辨认自己行为的成年人,第22条规定不能完全辨认自己行为的成年人为"限制民事行为能力的成年人"。由此可见,我国《民法典》将意思能力作为行为能力判断的核心要素,以"完全没有意思能力"和"不完全具有意思能力"作为行为能力的基础。民事主体被法律赋予一种法律资格即行为能力;而法律之所以要赋予这一资格,又以一定的意思能力为前提。意思能力是法律赋予自然人行为能力的前提,是行为能力的构成要素,⑤ 却不能涵盖所有的意思能力薄弱者。我国《民法典》以意思能力为

---

① 李霞:《论台湾成年人民事行为能力欠缺法律制度重构》,《政治与法律》2008年第9期。

② [日]山本敬三:《民法讲义Ⅰ总则》,有斐阁2012年版,第39页。

③ 陈自强:《台湾及中国任意监护研究的一些观察》,载陈自强、黄诗淳《高龄化社会法律之新挑战:以财产管理为中心》,元照出版公司2014年版,第11页。

④ 陈自强:《台湾及中国任意监护研究的一些观察》,载陈自强、黄诗淳《高龄化社会法律之新挑战:以财产管理为中心》,元照出版公司2014年版,第11页。

⑤ 李霞:《我国成年人民事行为能力欠缺制度》,《政治与法律》2008年第9期。

核心的行为能力标准对自然人能力进行类型化，旨在保护意思能力不足的人，而对那些意思能力同样有欠缺的其他非精神病人，如弱智者、身体残碍者（盲、聋、哑）、（超）高龄者（80岁以上）等人而言，他们都未包含在此类型保护之内。（超）高龄者随年龄增加，意思能力渐次丧失，非属精神病人，这类人群显然没有被纳入"无行为能力人"和"限制行为能力人"这两种类型之列，行为能力要件将他们排除在受监护制度保护之外。"老年痴呆症为法律能力（如遗嘱能力、合同能力、作证能力）和法律责任（犯罪行为）提出了一些不论在分析层面上还是在实践层面上的问题。失能失智老龄人的意思能力的丧失是进行性的。如何在连接这两个极端——无能力和限制能力的线条上划出分界线，成为一个紧迫的法律问题。"① 尤其高龄者有清晰的意思能力，但由于语言表达障碍，无法用语言予以表达，他们事实需要监护或照护制度的保护，却因行为能力标准被排除在外。对意思健全但身体障碍者而言，他们在意思表达上存在困难与障碍（比如盲、聋、哑人），即使辅助以设备或者技术仍可能需要通过监护或照护制度来支援其生活。

我国民法中成年监护程序只有在本人无民事行为能力和限制民事行为能力时方可启动，然而，高龄者自其身心能力逐渐衰退至完全不能为意思表示或受领意思表示之状态或会持续数年甚至数十年之久，若没有一套完善的机制协助，在这段空窗期内，高龄者可能处于无依无助的境地。我国现行的成年监护制度与行为能力结合，对意思能力薄弱的失能失智老龄人不问其行为能力存余程度，一律先予剥夺其行为能力，再为其设定监护人替代其行为能力。失能失智老龄人之意识辨识能力随年岁增长渐次减弱，根据精神医学理论，几乎不存在完全丧失辨识能力的患者。若一概将无行为能力人和限制行为能力的老龄人适用于监护制度的保护而过于僵硬。

（三）功能性能力为标准

随着辨识能力与身体机能逐渐下降，高龄者的判断能力与行为能力也逐渐减弱，在许多情形下并未达到完全丧失行为能力的程度，但由于其心智与生活自理能力减弱，需要依靠成年监护制度帮助其正常融入社

---

① 王泽鉴：《民法总则》，中国政法大学出版社2001年版，第314页。

会生活。① 因此，老龄人是否需要监护制度的保护应以功能性能力作为判定标准。

功能性能力以决策能力为核心。决策能力并非是完全有或无的概念。而且因为决策因其风险、利益和复杂性而变化，一个人可以作出某些决策但不能作出其他决策。② 例如在健康照护领域，罹患轻度精神疾病的人可以决定用抗生素治疗尿道感染，因为此治疗可以让其感觉很好或不用住院，负担和风险低。然而，该患者不能决定复杂的神经外科手术，因为手术程序中存在多种风险和利益，在生命的质和量之间存在不确定的权衡，而且不同类型的决策需要不同程度的能力。从功能性的视角来看，能力的不同标准是纳入法律制度的必要条件。一个人有能力拒绝治疗，但缺乏能力执行遗嘱，另一个人有能力执行遗嘱但缺乏足够的能力进行商事交易。如果将这些标准一并考量，就设置了能力的等级或统一体或日渐增长的门槛。比较这些标准，可以发现浮动能力准则中固有的内在基本冲突。不同的标准意味着保护个人意思自治或保护团体不受失能之人决策的影响。至少，国家不会侵害个人对医疗决策的意思自治。更高层次的遗嘱能力要求一个人具有一定的理解水平，超出个人对资产的能力，但不高于更大范围的交易领域，一个人处分其去世时的资产方式仅间接地影响第三方当事人。然而，在商事合同中，与第三人的投资期待利益攸关，因此，国家对此行为性质的认识设置了相对高的门槛。缺乏决策能力不总是永久的，事实上，通常是短暂的。③ 一个人作出健康照护决策的能力随着时间推移减弱，尤其是对罹患医学或精神疾病的人更是如此。暂时性失能的另一种普通原因是精神错乱：一种短暂的精神综合征，以认知和脑部障碍为特征，尤其是注意力不集中，常常影响患者的能力。严重的精神错乱疾患者，能力可以几小时或几天剧烈波动。受创伤性脑损伤的人会经历间隔性的失能，有很明显的间隔。有几个判断要件：第一，是否能作出选择以及交流；第二，是否能理解作出决策的相关信息；第三，是否能理解作出特定

---

① 吴国平：《民法总则监护制度的创新与分则立法思考》，《中华女子学院学报》2017年第5期。

② Ganzini L., Volicer L., Nelson W., Fox E., Derse A., "Ten Myths about Decision-making Capacity", *National Center Ethics Health Care*, 2004, p.265.

③ Ganzini L., Volicer L., Nelson W., Fox E., Derse A., "Ten Myths about Decision-making Capacity", *National Center Ethics Health Care*, 2004, p.265.

选择的后果；第四，是否可以理智地控制信息，即他可以衡量其选择的成本和利益。一个人在此程序中的能力也可根据此人的情绪、记忆或行为利益标准而波动。

有无决策能力是判断老龄人是否需要受照护制度保护的前提。根据英国《心智能力法》第3条之规定，不能为自己作出决策之人具有如下情形：不能理解与决策相关的信息；不能记住该信息；不能使用或衡量作为决策程序一部分的信息；不能传达其决策（通过交谈、使用手语或任何其他方式）。如果一个人能理解向其以适当方式（简单的语言、视听器或任何其他手段）所为的有关决策的释明，那么，他就不可被视为不能理解相关信息。如果一个人仅可以短时记住与决策相关的信息，并不妨碍他被视为有能力作出决策；与决策相关的信息包括对决定以一种方式或另一种方式或未能作出决策而产生合理预见后果的信息。① 需要受照护制度保护的老龄人可以因罹患疾病而致身体功能性能力丧失（生活自理能力的缺失）、感官失能（视力、听力等方面受损）和心智部分失能（缺乏部分辨识能力），但必然是无行为能力或限制行为能力之人。

我国台湾地区将身体或心智功能部分或全部丧失，致其生活需他人协助者认定为身心失能者，并将身心功能受损，而日常生活需要由他人提供照顾服务者作为长期照护服务的对象。② 根据我国台湾地区"长期照顾服务法"第3条第1款之规定，身心失能持续已达或预期达6个月以上者，依其个人或其照顾者之需要，所提供之生活支持、协助、社会参与、照顾及相关之医护服务即所谓长期照护。长期照护是对身心功能有障碍者提供一套有别于一般医疗的服务，包括医疗、护理、生活照料及情感支持等照顾服务，还包括健康维护、养护医疗、老年安养等模式。

我国现行制度因没有解决行为能力限制之问题，无法落实对失能失智老龄人残存意志的尊重。为解决制度上的缺罅，将信托制度与监护等制度并用，在发挥监护信托等失能失智老龄人照护功能时，运用其残存的意识，使其享有事务处理的决定权，而非使其丧失行为能力。失能失智老龄人所涉及身上事务，无论是护理照顾还是医疗行为之实施，皆与当事人的

---

① Mental Capacity Act 2005 §3.

② 王志诚：《信托制度在高龄化社会之运用及发展趋势》，《月旦法学杂志》2018年总第276期。

切身利益攸关，特别是重大侵入性治疗可能造成身体机能丧失而无法回复之损害，若这些决定之作出，未考量其利益，则有造成对失能失智老龄人人权侵害之虞，当尚有残存意志时老龄人可通过信托意思冻结之功能实现自我之意愿。为了维护当事人之人格权，尊重其残存意志，在监护等信托中监护人或受托人选定时应考量失能失智老龄人之最佳利益，优先考虑其意见；当监护人或受托人履行失能失智老龄人之生活、养护医疗及财产管理之职务时，应尊重其意思。尤其是监护人或受托人在实施被保护的老龄人的重要人身行为时，应将其作为权利主体看待，针对重要之人身行为应尊重其意愿为之。有关医疗行为的决定，攸关当事人生命身体健康，具有高度人格自主性之性质，在当事人于其意思能力尚未丧失前，可以自愿通过信托文件决定日后之养护医疗，监护人或受托人自当有义务以此文件之内容作为实施其养护治疗方式之依据。

尊重失能失智老龄人之自我决定权，应使其享有与一般人相同之权利能力与行为能力，老龄人是安养信托的权利主体，应尽量尊重其意愿，在监护人或受托人的选任上财产管理和人身照护方面充分落实其自我决定权。

第二节　因应策略：制度之最佳选择

一　意定监护与信托之共性

（一）照顾尊严

随着老龄人能力减弱，生活需轻度和中度地依赖他人，失能的老年人需要医疗复健。面对老龄人开始部分失能和部分的社会老化，避免老龄人陷入"失能失智无助困境"，根据轻度依赖、中度依赖和重度依赖之程度，对失能失智引发的自我照料能力丧失者，根据对照料者的依靠程度进行分别对待，以解决其人身照护问题。高龄老人一般是依赖性老龄人，其中中度依赖者和重度依赖者需要进入养老机构接受照护。我国依赖性老龄人人数剧增，60岁及以上人口已达2.64亿，[①] 预计"十四五"时期这一

[①]《第七次全国人口普查公报（第一号）》，http：//www.stats.gov.cn/tjsj/tjgb/rkpcgb/qgrkpcgb/202106/t20210628_1818820.html，2021-02-19。

数字将突破 3 亿。① 自全国老龄办的数据显示,"十三五"时期,我国 60 岁及以上人口年均增加 840 万,预计"十四五"时期年均增加 1150 万。约 4000 万老年人失能或部分失能,78% 的老年人至少患有一种慢性病,②"长寿不健康"背景下,亟待解决其安养照护问题。

按照国际通行的日常生活活动能力量表(ADLs)"吃饭、穿衣、上下床、上厕所、室内走动和洗澡"六项指标,一到两项做不到的为轻度失能,三到四项做不到的为中度失能,五到六项做不到的为重度失能。失能失智老龄人多缺乏生活自理能力,需要他人协助,尤其是重度、极重度失能失智的老龄人往往会完全丧失生活自理能力,需要依赖他人照护。居家照料对中度和重度失能老龄人来说难以解决问题,但他们也难以获得家庭以外的社会支持。重病卧床,进入完全失能阶段,老龄人处在重度依赖状态。失能甚至失智失忆,近乎完全依靠别人照料,因此,居家照料须与养老机构、慈善组织、社区组织协同发展方可解决此类老龄人群体的安养照护问题。

美国、日本等国十分关注信托制度之活化,信托已突破传统的财产管理范围,与安养照护、医疗护理等人身事务不可分离。各类信托与监护并用可提供医疗照护服务和生活保障。特殊需要信托可解决失能失智老龄人的医疗照护问题;③ 不可撤销收益信托、不可撤销信托、生前可撤销信托和特殊需要信托对解决老龄人长期照护问题极为有用。④ 信托可为失能失

---

① 董瑞丰、田晓航、邱冰清:《面对 2.64 亿人,中国守护最美"夕阳红"——"十三五"时期积极应对人口老龄化工作综述》,http://www.gov.cn/xinwen/2021-10/13/content_5642333.htm,2021 年 10 月 13 日。

② 董瑞丰、田晓航、邱冰清:《面对 2.64 亿人,中国守护最美"夕阳红"——"十三五"时期积极应对人口老龄化工作综述》,http://www.gov.cn/xinwen/2021-10/13/content_5642333.htm,2021 年 10 月 13 日。

③ Thomas E.Beltran, "People with Disabilities, Who Are Aged 65 and Over, Can Establish a Self-settled Pooled Special Needs Trust That Protects Their Medicaid Benefits, Consumer Attorneys of California", Forum (2009), http://www.thomasbeltran.com/wp-content/uploads/2016/03/Pooled-SpecialNeedsTrusts.pdf., on Sep.16, 2020.

④ Ria N, "Special Needs Trusts and the Role of a Trustee", Fremont Bank, 2019, https://www.liushairlaw.com/blog/2019/7/29/professional-perspectives-special-needs-trusts-and-the-role-of-a-trustee., on Sep.16, 2020.

智老年人提供福利包括直接的经济资助、服务和设施如居所,①能提供具有安全保障的照护,避免因照护者的死亡或丧失行为能力使被照护者的人身、财产失去保障;②能为老龄人管理财产,保护失能失智老龄人之权利,提供照护服务,其资产可以通过规划策略进行生前管理和死后移转③。

(二) 意思自治

意定监护的宗旨是在尊重老龄人的自我决定权的前提下,使老龄人有尊严有品质地乐享晚年生活。该制度尊重被监护老龄人的意愿,保护其利益,无论是监护人的选任,还是监护事项的委托,均应由本人确定。该制度的核心价值是保护被监护老龄人的利益,在其尚有行为能力时由本人选任监护人,并将未来自己的人身照顾和财产管理等事宜委托给监护人,待自己丧失行为能力后,由监护人按照其意愿处理安养照护和财产管理等事宜。

一些国家和地区在成年监护制度立法中,任意监护制度之确立是为了尊重本人对监护之选择权,美国之附条件授权委托的意定代理制度也是对当事人意思自治的尊重。随着受保护的失能失智老龄人的不断增加,他们意思能力尚存时,可利用意定监护制度,自己对财产和身上事务监护作出安排,当本人的辨识能力丧失后,其效力还可延长持续,尽可能继续尊重本人决定权。④

意定监护制度以被监护人的自由决定权为主导,监护人的选任、监护内容的确定、监护方式的实施等均由本人自主决定,唯有对被监护人的自由意思予以尊重,方能体现被监护人的意愿,也才能实现法律保护被监护人利益的价值目标。利用意定监护,被监护人对自己的生活照顾和财产管

---

① See Lwobi, *Essential Trusts*, 3rd Edition (Essential Series), Oxfordshire: Routledge-Cavendish, 2001, pp.105-114.

② Carney, Terry & Keyzer, Patric, "Private Trusts and Succession Planning for the Severely Disabled or Cognitively Impaired in Australia", *Bond Law Review*, Vol.19, No.2, 2007, p.225.

③ Harvey J.Platt, "Your Living Trust & Estate Plan", in Robert H. Sitkoff & Jesse Dukeminier eds., *Wills Trusts & Estates*, Tenth Edition, New York: Wolters Kluwer Law & Business, 2017, p.513.

④ 刘得宽:《意定监护制度立法上必要性——以成年(高龄者)监护制度为中心》,《法学丛刊》1999年第4期。

理作出安排,这种安排仅涉及被监护人的人身照护和财产管理事务。

二 监护与信托之并用

（一）监护制度与行为能力结合之弊端

1. 行为能力极大地限缩了监护制度之功能

（1）监护程序启动完全依赖行为能力的认定

《民法典》第33条规定了意定成年监护,在成年人具有完全民事行为能力时事先进行协商,以书面形式确定自己的监护人,监护人可以为其近亲属、其他愿意担任监护人的个人或者组织,在该成年人丧失或者部分丧失民事行为能力时,由协商确定的监护人履行监护职责。《民法典》第35条对欠缺行为能力之成年人的行为类型作了如下区分:被监护人有能力独立处理与其智力状况相适应的行为（自治决策模式）,要求监护人协助、保障与其智力状况相适应的行为（协助决策模式）,以及需要监护人进行代理的行为（替代决策模式）。①

《民法典》监护制度之行为能力标准剥夺了功能性失能人受监护制度保护的权利和机会,忽视了对失能失智高龄者自由决定权的尊重,最终限制甚至完全否定他们的行为能力并替代其作出决定。我国监护制度的开启以行为能力标准为前提,旨在排除法律行为中意思表示的不确定因素,维护交易的安全和稳定,以保护第三人的利益。但这种做法将被监护人排除在交易活动之外,被监护人个别且具体的剩余能力被一概否定,不能合法自由地行使其应有权利。② 依我国现行法律,老龄人是否为无行为能力或限制行为能力需要经过特别的认定程序,失能失智老龄人在接受监护前须由法院认定为限制行为能力人或者无行为能力人。老龄人监护自始至终不能摆脱行为能力的束缚。虽然依《民法典》规定,老龄人在具有完全民事行为能力时可以与其近亲属、其他人或组织达成意定监护协议,具有选择未来监护人的自由意志,却无法改变意定监护启动的时间,该协议仍须等到该老龄人丧失或者部分丧失行为能力方能生效。监护程序的启动完全

---

① 参见彭诚信、李贝《现代监护理念下监护与行为能力关系的重构》,《法学研究》2019年第4期。

② 参见方勇男、张璐《我国成年监护制度之探讨与展望》,《延边大学学报》（社会科学版）2019年第2期。

取决于行为能力认定的状态,以行为能力的认定为主导,其独立性很难得到彰显和保障。

(2) 成年监护的适用对象范围狭窄

监护制度旨在为所有无法照料自己人身、财产利益的人提供保护,为其提供协助决策方式,而非仅将其限定为对行为能力欠缺者提供替代决策的保护制度的范畴。意定监护的出现为我国老龄人提供了一种保护制度,有益于缓解社会压力。但因行为能力与监护制度结合,直接限缩了监护适用的范围。依我国《民法典》之规定,只有限制行为能力人和无行为能力人才能成为监护对象。那些认知能力健全却因身体疾病而存在表意困难或需要特殊照护的老龄人群体,则被排除在监护保护的范围外,这与监护制度的本旨不符。监护制度强调意思自治和人权保障,监护与行为能力全面结合会因干涉被监护人的自由决定权而丧失其合理性。

监护制度的设计是以关注因身体或精神健康等原因而无法照料自己、无法管理自己财产的行为人为核心的,并不是以理性的判断能力作为唯一适用标准。而行为能力以理性作为基础,仅关注自然人的精神健康状态,这对因精神健康原因而判断力不足的老龄人保护显然不力。我国行为能力主要通过年龄、智力、精神状况这三大因素予以界定,导致行为能力所指向的是自然人的内在心理能力(心智能力),并未涉及自然人的外在生理能力,[①] 那些意识能力健全却因生理或身体缺陷(聋、哑、盲)而不能准确、清晰、完整地将其意思表达于外部,需要借助监护制度正常地融入社会生活的存在身体障碍的老龄人被拒于监护制度保护之外。虽然身体障碍老龄者的意志健全,但其意思表达存在困难与障碍,即使在设备或者技术的支持下可能仍旧无法正常参与社会生活,他们中的部分人需要通过监护制度等来支援才能融入社会。

老龄人的身体机能和智力水平会随年龄的增长而逐步衰减,但是这个衰减的过程并非一蹴而就的,此时老龄人客观上需要有人协助其完成自由意思的表达,却不能因此而认定老龄人符合成年人行为能力欠缺的条件。老龄人的精神状态很难与传统民法为行为能力欠缺宣告制度设定的条件相匹配,传统行为能力宣告制度以医学鉴定为标准,而老龄人很难确定完全

---

① 朱圆、王晨曦:《论我国成年监护设立标准的重塑:从行为能力到功能能力》,《安徽大学学报》(哲学社会科学版) 2019 年第 2 期。

丧失或部分丧失判定能力，只是表现出判定能力的下降。其判断能力和生活自理能力要衰退到何种程度才能够置于监护制度的保护之下，① 仍旧是立法与司法实践中的一大难题，这也使得相当一部分老龄人无法充分获得成年监护制度的保护。

（3）忽视欠缺行为能力者残存的意思能力

《民法典》第30条、第35条规定"应当尊重被监护人的真实意愿""应当最大限度地尊重被监护人的真实意愿"，但这两个规范的适用均具有同一个前提条件即被监护人的行为能力欠缺。从《民法典》第18—22条规定无行为能力和限制行为能力两种类型、第24条规定行为能力宣告制度、第28条将行为能力欠缺作为法定监护开始的要件来看，行为人被确认无行为能力或限制行为能力后，依然付诸监护，本质上仍是替代决定。② 在此情况下，尊重被监护人本人的真实意愿，也就丧失了其法律基础。我国采取行为能力欠缺的认定伴随着法定代理人的指定，由后者代替被监护人实施法律行为，这无疑对被监护人的自主决定权构成了一定程度的干预。虽然法律规定限制民事行为能力人可以从事纯获利益的或与其年龄、智力相适应的法律行为，但由于没有相应的监督机制和保障程序，事实上，无论是无行为能力人还是限制行为能力人，其监护人均有普遍的法定代理权。③ 这种制度设计的缺陷在于无论是无行为能力人，还是限制行为能力人，其完全生活在监护人的庇荫之下。④ 由此来看，一个人一旦处于监护之下，其监护人的选任者范围和顺序是"法律"来予以规定，本人的意愿难以得到满足。《民法典》第28条对监护人顺序的规定、第31条对监护人人选争议解决的规定，都排除了本人参与选择监护人的意愿和机会。在监护事务上，本人的财产管理、医疗救治以及人身照顾事务，一概由监护人替代本人作出决定。监护人对本人的上述全部民事事务拥有广

---

① 李国强：《论行为能力制度和新型成年监护制度的协调——兼评〈中华人民共和国民法总则〉的制度安排》，《法律科学》（西北政法大学学报）2017年第3期。

② 参见李霞《协助决定取代成年监护替代决定——兼论民法典婚姻家庭编监护与协助的增设》，《法学研究》2019年第1期。

③ 参见彭诚信、李贝《现代监护理念下监护与行为能力关系的重构》，《法学研究》2019年第4期。

④ 参见李霞、刘彦琦《精智残疾者在成年监护程序启动中的权利保障》，《中华女子学院学报》2017年第5期。

泛的权力包括代理权、同意权、撤销权、财产管理权等，导致其自主决定权被监护人架空，其意思自治也被束之高阁。

限制行为能力制度对老龄被监护人自治的保护效果非常有限：首先，"无行为能力"的认定存在泛化趋势。将行为人的能力认定为"要么全有要么全无"，只要心智障碍者在某一项事务或领域缺乏意思决定能力，就被法律推定为在所有事务或领域上都没有行为能力。其次，立法比较倾向于将限制行为能力人与无行为能力人等同视之，忽视两者之间的差异，如《保险法》第 39 条第 3 款规定："被保险人为无民事行为能力人或者限制民事行为能力人的，可以由其监护人指定受益人。"最后，无论是无行为能力人，还是限制行为能力人，其监护人均拥有普遍的法定代理权。老龄人欠缺判断能力会依据个体差异以及交易场合的不同而千差万别，尤其老龄人行为能力欠缺的判断需要考量个体差异，否则会造成对于被宣告为行为能力欠缺的老龄人过度保护的可能。如果被宣告行为能力欠缺的老龄人还残存一定的判断能力，或者在具体交易的场合是具备完全、充分判断能力的，其已经被认定欠缺行为能力，其自己决定的权利随之被否定，本该自己完成的法律行为必须交给他人决定。从而其意思自由受到限制，自我的决定权没有受到尊重，以监护人的意思来代替本人的利益需求。①

2. 失能失智老龄人之弹性化保护

尽管一些国家和地区对老龄人创设了弹性化的照护制度、监护制度、保佐制度和辅助制度等，但成年监护的启动仍需法定人员的申请，申请人的范围过窄：申请人为配偶或其他近亲属，我国台湾地区还增加了最近一年有同居事实之其他亲属、主管机关或社会福利机构。我国有同居事实但无法律关系之人却十分普遍，被排斥于法律规定的申请人之外；我国主管机关或社会福利机构很难主动发现需要受保护人的行为能力丧失并为其申请监护。因此，理论上缺乏对失能失智老龄人弹性化的保障制度。为解决此问题，日本和我国台湾地区将监护制度与信托并用，在充分尊重当事人自我决定权和余存能力的前提下对失能失智老龄人施以弹性化的保护。

我国《民法典》将"行为能力"作为监护制度可否适用的判断标准，对失能失智老龄人之残存能力重视不足，缺乏按其个别状况而弹性予以保

---

① 参见李国强《论行为能力制度和新型成年监护制度的协调——兼评〈中华人民共和国民法总则〉的制度安排》，《法律科学》（西北政法大学学报）2017 年第 3 期。

护。高龄者因老化可能出现判断能力或日常生活能力下降的状况，面临财产管理和身心照护之难题。如果有妥适的制度可灵活解决协助处理日常事务、照护身心和财产管理等问题，那么，透过信托制度之弹性功能可有效因应老龄人社会之照护问题。

（二）信托与监护制度合作之优势

为尊重失能失智老龄人的自我决定权，使高龄者在意思能力完全丧失前可以自由地选择未来生活的安排，通过妥适的制度安排，让高龄者在退化至其终老前，能更有尊严地依自己意思安排自己的生活。

比较监护与信托制度，成年监护从被监护人丧失判断能力时开始，开始前需经一段判断确认时间，存在空档期；信托则从信托协议成立时起开始生效，可以灵活应对财产管理和人身照护事务；成年监护于被监护人死亡时终止，不适合解决监护人死亡和丧失行为能力的人身和财产照顾等问题，而且监护人只能管理和维护被监护人的财产，不能进行投资；但信托受托人可以进行投资，可以筹资以及维修住所等。① 谨慎人标准使信托受托人在投资决策方面更具灵活性。监护的程序繁杂，成本较高，而信托可以降低监护的情感和经济成本。当委托人丧失行为能力时无须经过司法确认，信托仍将继续。

信托制度尤其是信托与监护等制度结合较之于监护制度具有如下优势：

1. 满足受照护人财产之专业化管理和身上照护之需求

成年监护制度因被监护人死亡而终止，因此，不适于解决其去世后的问题，但信托在委托者死亡后也可以因第二顺位受益人而继续（受益人连续性功能）。

法定监护制度中的财产管理是维持和保护被监护人的财产，有必要保障被监护人财产之增值。法定监护人管理和维护被监护人的财产，但不得投资。但是，在信托中，受托人可以进行投资（投资融资功能）。

法定监护制度情况下，本人丧失意思能力后，根据法律规定为本人选任监护人，由其履行监护职责，包含本人财产管理及身上照护事务。法定成年监护制度所选任之监护人几乎由本人之近亲属担任，此类监护人一方

---

① ［日］岸本雄次郎：《信托受托者の職務と身上監護》，《立命館法学》2017 年 5 · 6 号（375 · 376 号）。

面不具有财产之专业管理知识,也未能熟知监护人之职业道德,易产生利益之冲突。为了防止亲属监护人的滥权、确保被监护人之财产得到专业化的管理并保障财产的安全性以及保障被监护人身心获得妥适的照护,因此,有人提出将法定监护制度与信托制度并用以实现上述目的。①

其他财产管理制度会因委托人去世或失去意思能力而中断,信托制度具有安全保障、专业化管理和持续的功能,可以保护信托受益人的财产安全和对其财产进行专业化的管理,同时也可以兼顾对受益人的身心进行照顾且不因受托人的去世、辞任而中断。在信托制度下,即使委托人去世或丧失意思能力,信托关系仍将持续。此外,信托财产具有独立性,不受委托人或受托人财务恶化或破产的影响,可避免被不肖子女不当侵占,也是老龄人财税保障的重要手段。本人在具有意思能力时设立信托,尔后于丧失意思能力后与监护制度并存。信托制度的意思冻结功能及其存续性,不因委托人丧失行为能力而消减,即使委托人因监护制度成立而剥夺了行为能力,原成立之信托不受影响而存续,从而产生法定监护与信托并存之状态。

本人因受监护制度保护而丧失行为后已不再具有设立信托之能力,在监护成立后,由监护人代理设立信托,但需要有成立信托之必要。

2. 解决空窗期问题

成年监护制度是以被监护人丧失判断能力而开始的,监护人不可能于老龄人一发生失能失智就可开始监护并履行监护职责,设立法定监护制度需要对相关老龄人之行为能力进行审查、鉴定并认定,此期间实属一定空窗期。而信托制度则不同,只要发生失能失智情形受托人可立即依据信托文件之规定管理信托事务,避免监护空窗期内需要保护的老龄人处于暂时脱离保护之状态。为避免空窗期发生,高龄者有意思能力时,预先至信托机构或找相关律师办理信托,万一发生失能失智情形时,受托人可依信托文件继续管理信托财产,并根据信托文件指示,安排或委托社会福利机构派员履行照护职责,确保不会产生空窗期,也可设立监护信托,使高龄委托人的自由意志得到充分的尊重。信托的开始以当事人之间的信托文件等来决定的,可以灵活应对。

高龄者的监护人多为其近亲属,并非专家监护人,且未获得相当报

---

① 黄诗淳:《初探我国成年监护与信托之并用》,《万国法律》2014年第2期。

酬，有些监护人擅自将被监护人的财产挪为己用之事件时有发生，因至亲所为，这些滥权行为很难被发现，且因我国监护监督机制存在阙漏，难以发挥制衡效果。为了保护被监护后财产之安全，可以引入日本"监护制度支援信托"制度，将符合一定条件的监护案件，由法院指示监护人将被监护人之大额财产设定信托，使财产管理事务与监护相分离，由专业受托人进行管理，监护人仅负责日常生活之小额财产事务以及零用钱管理，可有效减轻监护人之负担，防止监护人不法滥权，并为被监护人提供妥适的照护安排。也可通过监护信托制度，委托人（受益人）于失能失智前设立可撤销信托，一旦失能失智后成为无行为能力时，由受托人行使自由裁量权，为委托人（受益人）的利益裁量管理财产并安排身心照护事宜。监护信托制度不受当事人行为能力的限制，监护信托的委托人兼受益人尚未丧失能力时，可以任意决定如何实施信托事务，受托人无从干涉；只要委托人兼受益人尚未丧失能力，受托人须遵从其指示，委托人兼受益人也可随时终止信托；若委托人兼受益人丧失能力，受托人须依法履行信托及信义义务，为受益人的利益管理信托事务，此制度能充分尊重当事人的意思，在其失能失智前受托人须按委托人的指示行事，失能失智后受托人可立即依信托文件管理信托事务，履行信托义务。

信托制度可于高龄者丧失行为能力时充分发挥守护和照护的功能，可把美国的监护信托（被监护前）及日本的监护制度支援信托（被监护后）引入我国，因地制宜做好衔接，因应老龄社会不断增加的老龄人失智、失能问题，利用信托制度让照护问题顺利连接，不论是丧失行为能力前的预先财产管理安排，或丧失行为能力后被监护时监护人滥权的防范，均可有效协助无行为能力的高龄者，保全自己的财产，做好照护安排。

3. 解决行为能力问题

我国当前成年监护制度与行为能力全面结合，对"失能"（失去生活自理能力）与"失智"（辨识能力不足）进行了严格区分，[①] 唯失能失智老龄人方可受到监护制度保护，监护的开启完全凭借欠缺行为能力的认定，并未包含仅身体和心理残障，不能生活自理和财产管理，但具有完全行为能力的老龄人。

[①] 参见彭诚信、李贝《现代监护理念下监护与行为能力关系的重构》，《法学研究》2019年第4期。

失能包括广义的"失能"和狭义的"失能",广义的失能涉及心智能力或决策能力的丧失或不足,表现为精神障碍,或缺乏足够的能力对其自身事务作出决策或认知,或无法向他人表达这些决策,主要包括生活照料决策、财产决策和法律行为决策;也涵盖功能性失能即身体疾病等,或对某些目的没有能力但对其他目的具有能力,包括照顾自己的能力如营养、穿衣、个人卫生、健康照护、居住安全等,还涉及照看财产的能力即获取、管理、金融资产处分的能力。① 所谓行为能力是人之行为能取得私法上效果之资格能力;非有行为能力,则不能独立以法律行为取得权利或产生义务。因监护制度与行为能力挂钩,被监护老龄人无行为能力,其所为意思表示无效,须由其法定代理人代为意思表示和受领意思表示,因此,受监护老龄人所为的任何法律行为均为无效,这全面剥夺了本人行为能力。再则,有的失能失智老龄人具有完全的心智能力,但存在功能性障碍(无法独立照料自己)或表达障碍如失声(哑)等障碍的老龄人游离于监护制度保护之外。

我国现有成年监护制度不仅限制或剥夺了受监护老龄人的行为能力,限缩和忽视了他们的自我决定权;而且忽视了对虽具健全认知能力,但因身体原因需特殊照顾的残疾老龄人,只有当他们丧失行为能力时方可纳入监护制度之保护范围,结果无法保障"功能性失能"老龄人的权利,虽然老龄人可以运用意定监护,但意定监护协议的生效也必须满足"丧失或部分丧失行为能力"的要件。

面对高龄者社会的现实压力和权利保障需求,我国学界针对成年监护制度所面临的各种问题也给出了不同的建议,有的学者建议实现行为能力与成年人监护制度的彻底脱钩,② 也有的学者建议部分脱钩③。虽然脱钩的建议在一定程度上与国际立法潮流相符,但若依照其建议对现行成年监护制度进行彻底的改革,则立法成本巨大。此外,对失能失智高龄人予以保护所涉及的内容广泛,成年监护制度无法将失能失智高龄人纳入多层次

---

① Pat M.Keith, Robbyn R.Wacker, *Older Wards and Their Guardians*, Boston: Greenwood Publishing Group, 1994, p.53.

② 赵虎、张继承:《成年人监护制度之反思》,《武汉大学学报》(哲学社会科学版)2011年第2期。

③ 焦富民:《民法总则编纂视野中的成年监护制度》,《政法论丛》2015年第6期。

的养老服务或照护服务体系，通过单独的成年监护制度难以真正地解决高龄者社会所面临的现实问题。①

在积极老龄化的背景下，信托可将成年监护范围扩大到所有身心障碍老龄人，包括功能性失能的老龄人，从而弥补老龄人利用监护制度的不足，实现"失智""失能"老龄人的充分保护，满足其照顾需求，帮助其因年老、疾病、意外事件等原因导致事理认知能力以及自身照护能力减弱或丧失时，获得信托安排所提供的安养照护和财产管理服务，让受托人依照信托文件履行身上监护、财产监护事务和信托事务，实现身心和财产照料之双重目的。②

第三节　制度回应：老龄人身上照护与财产管理问题之因应

一　从保护到自主

失能失智老龄人照护的理念从保护精神或智力障碍者到考量如何最好地使其享有自治和有尊严地活着，对有照护需求③的老龄人，照护制度的设计应尊重其自我决定权和为其最佳利益。

（一）以保护为中心的监护制度

成年监护制度是为失能失智成年人提供身上和财产照护的制度，旨在保护判断能力衰退、减弱或丧失之高龄者，由监护人支援其身体或管理其财产，但监护制度与行为能力结合的制度必然产生剥夺行为能力的结果，这可能使成年监护制度成为限制本人自我决定权的方式，成为其亲属图利之制度，从而导致想运用监护制度之本人望而却步，将大大折损成年监护制度之目的和功能。

那些本人心智能力缺陷或减弱者，意思能力已较一般常人减弱，需要

---

① 李洪祥：《论成年监护制度研究存在的若干误区》，《政法论丛》2017年第2期。
② 陈雪萍、张滋越：《我国成年监护特殊需要信托制度之构建——美国特殊需要信托制度之借鉴》，《上海财经大学学报》2020年第1期。
③ Tai Yu-zu, "The Use of Trusts in Taiwan's Adult Guardianship System", in Lusina Ho & Rebecca Lee, Special Needs Financial Planning—A Comparative Perspective, Cambridge：Cambridge University Press 2019, p.87.

获得监护制度的保护,而非制度限制之对象,保障被监护人权益与保留其行为能力并非绝对冲突,在尊重被监护人自我决定权与残存能力的前提下,需要设计一种妥适的制度,在不受被监护人行为能力限制的情况下,给予其充分的保护。另外,对被监护人身上照护等相关事项之法律规定尚存阙漏,重大医疗行为如侵入性手术、器官切除、移植等一经同意即不可回复之身体照护等事项,依现行法律之规定均由监护人全权处理;当被监护人尚有残存意思能力时现行制度之规定会严重侵害被监护者的权利。[1] 因老龄人意思能力的丧失并非一朝一夕产生,是一个渐进的过程,老龄人在未完全丧失意思能力期间,监护制度不可发挥保护作用;如果高龄者在未丧失全部意思能力而仅丧失部分意思能力时,为实现保护目的,以监护制度对其保护,对其人格与主体性无疑将产生侵害,对其残存的能力也不尊重。

意定监护制度在本人判断能力尚存时,由自己为意思表示,作出决定,在本人意思能力丧失后,仍可继续产生效力,此制度尊重本人意思,使本人可按自己期待之人或方式得以照顾,本人之人格和主体性也得到极大尊重。意定监护制度解决了法定监护制度对本人能力限制过多、类型僵化且无法决定监护人之人选的困境,但意定监护之开启仍需以实际意思表示能力欠缺为要件,而且日本和我国台湾地区还要求经法院选定意定监护监督人作为意定监护开始之要件。这不但继续维持本人的无行为能力,本人也无法事先约定意定监护人权限之范围。[2] 虽然意定监护制度可以由本人预先选定监护人,但对行为能力以及民法以外的法律对被监护人所为的种种限制与《身心障碍者权利公约》精神有违,并无改善。[3]

(二) 以自主为中心的信托制度

与监护制度相比较,如果高龄者能在丧失判断能力前,将财产设定信托,可以避免监护制度存在的阙漏。信托的设立不受本人行为能力之影响,受托人也是本人自己所选择,较尊重本人自主性,也不会与《身心

---

[1] 吴彦钦:《我国新修正之成年监护制度兼论美国法上之持续代理权授与法》,法律专业硕士学位论文,东吴大学,2009 年,第 47—48 页。

[2] 邓学仁:《我国制定意定监护制度之刍议》,《台北大学法学论丛》2014 年第 90 期。

[3] 参见黄诗淳《保护信托制度于我国运用之可行性研究》,台湾信托业商业同业公会,2018 年,第 4 页。

障碍者权利公约》精神相悖。如果高龄者所指定的受托人为信托机构，信托机构的公正性较能信赖，且可通过信托保护人（监察人）制度对其进行监督，可以避免受托人滥权。

高龄者运用信托对自己的财产管理和身上照护事务所作的安排可通过信托目的得以体现，这充分体现了对当事人自由意思的尊重。信托目的是信托成立的必要条件之一，是受托人依据信托之宗旨履行信托义务的范围，是受托人的"行动指南"。受托人受信托目的约束，为了实现由委托者（与之达成协议）规定的信托目的而执行信托事务，不得实施违背信托目的的行为。受托人应以信托目的作为信托事务执行的指南，这样，委托人可实现其所欲达到的目的。信托目的是为了受益人（或委托人兼受益人）的利益（委托人始终为受益人设定），而不是为了委托人自己，是委托者内心意思的表达，也是为了受益人能安定地生活。为了"有利于受益人生活稳定"，受托人须采取一切必要的行为履行信托事务。关于医疗同意代理等权力，只要是可以判断为"有利于受益人的生活稳定"的情况下，受托人在享有该权力的同时，还应承担行使该权力的义务。

传统上，信托是以财产管理为中心的制度，但受托人须依信托之宗旨为受益人的利益管理财产。就"受益利益"而言，它关乎失能失智老龄人之福祉，他们不仅有财产管理之需要，更有身心照护之诉求。就受托人的身上监护可能性问题，受托人实施管理和处分财产等以实现信托目的所必需的信托行为。

信托财产的管理、处分只是实现信托目的、信托行为所规定的任务。受托人须维护受益人的稳定生活，除须保障信托资金的稳定运营和受益人的生活费用、医疗费用等筹集以及定期支付以外，对医疗代诺也须承担义务和行使权力。但是，由于与成年监护人的情况相同的理由，受托人不能实施专属于个人身份的行为或医疗同意等与受益者权利相关的法律行为、事实行为（受托行为、代理等）。受益人的身份行为不属于受托人的权限范围，因为在对他们的行为进行信托事务处理和法律评价时，很难找到可以理解为丧失个人专属行为的理由。

就与信托财产的管理和处理无关的事实行为而言，受托人可否实施身上监护事项，有观点认为可以在理论上将其作为信托的附带业务进行定位。还有观点认为,"信托是财产管理的制度,不是身上监护的制度"①。但高龄或超高龄人运用信托制度在财产管理时与身心照护需求无法截然分开,②"信托是财产管理的制度,但没有必要排斥对被监护人的一切身上监护"③,安养(福祉型)信托的受托人,负有善管注意义务,承担身上照顾义务。

(三)以保护与自主并举的安养信托制度

信托制度具有安全、专业和持续性等特征和多功能性,既能为高龄者提供较好的保障,又能按照其意愿安排失能失智后的生活安养、医疗照护等。信托已超出传统财产管理的范围,财产管理与安养照护不能截然分开,可以用于无法妥善管理自己财产的失智及身心障碍老龄者之财务管理与养老服务,构筑失能失智老龄人之安全网。

为了保护高龄者的意思决定权,当其尚有判断能力时将财产设立信托,并移转财产给受托人,使信托成立并生效,未雨绸缪对未来丧失判断能力后的身上照护和财产管理事务进行规划,使信托更好地发挥其弹性,因应高龄者身上照护之需求。另外,高龄者受监护制度保护后,失去行为能力,由监护人代为法律行为,此时,法院为避免监护人滥权,命令监护人代理本人将财产设立信托。④但无论是高龄者丧失判断能力前设立的信托抑或法院针对被监护人之需要而命令监护人所设立的信托,因监护人的权限广泛,可能会发生监护人变更或终止高龄者先前所设立信托,推翻高龄者先前的规划,⑤或在信托成立后监护人任意变更或终止信托之问题。为了克服法定监护制度和监护人变更或终止信托的缺陷,可并用信托与监护制度,尤其是任意监护结合裁量型信托即能达到此种效果。信托设立时委托人为单独受益人成立自益信托,但信托文件约定委托人将来丧失判断

---

① 李沃实:《高龄社会成年监护制度之研究——以身体上照护为中心》,硕士学位论文,中央警察大学,1998年,第37页。

② 李沃实:《美日信托法制运用于高龄化社会对我国的启示》,《中央警察大学法学论集》2003年第8期。

③ [日]富永忠祐:《成年後見と信託》,載新井誠、赤沼康弘、大貫正男《成年後見法法制の展望》,日本評論社2011年,第377頁。

④ 黄诗淳:《初探监护与信托之并用》,《万国法律杂志》第193期。

⑤ 潘秀菊:《从遗嘱信托与成年安养(福祉型)信托探讨台湾现行信托商品于发展上所面临之障碍与突破》,《月旦财经法杂志》2009年第17期。

能力时委托人之亲属如配偶和其一起成为共同受益人，通过活用信托受益人连续机能，保障二人之需求。同时，在信托文件中委托人选定意定监护人负责管理本人之身上事务，并于有身上事务需求时对受托人进行指示，这样由意定监护人替本人实施意思决定，而且监护人与受托人可以互相制约，意定监护人还要受到监督人的监督，受托人还要受到监察人的监督，在共同受益人有行为能力的情况下还要受到共同受益人的监控，这种多方位的制约机制，可以防止单一制度的某些缺陷，让信托成为兼顾受益人身上照顾和财产管理事务的制度。

信托与监护在法律制度层面如何契合仍有诸多难点，解决这些难题对失能失智老龄人经济保障、安养照护、财产管理和财富传承等具有重要意义。因此，建议通过信托意思冻结功能，活用信托制度，在信托文件中规定将财产管理和身心照护一并委托给受托人（多为信托机构）。虽身心照护非为信托机构业务之范围，但不妨规定由信托机构选任社会福利机构作为身心照护之受托人，使之成为信托之共同受托人，或由信托机构将身上照护事务委托给社会福利机构代理，将财产管理与安养照护以信托制度解决。

二 由监护到信托

（一）成年监护制度之阙漏

我国成年监护对象仅包括精神病人，适用范围过于狭窄，持续性丧失辨识能力者除了精神疾病患者外，还包括心智障碍者、高龄者（因中风、阿尔兹海默症或其他生理机能退化而导致表意能力衰退）、重大疾病患者（含植物人在内的因病痛无能力为意思表示者）、部分残疾人（仅包括因生理功能残缺而导致意思能力欠缺者，如盲聋哑多重残疾人）。在我国，成年监护适用的对象应当扩大但尚未扩大的情况下，可通过信托解决其他制度无法解决的失能失智老龄人所面临的问题。

各类信托均具有解决高龄者财产管理和身心照护问题之功能，如遗嘱信托、安养（福祉型）信托。信托与成年监护人制度并用，将高龄者设定为受益人，以信托机制代替成年监护制度管理财产。虽然受托人没有照顾高龄者身心的专业技能，但可以委托专业的介护机构实施身心照护，也可以与其他社会福利机构一起作为共同受托人各司其职。如果受托人不兼任监护人，高龄受益人住院、转院，或者入住福利设施的话，受托人即使可以支付相关费用，也无法持有法律授权签署住院或入住福利设施的协议。这样，可考虑选任一位有监护权的监护人作为安养信托的共同受托人；如果信托的受托人和老龄人监护人之间没有很大的利益冲突，那么受托人也可以兼任老龄人的监护人。

（二）信托机能之活用

信托具有受托人任意监护的机能，明显具有替代任意成年监护的作用，委托人一旦设定信托，信托目的确立，委托人将财产管理的事务委托给受托人；透过意思冻结功能，即使委托人意思能力丧失、死亡，受托人也可按照委托人设定的信托宗旨，继续为受益人之利益管理财产，实现委托人的意愿。委托人兼受益人处于被保护状态，受托人被赋予的管理权限滥用受到种种义务的监督和规制以及受益人保护机制使委托人的意愿（信托目的）在其能力丧失后也可得以"维持"。委托人须将信托财产支配权完全转移给受托人，可以实现民法上其他制度不可能实现的目的。信托具有后视机能，是"意思冻结机能""转换机能""受益人连续机能"和"受托人裁量机能"的延续。"意思冻结机能"可长期固定委托人设定的信托目的，根据信托目的将信托受益权连续归属于多位受益人。

活用"受益人连续机能"的信托设计可以将委托人自己设定为最初的受益人，将委托人死亡设定为停止条件或开始条件，将配偶或子女设定为第二序列受益人。委托人即使在信托设立后处于被保护状态，也可以委托受托人管理财产，并提供生活所需的支援。如果考虑或应当考虑委托人死亡后的剩余财产的移转和继承，那么利用该受益人连续功能具有重要意义。根据"受托人裁量机能"，受托人可以从委托人指定的范围中具体指定受益人，确定信托利益的分配、信托财产的运作方式等重要的信托事项。根据情况的变化，受托人对特定事项享有裁量变更的权力。由于能够考虑信托设立后受益人的状况，因此能够最合理地应对长期以来的情况变化，信托被有效活用。①

在老龄人失能失智情况下，不可撤销的监护信托是较为妥适的制度安

---

① ［日］岸本雄次郎：《信托受托者の職務と身上監護》，《立命館法学》2017年5・6号（375・376号）。

排。① 成年监护信托是替代成年监护的方式，因为监护对因年事已高罹患疾病或智力逐渐衰退等原因处于功能性失能状态的老龄人保护不力。监护作为管理财产的手段，程序烦琐、费用高而且不灵活，结合信托可以弥补成年监护之不足。② 如果监护人没有能力管理资产，可由专业人员来管理，委托人被赋予在具有行为能力时对其资产的控制权，而且受托人负有信义义务保护信托基金和其他财产。③ 信托可以起到替代成年监护的作用，信托一旦设立，财产移转给受托人，受托人就须遵循委托人的意愿，在委托人失能失智后信托目的仍可得维持；信托将财产支配权从委托人移转到受托人，使之能实现监护所不可能达到的目的。④ 可撤销信托作为失能失智者之规划工具兼具遗嘱替代和监护替代之功能，当委托人失能失智时信托的其他受益人推定有资格强制执行信托。⑤ 美国的可撤销信托是遗嘱的替代工具，近年来发展为"为无能力人管理财产"，具有替代监护之功能。⑥

可撤销信托可以用作遗嘱替代的工具，但有一种普遍的误解是可撤销信托可以完全替代遗嘱。事实上，可撤销信托很少能完全替代遗嘱，因为只有在特殊情况下委托人的全部资产可以置于信托。可撤销信托可以是一个很好的遗嘱替代工具，显然都相信当事人想到自己即将去世，就不想执行财产遗嘱；如果以生前信托代替遗嘱，一些当事人则会同意。在英美国家，可撤销信托可以规避遗嘱认证，这非充分的理由，因为大多数遗嘱认证迅捷、相对来说也不贵，而且有益于确定所有资产之所有权。

老龄人也可以采用遗嘱代用信托将自己确立为生前受益人，规定受托人在其丧失行为能力后履行安养照护和财产管理等职责，对此等信托事

---

① Barbara K.Lundergan, "Estate Planning Techniques for Elderly Clients: Planning for Potential Disability", *The Compleat Lawyer*, Vol.3, No.4, Fall 1986, pp.43-45.

② Louis A.Mezzullo & Michael C.Roach, "The Uniform Custodial Trust Act: An Alternative to Adult Guardianship", *U.Rich.L.Rev.*, Vol.24, No.1, 1989, p.65.

③ Marcia Libes Simon, *An Advocate's Guide to Laws and Programs Addressing Elder Abuse: An Information Paper*, Washington, D.C.: U.S.Government Printing Office, 1991, p.41.

④ ［日］新井诚：《信托法》（第4版），有斐阁2014年，第120页。

⑤ See Feder, David & Sitkoff, Robert H., "Revocable Trusts and Incapacity Planning: More than Just a Will Substitute", Elder Law Journal, Vol.24, No.1, 2016.

⑥ See Robert H.Sitkoff and Jesse Dukeminier, *Wills, Trusts and Estates*, Tenth Edition, New York: Wolters Kluwer, 2017, p.727.

务，受托人可以委托他人而为之。此种信托主要由委托人生前设立信托文件，把自己享有的财产所有权移转给受托人，由受托人处分、管理。委托人自己是生前受益人，而信托文件中指定的受益人是其死后受益人。此种信托是委托人死亡后被指定的受益人取得受益权的信托，或信托文件可保留委托人有变更受益人之权利的信托，即允许委托人在生前变更或撤销信托。信托文件可约定不得变更受益人（除非委托人、受益人及受托人全体合意变更信托行为）。另外，委托人通过生前向受托人转移财产，向其转移管理处分权，可提前确定财产之管理。

当然，信托还可与其他制度并用，可以实现高龄者本人所要实现的意图。

三 自愿为主强制为辅

（一）自愿信托为主

自我决定权原则的核心内涵是尊重本人之意思，各种形态的安养信托是依据委托人个人需要所设定。在本人具有意思能力时，是否设立信托由本人自由决定，而且信托资金之运用、信托之运作及利益的给付/分配方式均由委托人自行依其需要决定，委托人对信托财产享有完全充分的自主权。

为了确实保障委托人的权益，委托人须亲自办理的如下事项：签约；变更给付之指定；提前或部分终止合同；信托财产之提领；印鉴之变更或挂失等。

老龄人根据自己的意愿运用自身财产为其身心照护做好事先妥善规划，以防高龄体弱多病需要照护时没有足够资产以安养疗护。因高龄者身体心智老化后出现失能失智等现象，逐渐丧失生活自理和财务自理之能力，需要借助外力来协助照顾，因此，高龄者在年轻时或失能失智前以自己为委托人与受益人设立信托，以自己日后的安养照护为目的。易言之，老龄人为日后失能失智时财产管理和安养照护作出安排，可自愿设立信托。

（二）强制信托为辅

为了保障高龄者财产安全和身心照护采取强制信托没有直接的法律依据，但是否有强有力的法理基础尚需探讨。

失能失智老龄人逐渐失去处理能力和财产管理能力时需要他人协助照

顾。解决独居的失能失智老龄人的照护问题，可以由法院介入，使受益人对其财产为强制信托，但对没有提前规划且没有亲属照料的失能失智老龄人采取强制信托。

高龄人意思能力欠缺致不能处理自己事务，其财产权有被侵害之虞时，有必要采取介入保护措施，将其财产强制信托以确保其老年生活之保障。但仍需要尽量探求当事人之真意，尊重其本人意愿。

第三章 基本法理：失能失智老龄人安养信托之制度基础

第一节 基本理念：安养信托设计的宗旨

失能失智老龄人保护的目标是增进其福利、医疗，照护其身心，保障其日常生活照料。

一 权利保障之需要

（一）党的养老服务方针、目标和战略之核心

促进老龄人晚年品质生活乃积极应对老龄化之要旨。党的十七届五中全会、国家《"十二五"规划纲要》提出养老服务方针和目标；党的十八大报告、党的十八届三中全会、党的十九届四中全会和《"十三五"规划纲要》提出"积极应对人口老龄化"的目标，《国家积极应对人口老龄化中长期规划》对解决养老问题作出部署，进行顶层设计，但需要各种具体制度予以落实，仅有积极老龄化观念的认知尚不能发挥其最大效益，还需各种制度与之匹配并给予保障，其中最为重要的制度即是信托法律制度，英、美、日本以及我国台湾地区运用信托制度在养老保障中发挥着其他制度无法替代的作用。以老龄人的"经济""健康"和"参与"为经，以信托制度为纬，积极推动老龄化背景下"社会福利政策"与"信托法律制度"之结合，"身心照顾"和"财产管理"等多目的并重，信托之"保全""增值""保护""意思冻结"和"破产隔离"功能兼顾，"安全性""便利性""多元性""自主性""隐匿性"和"灵活性"等特性并举，监护与信托、遗嘱与信托、保险与信托、养老金与信托、资产管理与信托、财富传承与信托、反向抵押贷款与信托、担保与信托等制度并用，活用信托制度，透过其内在机理、性质、运作机制、治理机制、监督机

制，建构失能失智老龄人之信托法保障体系，设计合目的性和多功能性的信托类型。以积极的政策思维和社会价值引导老龄化问题的对策确立，但应考量如何兼顾财富管理目的与身心照护安养需求，发挥信托制度的弹性；以健康、参与和保障为核心，以信托制度为保障，发挥老龄化趋势下信托制度之于资产活用或身心照护之作用。

（二）老龄人权利保障之目标

失能失智老龄人作为"身心障碍者"，是医疗、保护和身心之回复的对象。[①]《身心障碍者权利公约》将被照顾的对象转换为享有自立与自我决定权等平等权利的主体。根据该公约，失能失智老龄人享有自我决定权并行使权利。中国已加入该公约。该公约从人权保障的视域承认身心障碍者在日常生活上需要特别照护的问题，而非仅将他们作为保护和照顾的对象，将其从保护的对象转换为权利保障的主体，享有自我决定权的主体。该公约将"障碍"的内涵扩张至起因于身体状态的功能性障碍，而非单属于医学上之事实。

为促进、保护和确保实现身心障碍者的人权和自我决定权的平等享有，尊重其固有的尊严，需要承认心智障碍是一个演变的过程，心智障碍应包括功能性障碍，是阻碍心智障碍者平等、充分和切实地参与社会的各种态度和环境障碍相互作用所产生的结果。社会必须针对个别身心障碍者的障碍特性，积极给予必要的便利。身心障碍者对人身权利和财产权利的行使有自我决定权，"障碍"并非对身心障碍者选任监护人的依据，也非限制其法律能力的正当理由。监护人的选任以及本人法律能力的限制，与造成"失能"的原因无关，仅于本人无法自主为意思决定时才可正当化。因此，老龄人应享有自我决定权，如果缺乏自主决定能力，应获得相应的支援，支援的方式应尊重本人的权利、意愿和选择。

（三）失能失智老龄人安养照护之理念

社会必须针对个别身心障碍者的障碍特性，积极给予必要的便利。对失能失智老龄人的保护应以"支援意思决定"作为正当性的理念，支援

[①] ［日］新井诚：《成年监护法及信托法的现状及展望》，黄诗淳译，载黄诗淳、陈自强主编《高龄化社会法律之新挑战：以财产管理为中心》，新学林出版公司2014年版，第167—201页。

和保护的手段应视本人情况及必要性而弹性确定；因法律上能力处于变动状态，不得僵硬地完全剥夺，选举权、医疗同意权、作成遗嘱之权利也不得一律加以剥夺；支援及保护的手段必须具有必要性和均衡性，仅可在限制本人基本人权、自由的最小手段范围内为之；各种支援手段应尊重本人意愿。①

失能失智老龄人获得照护及保护时保护人主要是支援本人自行作出意思决定，而非替代作出意思决定，只有在支援提供下仍无法作出意思决定时，才容许替代本人为意思表示。本人能力可被限制，但不因监护人的选任而自动剥夺或限制本人的能力。成年监护制度受行为能力限制，对本人自我决定权支援须在可能的范围内支援自我决定。成年监护制度非因特定状况加以撤销，反而过度重视保护的目的。成年监护开始之要件以事理辨识能力为核心，应尊重失能失智老龄人的权利、意愿和选择的原则，不涉及利益冲突，适应本人情况，符合失能失智老龄人的权利保护需求。通过支援，所有障碍者能与一般人拥有相同自主决定能力。因此，需要构筑新的支援系统。

在考量个人意思决定时，确定作出决定所需要的能力程度，并判断本人具备何种程度的能力。唯有具有法律上能力的人行使决定权始受保障。个人能力起伏多元，依据日常生活的不同场景，每个意思决定所需要的能力皆有所不同，为此，意思决定会根据决定内容的难易程度、个人具备的能力以及支援的质、量来实现。支援者必须正确决断本人具备之能力程度，对其不足地方支援、补足，确实扩大本人意思决定的范围，但如果判断错误，就会产生偏重保护的支援或偏重自我决定的支援。② 如果支援量过大，原本本人可自力解决的部分，却被支援所覆盖，影响本人自己活用其原有的能力；如果支援量过小，本人无法自力解决的部分，却未能提供必要的支援。

我国成年监护制度除了日常生活行为外，所有法律行为的代理权均授予成年监护人，这主要是一种"保护的支援"，而且法定监护开始必然产

---

① Council of Europe's Recommendation on the Protection of Incapable Adults of 1999.
② [日]新井诚：《成年监护法及信托法的现状及展望》，黄诗淳译，载黄诗淳、陈自强主编《高龄化社会法律之新挑战：以财产管理为中心》，新学林出版公司2014年版，第167—201页。

生本人能力的限制或剥夺,最终导致本人受到与自身能力程度不相符且过多的能力限制。因此,将来的支援体系之构建应因以本人现有能力,使能力限制的范围个别化、弹性化,探寻符合此目标的制度。这种制度应遵循"最低干涉原则",为避免对本人能力的过度限制和支援所造成的过多干涉,应针对特定事项弹性的评估本人能力,避免能力限制的扩张对本人未尽告知义务,造成突袭而产生不当。①

二 安养信托之内涵

根据我国《老年人权益保障法》第1—5条之规定,老龄人享有获得物质帮助、享受社会服务和社会优待的权利,享有有参与社会发展等权利。因此,需要健全老龄人权益保障的各项制度保障老龄人生活安养、经济安全以及参与社会发展。

为了保障老龄的权益,我国老龄人安养照护制度的设计应以党的十九大和《"十三五"规划纲要》的精神和战略目标为指导,以《老年人权益保障法》《身心障碍者权利公约》所确立的自我决定权和权利保障理念为基础,防止对本人能力过多地限制,构筑安养照护制度支援体系。

促进老龄人晚年品质生活乃积极应对老龄化之要旨。以权利保障和自我决定权理念为目标,因应高龄者所面临的必要财产管理及安养照护问题,确立老龄人安养信托之内涵。老龄人安养信托的设立旨在确立、支援和促进老龄人物质、精神、心理和身体的福利,解决其财产管理和生活照护问题。为保障失能失智老龄人的晚年能快乐和有意义地度过,老龄人的支援体制体系不可或缺,他们的医疗护理、权利保护、人身监护等均应获得全面的关注。特别要考量监护或照护应由亲属来处理,还是属于社区或机构解决的问题。事实上,随着我国空巢家庭逐渐增多,家庭安养照护负担沉重,家庭照顾的时间与精力成本增加,传统家庭养老照护功能急剧弱化,完全依赖家庭养老照护已变得越来越不现实。

---

① [日]新井诚:《成年监护法及信托法的现状及展望》,黄诗淳译,载黄诗淳、陈自强主编《高龄化社会法律之新挑战:以财产管理为中心》,新学林出版公司2014年版,第167—201页。

(一) 形式意义上的安养信托

有些国家将安养信托注册为一种组织或慈善组织,[①] 便宜对有品质和可支付的社区服务筹集资金,进行照护服务安排。有的安养信托以非政府组织形式存在,目的是支援弱势地位的老龄人,致力于提升老龄人的生活品质,提供医疗或非医疗支援,关注老龄人健康问题以及一定年龄以后的身体和心理行为。此种信托支援那些身体上依赖他们照护其日常起居的老龄人,为其晚年提供有尊严的生活。

现在,高龄者的心态、需求和欲望已不同于以往的上一代,他们更为独立,不愿意给子女增加负担。随着健康照护成本的提高和寿命的延长,高龄者追求独立、有尊严的生活,需要持续性的支援和照护,包括日常生活支援,甚至从走路到洗浴之类的细微事情均需要照料。安养信托可使这些老龄人过上有尊严的生活并安享晚年,对他们进行心理辅导,给予他们生活陪伴,进行预防性的检查,开展教育活动,提供医疗支援、护理支援、医疗护理以及医疗设备等。[②]

安养信托可以为失能失智老龄人解决具体问题[③]:

第一,为需要的老龄人提供慈善、社交、医疗和教育服务,无论其种族、地位、团体和信仰;第二,为老龄人提供可能的医疗、手术或任何其他的照护;第三,为老龄人提供社交、教育和法律支援;第四,设立、开展、管理、促进、维护、装备和管理社会福利中心或社交培训中心、阅览室、诊所、医院、俱乐部、临时或永久的庇护所、娱乐中心、示范中心、训练中心、护理中心、医药大学和研究中心;第五,通过促进科学研究和

[①] "The Eldercare Trust was set up by NTUC Eldercare Co-operative Ltd. (now NTUC Health Co-operative Ltd.), a registered Charity and was granted IPC status in 2000 by the Commissioner of Charities and National Council of Social Service Service's Central (General) Fund respectively, Singapore", https://www.eldercaretrust.org/., on May 21, 2020.

[②] "The Eldercare Trust was set up by NTUC Eldercare Co-operative Ltd (now NTUC Health Co-operative Ltd.), a registered Charity and was granted IPC status in 2000 by the Commissioner of Charities and National Council of Social Service Service's Central (General) Fund respectively, Singapore", https://www.eldercaretrust.org/., on May 21, 2020.

[③] "The Eldercare Trust was set up by NTUC Eldercare Co-operative Ltd (now NTUC Health Co-operative Ltd.), a registered Charity and was granted IPC status in 2000 by the Commissioner of Charities and National Council of Social Service Service's Central (General) Fund respectively, Singapore", https://www.eldercaretrust.org/., on May 21, 2020.

实验提升老年医学福利；第六，独立或与其他团体或慈善信托或非政府组织一起召开科学和社会会议；第七，针对老年疾病照护和咨询召开科学和社会讨论并更新；第八，为罹患老年疾病人的利益，举办讲座、会议和上课。

（二）实质意义上的安养信托

安养信托的设立主要涉及三个重要的因素：一是需要有稳定的合作机制，协调组织和服务；二是如何解决老龄照护各种机构之间和模式之间的协调结合之难题，而且合作者之间需要时间去有效地发展、配置服务以满足服务使用者的要求，以更好地提供服务并提升服务使用者的福利；三是解决照护服务模式协调结合的最佳方式。医疗与社会照护是现代化服务的一部分。安养信托可安排职业化的群体来提供专业化的照护服务，但其设立需要克服文化和组织障碍以提供有效的照护服务，确保服务使用者能无缝对接地获得健康与社会照护服务。

实质意义上的安养信托并不冠以安养信托之名，但实质上是解决失能失智老龄人财产管理和身上照护问题的信托之总称，譬如，成年监护信托之受托人被任命为管理失能失智高龄受益人财产和照护其身心，信托设立时受益人不必为失能失智状态，此信托可于委托人兼受益人失能失智或去世前任何时候终止。

为了促进失能失智老龄人照护的社会化，安养信托制度应该是任何人均能使用的制度，且无论本人资产多寡。安养信托制度不仅可以将居家、社区和机构养老联动起来，而且将居民间的互相支持协调起来。信托制度作为提供支援意思决定的有效方法，可有效发挥老龄人财产管理和身上照护事务的功能。

安养信托所要实现的目标为：尊重本人的残存意思，保障其行使权利的自我决定权，协调整合各种养老模式，将财产管理和身上照护结合起来，实现失能失智老龄人的有尊严的品质生活。

第二节　核心功能：失能失智老龄人安养信托之活化

失能失智老龄人的安养照护仅靠家庭无法支撑，需要国家、社会来担负起责任和义务，老龄化、少子空巢倾向迫使监护照顾制度从家庭结构中解放出来，由此产生老龄人照护的多元化协调问题。安养信托在照护服务中的协作，是服务提升的积极选择，通过信托机制能成功地协调各种模式和各种类型的照护服务。

一　意思冻结之功能

安养信托是对判断能力不足者如失能失智老龄人的保护制度，它不仅涉及身上照护事务而且涉及财产管理事务，不因委托人意思能力丧失或去世而影响信托目的的实现即意思冻结功能。

依意思冻结功能，委托人设立信托之意图，不因其丧失意思能力或死亡等而受影响，信托也不因其死亡或丧失意思能力而终止，可长期持续。受托人须依据委托人设立信托之意图，持续性地进行财产管理，实现信托之功能。[①] 即使委托人去世，只要在信托期间内，委托人的意思不管之后情况如何变化，都将继续。

透过意思冻结功能，失能失智老龄人作为委托人将财产交付信托，通过信托文件达成保障委托人兼受益人未来生活照料、医疗照护、医养安养等目的，满足委托人及配偶（兼受益人）安养照护之需要，贯彻和确保委托人兼受益人在被监护前设立信托的自由意思，克服成年监护制度行为能力之限制，充分尊重委托人之自我决定权。在信托文件中委托人可以规定，如果委托人失能失智被监护制度保护，其监护人不得终止委托人已设立的信托。因为根据监护制度，委托人因心智能力减损或丧失而不能为意思表示或受领意思表示，或不能辨识其意思表示的效果时，被监护程序开启，而且可以承受监护人的道德风险。如果事先运用信托制度，冻结委托人设立信托的自由意思，不仅可以防止不法之人对高龄者实施不利益的行为，也可确保其财产之安全性。

二　自由裁量之功能

为了扩张信托之意定监护替代作用，英美信托实务上积极运用自由裁量信托自由裁量之功能。自由裁量信托中受益人及其所受利益事先并不确定，须经受托人行使自由裁量权，受益人及其所受利益始得确立。该信托之自由裁量主要包含两个层面：第一，受托人对哪些受益人可以从信托中获得利益通常有决定权。第二，受托人对受益人取得信托财产的数额享有

---

① 参见［日］新井诚《信托法》（第3版），有斐阁2008年，第85—86页。

决定权。尽管大多数自由裁量信托允许两种类型的自由裁量权存在，但任何一种都可以单独使用。

在大多数法律体系中，信托允许有固定数量的受益人，受托人可以自行决定每个受益人可以获得多少利益，或者受托人可以选择某一类受益人，但规定固定的数量。大多数起草完善的信托文件都规定了从某一类人中增加或排除受益人的权力，这使得受托人在管理环境变化时具有很大的灵活性。特别是，自由裁量信托仅可以自由分配收入，但在某些情况下，受托人对信托的本金（即财产）也有分配权。自由裁量信托通常分为两类：第一，专属即受托人必须分配信托基金所累积的所有收入；第二，非专属即受托人有明示的累积收入的权力。自由裁量信托的每位受益人依赖于受托人行使积极的选择权。

自由裁量信托具有十分重要的功能：保护爱挥霍的受益人不受债权人的侵害。由于受益人对信托基金的任何特定部分都没有请求权，信托基金的任何部分都不容易被任何受益人的破产管理人所触及；控制爱挥霍的受益人；创造应对环境变化的灵活性；在某些司法管辖区，自由裁量信托可用于保护家庭资产以免构成任何离婚协议的一部分。[①]

自由裁量信托之核心是受托人享有自由裁量权行使之权利，受托人行使自由裁量权可从委托人确定的受益人范围中选择受益人。自由裁量行使的优势是受托人有权斟酌考量委托人在信托设立时无法充分考量的事项、选择最符合信托宗旨的受益人或酌定最符合信托目的的事项。受托人可根据委托人需要照护的程度，依照信托文件之规定，选出最合适的受益人，委托人在制定信托文件时无须确定特定受益人和信托事项，由受托人依据信托本旨酌情裁量，以因应未来变化的状况，从而增加制度的弹性。

高龄者的财产管理、身上照护以及失能失智老龄人的扶养照料都可以活用自由裁量信托，通过自由裁量功能，发挥安养信托真正的价值。

"财产赋予受托人以及一类受益人或指定的人成为信托之对象时，自由裁量信托产生，但受托人享有完全的自由裁量权以分配收入或本金或本金及收益。受托人须在某一类受益人之间将所有的信托财产进行分配，但

[①] Wikipedia,"Discretionary trust", https://en.wikipedia.org/wiki/Discretionary_trust., on Feb.18, 2022.

他们对向该类受益人中的哪些人以及每位人分配多少数额有自由裁量权。"① 自由裁量权的本质是受托人不能被强迫向受益人分配任何利益即无论收入或本金的分配完全由受托人自由裁量，受益人对信托之资产没有任何可确定的或既得的利益。自由裁量信托可以在委托人有生之年设立或者通过遗嘱进行遗嘱处分。

　　自由裁量信托具有极大的灵活性，可以弥补残障老龄人福利之不足，可以向领取政府福利的残障老龄人提供额外的福利，而无须剥夺此人享有政府福利的权利，通常需要谨慎的规划以规避此种福利的减少或取消。有些国家如英属哥伦比亚，如果残障人士直接获得遗赠，那么，遗赠的数额就得一笔一笔地从政府福利中扣除，自由裁量信托可以避免此类现象的发生。因为自由裁量信托赋予了受托人对是否分配收入或资本给受益人的绝对自由裁量权，如果能成功地主张此受益人没有取得信托上的受益利益，那么，某些向残障老龄人所为的分配就不能使其丧失获得政府福利的权利。受托人所为如下费用的支出不能使受益人对政府福利失权：医疗费用、某些照护费用、房屋维修和装修、教育费用等，还可以是信托为受益人的用益购买资本资产如房屋或车辆。

　　在恰当情形下，自由裁量信托可以保护本人资产不受一般债权人追索，如果委托人主动将资产移转于信托没有支付对价，或主要是为了规避债权人，那么，此信托是可撤销信托。如果自由裁量信托主要目的是资产规划而非实现免遭债权人追索之目的且此目的仅是信托设立的从属目的，那么，此信托是有效的且具有执行力的信托。

　　没有近亲及子女的老龄夫妻，当一方出现失智症时，另一方可将财产设定信托，在其还有财产管理能力时，设立以自己为受益人的自益信托，在信托文件中规定受托人应将信托的本金及利息交付给他；在丧失财产管理能力时，自益信托转换为以夫妻二人为共同受益人的自由裁量信托；当一方去世时，转换为由生存者一方为受益人的自由裁量信托。这样，老龄人在失能失智前对财产管理和身上照护等相关事宜预先作出规划，此外，考虑到夫妻一方去世后另一方的生活照护和保障，也可预先对其所需的照护、医疗等身上事务进行规划，从而发挥自由裁量信托的功能。但此种信

---

① Wikipedia, "Discretionary trust", https://en.wikipedia.org/wiki/Discretionary_trust., on Feb.18, 2022.

托需建立相关的配套制度如强化受托人责任、防止信托受托人将信托财产挪作己用或用于为己之利益,课以确保受益人得以照顾的义务等。①

三 替代意定监护之功能

意定监护制度与信托制度具有相同的意思冻结之功能,而且由于信托并不发生本人能力之限制,可作为保护手段积极运用,是提供支援意思决定的有效方法,是替代成年监护的制度。

委托人在有判断能力时设立信托,待其判断能力减弱或丧失时,信托仍可以持续。信托是立足于私法自治的制度,具有替代意定监护的功能。在自益信托中,委托人确立信托目的,将财产移转给受托人,即使委托人判断能力丧失,处于被保护状态,或即使委托人去世,受托人仍需继续依照委托人设定的信托意图,为受益人利益进行信托事务持续性的管理。在他益信托中,有能力的委托人为欠缺意思能力或行为能力的受益人设定信托也复如此。

信托一旦设立,如果委托人或受益人陷入被保护状态,虽无法监督受托人,但法律设有监控机制,可有效地防止受托人滥权,以保护受益人。受托人被课以严苛的信义义务和信托义务。信托虽属私法自治的范畴,受托人权力仍受到内外监控机制的制约。为了防止受托人滥权,委托人即使嗣后失能失智,但信托目的仍可继续存在,受托人仍须遵循信托目的管理信托事务。

在日本,安养(福祉型)信托的运用可以保障易受侵害的社会成员如失能失智老龄受益人之利益,信托是保护能力减弱的人的方式。信托制度成为监护之替代,尽管相关当事人的权利受到信托之稍微限制,但因他们的资产已移转于受托人,他们不会受到成年监护信托制度的限制。信托制度在美国和加拿大已发挥了成年监护制度之替代或补助之功能。信托是一种公共制度和社会基础设施的一部分。因此,特别是在老龄社会,信托制度需要转变为社会基础设施的一部分。

有学者建议将信托结合具有意思冻结功能的意定监护制度,可以更有效地保护丧失能力的受益人。日本有学者建议,结合意定监护和信托,创

---

① [日] 新井诚:《成年後見法と信托法》,有斐閣 2008 年,第 183—193 页。

造出实质上与自由裁量信托相同功能之新机制。①

四 受益人连续性之功能

信托目的确定之时即约定信托受益权将来可依序归属于连续指定的多数受益人，以使信托目的得以长期贯彻。为了满足老龄人后续照顾安排和财富传承之需求，可借由受益人连续型信托，切实实现老龄人订立信托之初衷。当老龄受益人去世时，该受益人之受益权消灭，而由其他受益人重新取得受益权，包含因受益人去世，由次顺位之其他受益人取得受益权。自信托设立时起，经过一定时间，现存受益人已依据该行为取得受益权时，该受益人去世前，或该受益权消灭前，该信托一直有效。② 如高龄者作为委托人将所有的不动产出租之租金设立信托，以租金收益支付一位失能失智老龄人的生活、医疗照护等费用，或指示受托人用此租金为该失能失智老龄人聘请照护人或照护机构，待该第一任受益人去世后，由第二顺位受益人取得受益权。

受益人连续性的功能可以使受益人能够在合同所约定的顺序中按次序继受权利，将财产做前后不同时间受益的分割，用以满足老龄人安排家产的继承策略或者按时序照顾需要照护的亲属如配偶、自己、子女等。③

为了正视高龄人口急剧增加之现实，就相关法规与制度中针对高龄者之财产管理和身心照护之机制进行检视。通过专业受托人或机构之支援，将身心照护与财产管理之机能进行活化与综整。信托因具有意思冻结、受益人连续性、受托人裁量之功能，在信托目的确定之际，约定信托受益权未来可依序归属于连续指定之多数受益人，从而使信托目的得以长期落实，这样，老龄人可以利用受托人或受托人委托的照护人或受托人与监护人等灵活模式在失能失智之后处理自己事务，利用其他制度不具有的权利人属性及能力转换、权利主体转换、权利内容转换并提供安全交易和身心照护并举等功能，④ 实现本人之意愿。

---

① ［日］新井诚：《成年监护法及信托法的现状及展望》，黄诗淳译，载黄诗淳、陈自强主编《高龄化社会法律之新挑战：以财产管理为中心》，新学林出版公司2014年版，第167—201页。

② 日本《信托法》第91条。

③ 李智仁、张大为：《信托法制案例研习》，元照出版有限公司2010年版，第359页。

④ 李智仁、张大为：《信托法制案例研习》，元照出版有限公司2010年版，第41—50页。

第三节 信托之设立：要素、财产及类型

财产的所有权人将其财产移转于意图为他人的利益而持有财产的人时，信托得以设立。

一 安养信托之要素

失能失智老龄人同时需要身心照护和财产管理，为其设立的安养信托与普通信托一样应具备一定的要素方可成立。

（一）当事人

信托一般具有三方当事人：移转财产的所有权于信托的人为委托人；接受信托财产的人为受托人；信托财产为其利益而持有的人为受益人。尽管信托涉及三方当事人，但并不要求有三个人，因为一个人可以具有不止一个身份。

1. 委托人

委托人是设立信托的人。从技术层面来看，如果信托是通过最后的遗嘱而设立，那么设立信托的人又称为遗嘱人。如果信托是通过信托协议而设立并于生前运作，信托的设立人被称为委托人。委托人必须表明为受益人的利益设立信托的意图，委托人可保留撤销、修改信托的权利，此权利要么由其单独要么和其他人一起行使。通常情况下，信托一旦撤销或终止，信托财产返还给委托人，除非委托人指示进行某些其他的处分。

为老龄人所设立的安养信托中，委托人可以是具有意思判断能力的老龄人，无论老龄人的经济条件如何也无论其地位如何皆可为自己设立信托（自益信托），他们同时又可是受益人；委托人可以是任何为失能失智老龄人之利益设立信托（他益信托）的人，包括失能失智老龄人的配偶或其他近亲属。委托人可以通过合同、遗嘱等方式设立以身心照护和财产管理为目的的信托，可以保留撤销、修改信托的权力。委托人设立信托须要求受托人为委托人自己（兼受益人）或其他受益人或与其他受益人一起作为共同受益人之利益使用信托财产，履行信托义务如向聘请的护工或社会福利机构支付报酬；向医疗机构支付费用；为受益人安排医养、康养等服务并支付报酬等。委托人也可以先指定自己为受托人，待失能失智后由指定的后续受托人接任。即使委托人将财产移转给了受托人，并表明由受

托人为受益人的利益而使用信托财产,但没有给受托人施加任何义务,这样的信托是祈愿式的信托,而不是真正意义上的信托,不受信托法调整,因为委托人没有施加任何法律义务给受托人。另外,如果委托人为受托人自己的利益而设立的信托,信托没有设立。

2. 受托人

受托人接收财产,就接受了为受益人的利益持有信托财产的义务,是享有信托财产之法定所有权的主体如公司或其他商事主体、个人,负责管理信托财产。

委托人可以成为生前信托的受托人。在生前信托中,如果受托人去世、丧失行为能力、辞任或因其他原因而缺位,信托协议也未规定后续受托人的,一些国家和地区规定由法院任命恰当的后续受托人。有效的生前信托不因受托人的缺位而无效,但信托目的会因不当的受托人而无效。

委托人担任最初受托人时,在其有生之年,最初受托人无论出于何种原因可以书面指示后续受托人承担受托人的义务。这对委托人因身体或精神失能时有效地开启信托管理十分必要,需要后续受托人为委托人(成为受益人)的利益提供管理信托财产的服务。委托人可保留解任受托人、指定额外受托人或后续受托人的权利。个人受托人失能、辞职以及委托人死亡时,由指定的后续受托人担任受托人。在某些情形下,委托人可以指定后续受托人之一担任信托协议规定或受益人份额的特定子信托之受托人以及另一位指定受托人担任剩余信托资产的后续受托人。信托文件必须规定,在没有受托人情况下任命后续受托人的人选和方式,规定由有权获得信托资产分配份额或获得收益或本金支付的受益人中享有大多数利益的人可以任命后续受托人或受托人。如果受益人中享有绝大多数利益的人不能、不会、没有能力任命后续受托人,那么,相应的管辖法院可以任命。每一个可撤销生前信托均应规定信托受益人有权解任或更换受托人。

以老龄人照护为目的的信托中,受托人可以是个人和信托机构,也可以是监护人、社会福利机构。信托机构、社会福利机构和个人可以担任共同受托人,但两种受托人的权利、义务和责任须明确详细规定以免产生重复服务或不必要的费用。如果信托机构和个人被指定为共同受托人,绝对有必要规定由谁来承担决策责任。通常,决策权会进行分割,信托机构负责照管和管理信托资产,而个人受托人负责照护受益人之日常所需。当然,这种责任也可以反过来。无论怎样,每一位受托人都有明确的与信托财产和对信托财产享有权利的受益人有关的责任划分和决策权力。

3. 受益人

每一个信托至少要有一位受益人,是接受信托财产为其利益而持有的人,因此,对信托享有强制执行权。除非自由裁量信托,受益人必须是足够确定的。一个信托通常不是只有一位受益人,有时数位受益人可以持有并存利益,有时受益人的利益是可以承继的,拥有承继利益的受益人体现在一位受益人拥有生前利益或数年的利益,而其他受益人持有未来的利益,此种利益在现行利益终止后方可享有,这通常称为剩余利益受益人。

在为老龄人照护而设立的生前信托中,最初受益人是信托为其而设立的个人。最初的受益人享有信托财产的受益利益。老龄受益人并不享有信托财产的法定所有权,但享有受益所有权。许多情况下,生前信托的委托人可以同时兼任受托人和受益人,当然,其他人在委托人有生之年也可以成为最初受益人。委托人死亡时,被指定接受财产的人称为潜在、第二位受益人即上述的剩余受益人。

老龄委托人所设立的可撤销生前信托要想在法律上有效和生效,委托人兼受益人应当非为信托协议唯一的受益人。否则,信托会因为信托财产的法定所有权与受益所有权的合一而消灭。如果这样合而为一,信托宣告就没有法律意义,除非在委托人兼受托人及受益人去世时有一位受益人而非信托财产的法定所有权人存在。无论如何委托人兼生前信托受托人和受益人时,第二位受益人必须被指定继承最初受益人之信托财产上的受益利益。

为失能失智老龄人所设立的信托中,受益人可以是委托人兼受益人,也可以仅为受益人;可以为失能失智老龄人,也可以是具有心智能力的老龄人,甚至可以是上述人之外的其他任何人。

在英美,典型的遗嘱替代可撤销生前信托中设立信托的人就是最初的受托人和主要受益人,在此情形下,一个人可以是委托人、受托人和受益人。但允许一个人身兼数种身份的规则受到限制,一个人不能同时为信托唯一的受托人和唯一的受益人,否则,一合并,信托即终止。因为信托的本质是将信托财产的法定所有权与受益所有权分离,而数重身份归一就结束了这种分离。实践中,合并是很少发生的,因为通常受益人不止一位。尽管典型的可撤销生前信托应遵守合并规则,因为委托人既是受托人又是主要受益人,但合并少有发生,可撤销生前信托指定其他受益人,于委托人去世后从信托财产上获得利益。

（二）设立方式

信托设立可以通过意思表示而设立，也可以通过法律规定而设立。前者称为意定信托，后者称为法定信托。两者最大的区别在于是否以"意思表示"为必要。意定信托并非一定使用"信托"字眼，但须有确定的意图、确定的标的和确定的受益人即满足三个确定性要件。① 信托需要有设定行为，所谓信托行为是指委托人移转一定的财产于信托，由受托人为受益人（含委托人兼受益人）之利益管理或处分，以达成一定经济或社会目的之行为，可依委托人与受托人之合意或其他行为方式而成立。信托是否有效，首先取决于信托行为是否有效，即使行为有效，也非当然信托有效，因为信托的生效尚需满足信托的生效要件如移转财产于受托人和"三个确定性"。意定信托以信托行为的方式而设立，主要有三种：遗嘱、合同和宣言。

1. 遗嘱

意定信托可以通过遗嘱设立，遗嘱人设立信托的意图必须明确。设立遗嘱信托的语言无须特定，即使没有"信托""受托人"这样的字眼也无关紧要，只要可以找到必要的遗嘱人之意图。在英美，受托人的缺位决不会使信托无效。如果遗嘱人设立了信托，但没有指定受托人，法院会为其指定；如果遗嘱指定的受托人拒绝、去世且没有指定后续的受托人，那么，法院可以任命后续受托人。受托人须履行积极的义务，否则，信托会因受托人的被动而无效。

遗嘱信托是由委托人（遗嘱人）订立遗嘱，在遗嘱中表明将全部或一部分的财产移转给信托，在委托人去世后由受托人依据遗嘱内容履行相关信托事务，并履行遗产分配、照顾继承人（受益人）的义务。遗嘱信托有保全财产、执行遗嘱、监护被监护人以及照顾遗属等功能，可通过设立遗嘱信托，委托人仍可借由信托防止遗属挥霍，继续照顾遗属，使其生活无虞及获得安养照顾。譬如，梅艳芳女士利用遗嘱信托将其母亲的安养照护事宜安排妥当；有心智能力的超高龄老龄人可以为失能失智的高龄子女设立遗嘱信托，为其安排医疗照护和财产管理事宜；老龄夫妻可以设立遗嘱信托，指定自己信任的人担任监察人，信托机构担任受托人，将照顾

---

① ［日］四宫和夫：《信托法》，有斐阁2002年，第106—107页。

其遗属作为信托目的，以解决自己去世后对方的老年安养照护问题，实现委托人的初衷。委托人可以预立遗嘱、选定遗嘱执行人、指定信托监察人、确定移转财产、决定信托持续期间等，以设立有效的遗嘱信托。

2. 合同（合同）

信托可以以合同方式而设立，生前信托多以合同方式而设立。死因合同方式设立的生前信托与遗嘱信托最大的区别在于遗嘱行为为单方法律行为，而死因合同信托之设立行为为双方法律行为。

英美法认为，受托人的义务严苛，暴露于潜在的义务，法律没有要求某人接受受托人职位，除非此人接受。这并非说，信托的设立以受托人的承诺为必要，受托人不承诺接受受托人职位，信托依然生效。因为"信托不因受托人缺位而无效"。起初，一个人一旦接受了作为受托人的任命，只有在全体受益人同意或法院命令的情况下方可离任。[①] 后来法律修改此规则，允许受托人辞职，但需提前30天通知所有的利害当事人。[②] 这可通过专业化草拟的信托合同达到此等效果。可见，合同在此可以起到任意法的作用。

从信托的特点来看，委托人作为财产所有权人将信托财产移转给信托，由受托人为受益的利益而持有，受托人因管理财产之目的而成为新的所有权人，同时信托将受托人与所有权的受益利益剥离开来。尽管美国有位信托法学家认为，"委托人与受托人之间接交易在功能上与现代第三人利益合同没有区别。信托是合同"[③]。然而，美国《信托法重述》强调，"信托之设立被视为信托财产上受益利益的移转，而非作为一种合同"[④]。而且，"尽管受托人通过接受受托人职位而使自己承担管理义务，其义务在本质上也非具有通常合同性质"[⑤]，受托人的权力和义务来自法律的规定和信托文件的规定。

民法法系国家的日本将信托行为界定为：委托人设立信托的意思和受

---

① UTC § 701 (2000).

② UTC § 705 (2000, rev.2001).

③ John H.Langbein, "The Contractarian Basis of the Law of Trusts", *Yale L.J.*, Vol.105, No.3, 1995-1996, p.627.

④ Restatement (2nd) of Trusts § 197 cmt.b (1959).

⑤ Restatement (2nd) of Trusts § 169 cmt.c (1959).

托人接受信托的意思达成合意而产生的信托。① 信托合同是指"与特定人之间,对特定人转移财产、设立担保权、处分其他财产以及该特定人按照一定目的管理、处分财产,或为达成该目的实施必要行为为内容缔结的合同",合同一旦缔结,信托成立。② 日本有学者将信托视为合同之一种,认为"信托与委托虽然存在差别,但是信托还是合同之一种,还是应该称信托为信托合同"③。受托人只要依照委托人所为意思表示的内容为承诺,信托合同即告成立,实际上信托多由委托人与受托人先有意思表示的合意,再基于此合意的结果而成立。④ 我国台湾地区也有学者认为,只要委托人与受托人意思表示合致,信托即可成立。⑤ 易言之,信托等同于合同,只要委托人与受托人意思表示一致,信托合同成立,信托也就成立。本质上,信托并不能等于合同,否则,信托关系就会被合同关系所替代,信托法会因合同法的适用而失去其存在的价值。

关于信托之生效,除了遗嘱信托和宣言信托外,受托人必须取得作为信托财产的财产权,信托才能有效成立。生前信托存在着设定信托的行为的有效性及信托的有效性⑥。如果将信托等同于信托合同,那么,合同的生效要件与信托的生效要件没有区别。然而,信托之生效一方面以合同之生效为基础,另一方面信托合同生效却并必然产生信托生效的法律效果。信托合同之生效依据信托合同之性质不同又有差别,如果将信托合同认定为诺成合同,只要有委托人与受托人之间的合意,信托合同成立,符合生效要件即可生效;如果将信托合同认定为要物合同,除当事人之间合意外还需要有标的物之交付。如果信托合同为诺成合同,那么,信托之生效除需要合同生效外,还需要履行相应的手续将财产移转给受托人,否则,受托人无法就特定财产履行义务,执行信托,另外,还须满足三个确定性的要件。如果将信托合同认定为要物合同,那么,当事人之间达成合意,交付标的物,合同成立,但仍需要满足三个确定性的要件。

如果老龄人希望维持自己目前的生活品质,预防未来自己失能失智时

---

① [日]能见善久:《现代信托法》,赵廉慧译,中国法制出版社2010年版,第19页。
② [日]道垣内弘人:《信托法入门》,姜雪莲译,中国法制出版社2007年版,第21页。
③ [日]樋口范雄:《信与信托法》,朱大明译,法律出版社2017年版,第13页。
④ [日]田中实、山田昭:《信托法》,学阳书房1989年,第40页。
⑤ 王志诚:《信托法》,五南图书出版公司2018年版,第74页。
⑥ 黄进:《国际私法》(第2版),法律出版社2005年版,第281页。

家人给予的照顾品质不符合自己的期望，可以在自己心智能力尚存时规划安养（福祉型）信托，由受托人管理财产，但保留修正调整信托合同机会；可以委托金融机构、亲属或者律师担任受托人，安排监察人监督。

老龄人出现失能、失智、身心障碍等情况时，导致判断能力显著降低，监护信托等可以防止高龄欺诈陷阱和照护缺失问题，依照高龄者意愿安排具有资产保护和安养照护功能的信托，解决其财产管理和安养照护之难题。信托条款可将信托目的设定为照顾受益人养护、医疗等，并专款给付。自益信托可以由自己或监护人设立；他益可以由父母、配偶和子女设立，也可以是自益兼他益。

3. 宣言

宣言是设立明示信托即意定信托的方式。根据《布莱克法律大辞典》之解释，信托之宣言包括两个方面的含义：第一，行为。宣告某人享有财产或资产之法定权利，承认此财产以信托的方式为他人或某些特定目的而持有。第二，指设立信托的文件。又称为信托契据、信托协议。[1] 在此，宣言指行为，不过，此解释并未说明委托人是宣告自己还是他人为受托人。

（1）宣言信托可否采用

委托人宣告自己或他人为受托人而设立信托，是委托人的单方法律行为。有学者认为，宣言仅为委托人宣告自己为受托人的单方法律行为，由委托人宣告自己为受托人而设立的宣言信托又称为"自己信托"。安养信托的委托人可采取宣言方式，宣告自己或他人为受托人，以失能失智老龄人为受益人而设立信托。

学界对是否采用宣言设立信托也众说不一，有反对者也有赞同者。反对者认为，自己信托是属于委托人的单方法律行为所设立，自外部难以认知已设立信托行为，委托人有可能趁债权人不知情之际，由委托人设立自己信托，使债权人受到侵害。如果信托宣言得以承认，导致出现被允许规避债权人强制执行财产的后果。[2] 然而，宣言信托的设立是委托人设立了向受益人转让财产的信托，信托设立后委托人兼受托人必须为了受益人的利益对信托财产进行管理和运用，委托人的债权人不能强制执行信托。赞

---

[1] *Black's Law Dictionary*（8th edition），Thomson West，2004，p.1229.

[2] 参见［日］能见善久《现代信托法》，赵廉慧译，中国法制出版社 2010 年版，第 16 页。

同者认为,除实务之需要外,① 实质上,委托人并非通过宣言信托享有信托财产上的利益并创设出规避自己债权人强制执行财产的权利,而是通过设立宣言信托,将财产之实质上权利以受益权的形式移转于受益人,受益人之债权人可以强制执行收益权。如果委托人兼受托人不是唯一受益人,那么,只要委托人享有信托利益,就应当肯定委托人的债权人对其收益权的执行权。② 日本于 2006 年修订后的《信托法》引入宣言信托制度,规定了宣言信托的成立方式及生效要件,同时在《不动产登记法》等法律中设置了配套规范。尤其日本《信托法》第 3 条第 3 款特别规定,宣言信托之信托要式:必须以公证书或其他电磁记录为信托之设立。该法第 3 条第 2 款规定,以公证书以外之书面或电磁记录设立宣言信托,当指定受益人收到通知时,信托始发生效力。

安养信托的设立可以采取宣言的方式,可以有两种制度设计:委托人宣告自己或他人为受托人为失能失智老龄人设立;老龄人作为委托人在失能失智前宣告他人为受托人以自己为受益人而设立。

(2) 宣言所宣告的当事人

为了赠与或移转财产给其指定的受益人,委托人可以通过两种方式之一以其名义进行有效的信托宣言。

关于宣言所宣告的受托人是委托人还是委托人之外的他人,存在两种观点。

第一,委托人宣告自己为受托人。宣言是委托人明示或默示地宣告自此以后其将以某种信托的方式持有特定的财产。也就是说,委托人可以将自己设定为受托人,如果没有实际上的财产移转,可以将其财产上的受益利益予以剥离,宣告他从此以信托的方式为他人的利益而持有。这种信托宣言等同于法定所有权的移转,如果信托设立的过程是完整的,那么,它就不会有任何障碍,因为它是无偿的。③ 如果委托人是财产的绝对所有权人,为失能失智老龄人设立信托,那么,宣告行为所产生的法律效果是他仍然为财产之法定所有权人,而财产之受益利益归属于新设立信托之老龄

---

① [日] 道垣内弘人:《信托法入门》,姜雪莲译,中国法制出版社 2007 年版,第 23 页。
② [日] 能见善久:《现代信托法》,赵廉慧译,中国法制出版社 2010 年版,第 17 页。
③ Henry Godefroi & Whitmore L.Richards, *The Law relating to Trusts and Trustees*, London: Stevens and Sons, Limited, 1907, p.94.

受益人。有效的自我宣言是设立信托的有效方式,对财产享有法定所有权的委托人通过宣告自己为该财产的受托人为老龄受益人的利益设立信托,这种以宣言设立信托的方式不太常用,因为显然这种方式仅在委托人有生之年使用,即仅与生前信托有关,而且这意味着将严苛的受托人义务施加于自己,将财产之受益所有权进行剥离。① 委托人宣告自己作为受托人对其保留的相关财产根据信托条款之规定而持有,即信托的自我宣告。没有第三方受托人涉及此种安排,委托人的利益从绝对所有权转换成作为受托人为宣告的受益人之利益的部分所有权。②

以宣言方式所设立的自己信托,财产之所有人并不将其财产移转于其他受托人,而是宣告从某时期之后为某老龄受益人之利益,由其为受托人,此乃以委托人之单方法律行为所设立的一种生前信托。③ 根据信托宣告,委托人仅宣告自己为某一财产的受托人,委托人也可以为信托受益人。老龄人作为委托人可以以书面形式宣告自己为某一财产的受托人,于其生前将收益归属于自己,而于其死后将财产之本金移转于指定的受益人,在此情形下,委托人是唯一的受托人和唯一的收益受益人,而本金的受益权归属于其他受益人,此信托为有效信托。但一个信托是否有效,需要受托人对某人负有信义义务,如果委托人是唯一受托人且为唯一受益人则法定所有权和受益所有权归一,信托不复存在。④ 作为委托人的老龄人对自己所有的一定财产通过宣言设立信托,所设立的信托不是对第三人而是对自己的信托,称为"自己信托"。其理论依据是某一财产之归属处于被分别处理的状态,委托人自己成为受托人也可以达成这种状态。⑤ 委托人可通过宣言信托把自己所拥有的财产中的特定部分分离出来,为自己的利益或他人的利益由自己管理。⑥ 以宣言的方式设立信托主要是源自实务

---

① Michael Haley, *Equity & Trusts*, (7th Edition), London: Sweet & Maxwell, 2007, p.35.

② Mohamed Ramjohn, *Cases &Materials on Trusts*, London: Cavendish Publishing Limited, 2004, p.18.

③ 杨崇森:《信托与投资》,正中书局1977年版,第79页。

④ Jesse Dukeminier & Robert Sitkoff, *Wills Trusts & Estates* (9th Edition), New York: Aspen Publishers, 2013, p.408.

⑤ [日] 道垣内弘人:《信托法入门》,姜雪莲译,中国法制出版社2007年版,第23页。

⑥ [日] 能见善久:《现代信托法》,赵廉慧译,中国法制出版社2010年版,第16页。

中有一定的需求。①

第二，委托人宣告第三人为受托人。委托人除可以宣告他自己以特定信托的方式持有特定财产外，也可以通过移转特定财产给受托人并宣告特定信托中受托人持有该财产。财产的所有权人可以作出宣言他人为受托人为老龄受益人的利益以信托的方式持有该财产或由他人获得此类宣言。易言之，委托人可以将财产赋予受托人，并宣告信托，受托人将以信托方式持有该财产。②譬如，如果某人是某公司的股票之所有权人，他可以以书面或口头宣言方式宣告从此受托人为其老龄父母以信托方式持有该股票，受托人有义务在其父母有生之年向其父母支付股息。这就是以宣言方式设立的信托，委托人宣告第三人为受托人。又如 A 宣告并支付给受托人 10000 元，受托人承诺他将对其部分股份以信托方式为 A 之老龄父母而持有，A 宣告了由受托人为其父母利益的信托，A 是信托的委托人。③

（3）宣言信托的要式与否

宣言信托之委托人宣告自己为其财产的受托人须是已作出的不可撤销信托宣言。学界对宣言信托的要式性采取两种不同的观点：肯定观和否定观。

肯定观认为，宣言信托是一种自己信托，存在被用于逃避债务的履行问题，如扣押债务人的某一财产时，债务人会主张"该财产是很久以前以信托宣言的方式设立了自己信托的信托财产，个人债权人不能进行扣押"。如此一来，人们为了规避债务以自己一方之宣言而设立信托。为了防止这种规避行为，日本要求宣言本身以"公证书或其他书面或电磁记录"的方式为之，要求"对被指定的应成为受益人的第三人（该第三人为两个以下的，其中之一人）作成设立信托的意旨以及将其内容予以通知并写明确定日期的证书"之时，信托才发生效力。这种书面文件必须"记载信托目的、确定信托财产所必要的事项、其他法务省令规定的事项"。由于信托宣言的设立方法还不为众人所知，需要设置一个使其被周

---

① ［日］道垣内弘人：《信托法入门》，姜雪莲译，中国法制出版社 2007 年版，第 23 页。

② Henry Godefroi & Whitmore L.Richards, *The Law relating to Trusts and Trustees*, London: Stevens and Sons, Limited, 1907, p.94.

③ George T.Bogert, *Trusts*, (6th edition), St.Paul: West Group, 1987, p.22.

知的期间。① 另外，可对欺诈信托行使撤销权以保护执行债权人的利益。②

否定观认为，信托之宣言一般可以是口头的，无须任何额外的形式。委托人无须采用特定的词语或技术性的表述以宣言设立信托。他不需使用"我宣告自己为受托人"这样的用语，但他必须实施达到此效果的行为以及采用具有此意思的表达方式，必须有明确的证据证明其所言和所为具有设立信托的意图。生前的信托宣言有效，可以设立一个完全有效的信托，即使是口头宣言且没有支付对价。对动产所为的口头信托宣言，即使是无偿的也是完全有效的。但对不动产或其上的任何利益所为信托宣告必须是可以证明的，而且可由某一能宣告此信托的人签署书面文件或遗嘱来证明。一个宣言不动产信托的意图，不能采用书面形式来证明，该宣言一般不会生效，尽管一般规则也有例外。根据信托财产的不同，也会产生例外，如不动产信托，宣言信托必须以书面文件予以证明，由委托人或其代理人来签章。为了证明设立信托的意图，委托人可以采取任何形式的语言进行宣言，意图也可以从行为中进行推断；无效的赠与不能解释为实施了信托宣言，赠与必须是有效的，因为委托人通过财产的绝对赠与意图，放弃了财产之法定所有权，而且宣告受托人以信托的方式为指定的受赠人持有。③

设立安养信托的宣言必须采取书面形式，并规定受益人、信托财产和信托的本质。书面形式可以包含在相关的文件中，如果没有必要的书面证据，那么，信托不可以执行。书面文件的签署必须由能够宣告此类信托的人为之。④

有效的信托宣言可以产生于何种情形呢？第一，不经意的谈话。仅仅是不经意的谈话中所使用的语句不可以产生有效的信托宣言，因为缺乏设立信托之必要意图。第二，一段时间重复的话语。尽管独立的"不经意的谈话"不能单独产生有效信托宣言的效果，但此类话语在一段时间不

---

① ［日］道垣内弘人：《信托法入门》，姜雪莲译，中国法制出版社2007年版，第25—26页。

② ［日］新井诚：《信托法》，刘华译，中国政法大学出版社2017年，第137页。

③ Michael Haley, *Equity & Trusts*, (7th Edition), London: Sweet & Maxwell, 2007, p.35.

④ David J.Hayton, *Cases and Commentary on the Law of Trusts*, London: Sweet & Maxwell/Stevens, 1991, p.53.

停地重复足以设立一个信托。第三,行为作出的宣言。有效的信托宣言可以通过行为来推断,即使没有使用接近于此种宣言的话语。第四,设立信托的首要意图。当事人的明确意图需要通过一定的方式得以明示或证明。[①]

(4) 信托宣言的证明

对动产所为的信托宣言可以通过口头进行宣告,为使信托有效,必须有证据证明委托人成为义务人的明确意图。一般来说,负有证明责任的受赠人没有支撑的证言,则不具有充分的证据来证明为其利益设立了信托,需要有一些佐证。除此之外,所谓赠与人是否去世或生存,依据谨慎规则来判断。

如果委托人自己是信托受益利益的唯一所有权人,那么,可以设立一个子信托,由委托人继续保留受益利益所有权人的地位,由其以信托的方式为子信托的受益人以信托方式持有。通常,委托人负有积极履行的义务,但此情形下,委托人兼受益利益所有权人所宣告的信托是一个光头信托或简单信托。

对不动产的宣言信托中,财产的所有权人宣告自己为受托人,他必须签署书面文件。如果信托宣言使财产之法定所有权与受益所有权发生分离,且信托宣言采取由受益所有权人向受托人作出指示的方式为之,那么,受益所有权人必须签署书面文件方可生效。书面文件仅为证据,没有书面文件并不能使信托宣言无效,仅仅是没有强制执行力。纯动产的宣言信托则对书面文件没有要求,信托可通过书面文件、口头甚至行为来宣告。

利用宣言信托,委托人可避免失能失智老龄受益人因心智能力缺失而无法管理特定的财产,可通过财产管理获得身上照护,还可避免委托人破产所导致的财产损失。如果高龄委托人为失能失智老龄子女设立宣言信托,在其丧失行为能力后,仍可通过其指定的后续受托人使信托得以延续,同时,安排后续受托人实施受益人财产和身心照护之事宜。

总而言之,委托人可宣告自己为受托人或将财产移转于受托人,对不动产等所设立的信托,移转需采取特定的形式如采取强制登记。宣言方式

---

① Robert Pearce and John Stevens, *The Law of Trusts and Equitable Obligations*, (2nd edition), London: Butterworths, 1998, pp.165-166.

所设立的明示信托仅在其可以证明委托人的话语表明有设立信托的明确意图而非赠与的情况下，方可具有强制执行力。尽管委托人不必明示地采用此话语，但这些话语必须表明有分离法定所有权与受益所有权的意图。不经意谈话中的话语，如果没有相应的行为来证明存在意图，一般不能充分证明具有设立信托的意图。无须特定形式的语言来证明信托宣言，只要能判断有信托意图即可。因此，一段时间内的言语和实施的行为可以予以考量。

二 安养信托之财产

信托关系成立是以信托财产之移转与管理为基本要素，是委托人、受托人与受益人间产生的一种以信托财产的移转与管理为中心的法律关系。厘清何谓"信托财产"，方可了解委托人须采取何种交付方式，方知受托人是否已尽其义务。

"若非有信托财产，信托不能设立。"[①] 财产是信托的基本要素，因为受托人必须为受益人的利益持有一定的资产。信托不可能产生于真空，而是因某些种类的动产或不动产的移转而产生，这些财产构成信托之标的。

（一）信托财产之要件

我国《信托法》第7条规定，信托财产是委托人合法所有的财产，必须具有确定性。信托财产必须是受托人能取得财产权的财产。人格权或身份权等非属财产权，无法将之交付受托人管理处分，故不得作为信托财产；信托财产是他人能够享有所有权的财产并可以以信托方式而持有；设立信托的人（被称为委托人或遗嘱人）对信托财产享有法定权利或利益，通常其法定权利可以赋予受托人；如果委托人或遗嘱人拥有受益利益，这种非法定利益也可以赋予受托人。

1. 具有财产权

所谓财产权，是以财产上利益为标的之权利，除人格权及身份权以外的其他权利。非以财产权所设定的信托，其信托行为均属无效。凡具有经济价值的财产，包含可依金钱计算之物权、债权等有体财产权；专利权、商标权、著作权等无体财产权；矿业权、渔业权等准物权，公司债、股

[①] Restatement (2nd) of Trusts § 74 (1959).

票、票据等,以及未经保存登记之不动产或违章建筑,数字资产以及可数字化的资产,皆可成为信托财产。

2. 为积极财产

信托之目的是使受益人获得信托利益,因此,成为信托财产之财产应以积极财产为限,该财产仅有正价值而无负价值之特性。若以债务等消极财产设定信托,则受益人无法获得受益,反可能因信托关系而负债,有违信托本旨,故对消极财产不可设立信托,应认定为无效。如果积极财产已设定担保物权或该财产权已附随法定负担(例如税负),该积极财产被设定信托,信托仍属有效,只是不得以信托关系之存续对抗信托设立前所设定之担保物权的实现。

3. 属委托人所有且有权移转

信托成立时,委托人需将信托财产移转于受托人,信托财产须具有让与性。若以不能让与之财产设立信托,该信托应属无效。信托财产必须属于委托人所有,或其有权移转。按信托财产理论,虽可由委托人移转给受托人,并非当然由委托人移转给受托人,还包含委托人使第三人将财产移转给受托人。信托财产之范围不限于现时占有之财产权,将来取得之确定财产亦可成为信托财产,如保险金请求权。

4. 财产应确定且存在

一般而言,信托合同成立时,即须移转财产,此时信托财产应特定且存在,否则,财产无从移转。所谓"确定"并非指必须将所欲信托之财产限于某一特定物体,只要将其范围明确描述即可,对委托人将来可取得或可以据以转让之财产利益(Contingent Interest),但仅属委托人希望或期待可以取得之财产,则不可成为有效信托之财产。只要未来的利益是可确定的,可以成为信托之财产,由于希望、期待则非属确定之权利,不可认定其为具体确定之权利,不可成为信托财产。

(二)安养信托之财产要件

信托是有关财产管理的设计,在此基础上衍生出其他功能,受托人的信托义务可将财产管理与身上照护有机地结合起来,成为信托在老龄社会发展的新亮点和新机遇。因此,财产是安养信托关系的要素。

1. 财产是安养信托关系的核心

信托有效成立须有可以辨识的财产。信托不仅是一种财产分配的制度,而且是在财产上设定相关信义义务的制度。没有特定的信托财产,即无信义关系。有效设立的信托须将信托财产的法定所有权和控制权赋予受托人，这样，信托方可具有强制执行力。受益人之受益权依赖于该信托财产，离开了该财产，法院也无以行使权力。①

安养信托与普通信托一样，受托人所拥有的财产被称为信托物、信托本金、信托财产或信托资产等。信托财产可以有形的，也可以是无形的，但必须可以确定和可以转让的。无论信托财产的规模和性质如何，没有财产，即无有效的信托。委托人须将信托财产移转于受托人名下，由受托人享有财产之法定所有权，信托方可运作。所有权移转的过程称为"为信托筹资"，委托人须采取必要的形式要件、有约束力的宣言，尽管信托利益可通过任命权或撤销权的行使而予以撤销。

安养信托的受益人是对信托财产（或信托基金）享有财产性权利的人，信托财产由一位单独的受益人或数个受益人共同享有。安养信托一旦设立，从设立之时起，受益人即对信托财产享有财产性权利，受益人可以追踪至原始财产或替代财产，该财产性权利可以对抗财产的后续持有人，但未被告知此权利存在的受让人除外。受益人对信托标的物享有财产性权利的法律效果主要有：如果受托人违反信托义务，将财产移转出信托，受益人有权追及至任何替代财产或从受托人本人或妨害信托的任何第三人本人处获得相当价值的补偿。② 此权利由尚具行为能力的老龄受益人行使，因语言表达障碍而无法行使，可由其指定的人代为行使；丧失行为能力的老龄受益人可由其监护人行使，此种情形下，监护人与受托人形成一种相互监督的机制。

随着财产形态的变化从最初的土地发展至动产领域，尤其是无形财产领域，信托财产可以是任何可转让的财产利益。信托财产也可称为信托基金，财产的任何权利形态均可作为信托标的物，无须直接占有的财产形式也可以作为信托财产。因此，安养信托中即使不构成财产全部权利的受益利益也可以作为信托标的物，譬如，表决权信托中的受益人所享有的利益，只要是委托人的财产或财产权利皆可成为信托标的物，甚至源于财产本身不能转让的收益如未来收益也可成为信托财产，譬如，尚未到期的

---

① Henry Godefroi & Whitmore L. Richards, *The Law relating to Trusts and Trustees*, London: Stevens and Sons, Limited, 1907, p.7.

② 陈雪萍：《信托受益人权利的性质：对人权抑或对物权》，《法商研究》2011年第6期。

租金。

2. 信托财产移转于受托人

信托的执行力主要取决于信托是否完全设立，信托从为受益人之利益将财产赋予受托人时起被视为完全设立。财产一旦赋予受托人，委托人不能再主张财产上的受益利益（他益信托）。即使没有支付任何对价，受益人也可获得财产性权利的受益利益。如果委托人宣告设立信托，仅有宣言而没有赋予受托人以财产，那么，信托也是不完全设立的。如果受益人支付了对价，那么，宣言可以针对委托人被强制执行。如果受益人没有支付对价，那么，宣言则不可以被强制执行。如果委托人选择为他人之利益宣告自己为其财产之受托人，那么，财产已赋予受托人（委托人自己），此宣言一经作出，信托完全成立。

设立安养信托的财产必须确定，财产无法具体确定的，该信托无效。信托不是法人，不能为了自身利益像法人那样拥有财产，而是通过受托人行事。如果以不动产设立安养信托，受托人可以登记为不动产的所有权人（名义上的所有权人），受益人仍可在此不动产上居住且可享有不动产上产生的利益（受益利益）。受托人有权用信托账户中之资金为安养信托之受益人支付相关的医疗照护和养老服务等费用。受托人有权对信托财产进行专业化的管理，受益人可以督促受托人履行信义义务。

财产移转于受托人可以通过合同等方式使其产生法律效果。移转须采取正确方式以便财产能交付于受托人，移转方式因委托人意图移转的财产之性质和利益之类型而不同。不动产法定权利的移转需要办理不动产转让事宜，有形动产需要将意图移转的财产交付。债权请求权需要书面文件并向义务人发出通知。股票法定权利的移转要求根据恰当的移转文件在公司登记机构进行登记。目前，我国安养信托多为以金钱为标的所设立，期待将来以各种财产形态设立安养信托。

3. 构筑于财产上的安养信托

任何形态的财产均可成为安养信托的财产，不动产、动产、债权、股票、人寿保险单和保险金等均可以成为信托之财产。根据不同的照护需求，设计不同的安养信托，将各类财产交付信托，由受托人享有其法定所有权，并将每一个信托之财产予以独立，不得与其他信托财产相混合。依照不同照护需求和财产形态，设置种类各异的信托如长期照护服务预收款信托、逆向抵押贷款信托、不动产信托、安养（福祉型）信托（各种财产)、安养公益信托、安养型家族信托。① 也可仅依财产形态，设置不同的信托如金钱交付信托、动产交付信托、有价证券交付信托、不动产活化型之老龄人安养（福祉型）信托、结合保险之老人安养（福祉型）信托等。②

高龄者作为委托人与受托人签订信托合同，将金钱、股票、生存保险金、人寿保险单或不动产等移转于受托人，由其持有并管理，同时安排高龄者照护、安养和医疗等身上事务，委托信赖的亲友或社会福利机构担任信托监察人，协助监督信托的执行。依据每个人的需求量身订制信托，用来照顾受益人（高龄人自己、配偶或关爱的其他家人如失能失智的老龄子女）的基本生活，也可安排其他生活需求如旅行费用、医药费或安养费等，还可安排身上监护等事宜。需求不同，信托的定制可以千变万化，如可设立金钱信托、安养（福祉型）信托、员工福利储蓄信托、不动产买卖价金信托、保险金信托、有价证券信托、不动产信托等。

三　安养信托之类型

虽然我国《民法典》中设置有监护制度，但较之于信托缺乏灵活性以及因与本人行为能力相结合，对本人能力进行限制，对失能失智老龄人财产和身上监护不尽周全。信托不受本人法律上能力的限制，充分尊重本人自由决定权，本人之财产管理、人身和医疗之决定权皆可由本人自主为之。因监护人管理处分受监护人财产并安排身上照护事宜为重要法律行为，监护人存在道德风险（moral hazard），如果能善用信托制度，老龄人在失能失智前将重要财产委托给受托人管理，将收益用于其失能失智后的安养照护如聘请照护人或安排养护机构并支付他们的相关费用，在一定程度上可补足成年监护制度之缺罅。委托人将信托财产移转于信托名下，可用以对抗委托人意思能力减弱、丧失或其死亡等变化，由受托人依委托人信托目的如医疗养护、生活费用支付、养护机构费用支付等，继续管理或处分信托财产。委托人因心智能力丧失，致不

---

① 王志诚：《信托制度在高龄化社会之运用及发展趋势》，《月旦法学杂志》2018年总第276期。

② 黄御哲：《老人安养（福祉型）信托制度之研究与建议》，硕士学位论文，淡江大学，2016年，第20页。

能为意思表示或受领意思表示，或不能辨识其意思表示之效果时，虽可受到监护制度之保护，但仍存在监护人道德风险之虞，如果利用信托制度提前作出规划，与监护制度结合，利用信托制度的意思冻结功能，不仅可以协助辨识或判断能力减弱或丧失之高龄者保全其财产，防止其从事不利己之行为，而且可以对养护照顾事宜事先作出安排，保障其失能失智后的生活及安养照护无忧。

（一）安养信托形态概述

信托能在保障失能失智老龄人从意思表示清晰且判断能力充足→判断能力弱化→判断能力完全丧失→身故后之整个周期的财产管理和生活支援之规划设计架构上发挥重要作用。

安养信托类型之设计须考量众多因素：受益人现实需要、委托人的财产规模（可能仅有小额的财产或仅有现居住的房屋等）、财产管理与身心照护的一体性以及如何尽量与其他福祉措施联动。不论是"以房养老"融资型信托抑或安养（福祉型）信托均应以协助高龄者解决生活上所面临的困难为宗旨，并提升他们的生活品质。"以房养老"信托可以将不动产变现，提高老龄人所持有资产的流动性，解决流动性养老资金匮乏问题；安养（福祉型）信托可以让老龄人预先进行规划，适当地配置资产、投资理财，免除未来财务相关的琐事，以保障老龄人的财产安全无虞以及保障老龄人身心照护无忧，从而帮助失能失智老龄人保全财产，确保其财产能用于其经济保障和安养照护等事宜。

失能失智老龄人安养信托遵循信托关系之本质，由委托人将其财产移转给受托人进行管理运用，受托人将管理运用信托财产所得之利益用于实现老龄人安养照护和财产管理之信托目的。委托人（或同时为受益人）以特定或将来失能失智老龄人为受益人而设立的信托为私益信托；委托人以自己为受益人而设立的信托为自益信托，以他人为受益人而设立的信托为他益信托；委托人通过合同行为所创设的信托为合同信托，以遗嘱方式所设立的信托为遗嘱信托，以宣言的方式宣告自己或他人为受托人所设立的信托为宣言信托；委托人于生前所设立的并于生前生效的信托为生前信托，委托人于生前与受托人达成合意，以其死亡为条件所设立的合同信托，因信托以死因处分的合同方式而设立，本质上是以委托人死亡为停止条件的合同行为，须以委托人与受托人意思表示一致方能成立，并于委托人死亡时条件成就而生效，此为生前死因信托；① 委托人依遗嘱方式所为的单方行为所设立为使其死后发生法律效力的信托为遗嘱信托；委托人通过信托文件明确指定了受益人及受益利益的信托为固定信托，而委托人在信托文件中明确规定由受托人确定受益人及受益利益以及受托人可依据具体情事而自由作出决定的信托为自由裁量信托。

专门为失能失智老龄人所设立的安养与照护目的的信托，任何非属于此老龄人安养及照护目的或与该目的相悖的行为皆属于违背信托本旨的行为，应予以禁止。安养信托可对失能失智老龄人提供更适切的保护，最为主要的有成年监护信托，为其提供财产管理和身心照护等服务。还有一种支援信托（support trust）以满足失能失智老龄人生活所需为目的而设立，任何与此目的不符之行为应予以禁止，支援信托的受益权不得转让或被强制执行，因具有专属性的色彩。②

我国可将信托制度与监护等制度结合，活用信托制度之多种功能，让老龄人在有意思能力时提前对失能失智后的生活、安养照护及家族中需要照护人的财产管理和身心照护作出安排，避免监护人滥权。另外，为了防止受托人的滥权可以设立监察人制度，以监督受托人信托职务之履行。

（二）安养信托之分类

1. 以财产类型为标准

如保险金、保险单、预付款、不动产（以房养老）、动产、股票等，此处仅论及不动产信托和预付款信托，其他信托在其他章节均有详细论述，在此不再赘述。

（1）不动产信托

由于人口老化及慢性疾病所引起的身体机能衰退，老龄人晚年生活中存在各种风险以及生活方式调整，皆需有长期稳定的资金来维持其既有的生活水平和提升其生活品质，失能失智所产生的医养照护以及相关费用等成为学界所关注的焦点。"以房养老"作为解决策略之一，为英国、美国、日本、法国等国家所推出，其核心是老龄人将自己所有之房屋信托给金融机构，再由金融机构对老龄人之年龄、房屋价值及市场利率进行综合

---

① 王志诚：《信托法》，五南图书出版公司2021年版，第75页。
② 白友桂：《身心障碍财产信托制度之研究》，硕士学位论文，东吴大学，2004年，第60—62页。

判断，以决定支付给老龄人的金额（受益利益），老龄人可以从金融机构得到养老金并可以在其住宅内安养，我国建信养老管理公司有过此种实践。

以不动产为信托标的所设立的信托，又可以根据信托的具体目的不同而进一步细分：

第一，不动产管理信托，是以不动产作为信托标的，并以该财产之管理收益实现信托目的之法律行为。伴随着高龄社会来袭，失能失智老龄人人数剧增，有赖于信托制度驰援，通过不动产管理为失能失智老龄人提供安养照护服务。

第二，不动产融资信托，是由受托人管理该不动产，将获得收益担保老龄人取得融资，作为日常生活费或医疗费用，前提是该笔不动产必须能够设定抵押。这也是逆向抵押贷款信托之变形。

(2) 长期照护服务预收款信托

老龄消费者可向提供长期照护服务的交易对方预先支付费用，对方虽不立即提供服务，但如果接受预付款一方当事人破产，那么，支付了预付款但又未收到服务的消费者就成为无担保的债权人，就不能要求返还全部或大部分预付款。信托可以为服务提供前支付预付款的消费者提供担保，将预付款设立信托，预付款独立于受托人的固有财产，其所有权由接受预付款一方当事人和消费者同时享有。因信托财产之独立性，预付款非为接受预付款一方当事人之固有财产，不受其债权人追索，即使其破产，作为受益人的消费者享有受益所有权，可对预付款主张财产性请求权。提供长期照护服务的一方将预付款与其他财产相混合，只要能够识别为信托财产，老龄消费者即受益人可以追及至替代物。①

预付款信托使预付款人成为受益人而享有财产性请求权，其保护方式就是在银行设立一个信托账户，旨在确保预付资金客户的受益所有权。② 一般债权债务关系中，如果一方当事人支付款项而对方未提供服务，那么接受服务方只能成为债权人。而设立信托则不同，如果接受服务方在支付款项时设立信托或在接受服务时或前设立信托，那么，该服务产生的义务关系从合同关系转变成财产关系、从债务关系转变成信托关系。

---

① 参见陈雪萍《信托的担保功能在商事活动中的运用》，《法商研究》2007年第6期。

② Geraint Thomas, *The Law of Trusts*, Oxford：Oxford University Press, 2004, p.766.

预付款存入一个独立的银行账户就可以有利地证明当事人有设立信托的意图。长期照护服务机构在提供长期照护服务时，会向委托人或受照顾者收取保证金及养护费（长期照护费）。如果长期照护服务机构按月收费，那么消费者所要承担的风险显然较低；如果长期照护服务机构按年收费，一旦长期照护服务机构发生财务危机，消费者之权益将遭受损害。因此，有必要利用信托制度对长期照护服务机构预收的服务费用进行有效监控。

如果长期照护服务机构向消费者或受照顾者收取年费或预付款者，即构成预付型交易形态，为了保障消费者或受照顾者之权益不被侵害，在支付预付款的情况下，只要对长期照护服务机构提供服务能力存在疑问时，客户资金就应当存入信托账户或交给信托公司进行管理，使其利益能得到有效保护，这种方式可以防止消费者成为普通债权人。在预付资金存入一个独立的账户或在预付资金与其他资金混合的情况下，预付资金依据信托架构就能够被追及，这可以保障预付款项的返还。设计老龄消费者预付款信托时，长期照护服务机构要注意明确规定资金须使用于特定目的以及目的受挫时资金的返还，明确规定长期照护服务机构破产时受益人即支付预付款消费者将收回他们的资金。① 开设独立账户的行为往往表明有设立信托的意图。② 或者在信托合同中，明确规定长期照护服务机构作为委托人因解散、停业、破产宣告、撤销或其他原因不能依合同提供服务时，信托受益权自动归复于消费者。但是，如果将合同信托等同于信托合同，那么，信托合同所设定的受益权在一定条件下自动归复于消费者的条款可否拘束或对抗预收款之长期照护服务机构的其他债权人就存在疑问。

在预付款交付信托的情形下，委托人兼受益人在长期照护服务机构尚未依约提供服务前，可向受托人请求信托利益之给付。预付款信托不能作为一种普遍之救济手段，应当受到一定条件的限制，因此，信托合同会设有一定限制。

2. 意定与法定：意愿抑或法律规定

按照当事人的意愿抑或法律之规定，信托可以分为意定信托和法定信托。意定信托又称为明示信托，是由当事人之意思表示所产生的信托关系。"所有的信托既可以是由当事人的行为（By Act of the Parties）所设

---

① Re Challoner Club Ltd. (In Liquidation) (1997) Times, 4 November.
② 陈雪萍：《信托的担保功能在商事活动中的运用》，《法商研究》2007 年第 6 期。

立的明示信托（Express），也可由法律规定或解释所设立或产生的默示信托（Implied）。明示信托可通过口头或书面的宣告而设立，这些宣告需要明确和直接的证明，或者通过间接和必要的推定。后者通常称为推定信托，即使明确、直接的证据并不存在，法院也可以根据当时的情况推定存在口头或书面的宣告。"①

法定信托是由法律的规定而非基于当事人的意思表示而设立的信托。以合同、遗嘱和宣言方式所设立安养信托均为意定信托或明示信托。大多数情况下，委托人希望提供或获得生活照护，以明示方式创设信托关系。

3. 自益与他益

依信托利益可否归属于委托人，可分为自益信托（Self-benefit Trust）与他益信托（Third person-benefit Trust）。前者是委托人将信托利益归属于自己所设立的信托，委托人与受益人两者同一；后者是委托人为第三人利益而设立的信托，信托利益归属于第三人。老龄人进行安养信托规划可以采取自益信托和他益信托模式。

自益信托。老龄委托人在失能失智前可以将财产移转给受托人，由受托人享有该财产的法定所有权，并就该财产管理运用，将信托收益支付其失能失智后的生活、照护、医疗、复健和其他养护等费用，以及支付受托人安排上述安养照护事宜的支出。这种自益信托，是委托人为自己的利益而设立，从而使信托利益用于委托人本人。自益信托之自主规划充分体现了对老龄人"自我决定权"之尊重，避免亲属监护人之恶意夺产或规避社会诈骗，另外，提前安排安养照护所需，确保因健康状况不佳时，仍能安享有尊严的晚年生活。

他益信托。委托人为他人利益所设立的信托，将信托利益的全部或一部分用于他人。他益信托之目的是为了委托人之外的受益人之利益，信托一经设立，委托人除保留了某些权力或经受益人同意不得任意变更受益人或终止其信托，为贯彻信托目的及保障受益人权利，委托人不得处分受益人权利。老龄人的子女或配偶等可以将自己或其父母的财产设立信托，并移转于受托人，由受托人管理处分，所获得之信托利益用于失能失智老龄人的安养照护及支付相关费用。

自益他益混合信托。高龄者可设立自益兼他益信托，为自己、配偶及

---

① L.B.Curzon, *Equity and Trusts*, Plymouth: Macdonald and Evans, 1985, p.99.

失能失智的成年子女之安养照护作出妥适安排。此种信托之部分信托利益由委托人享有，部分由他人享有。委托人将其配偶或指定的人列为共同受益人，约定委托人丧失心智能力时由受托人照顾其生活，处理医疗及财产管理等事务。①

4. 生前与遗嘱

依信托生效的时间不同以及委托人创设信托的方式不同，可以分为生前信托（Living Trust）与遗嘱信托（Testamentary Trust）。生前信托是指委托人以合同或宣言方式设立于委托人生前生效的信托。遗嘱信托是指委托人以遗嘱方式设立于委托人死亡时生效的信托。遗嘱信托须履行繁杂之要式（Formality Requirement），而合同和宣言一般为非要式行为，因此，生前信托较遗嘱信托简易而富有弹性。

生前信托须依委托人与受托人之间意思表示一致而成立；遗嘱信托则依委托人单方之意思表示即以遗嘱而设立。依当事人之合意而设立信托之行为是双方行为；依委托人遗嘱而设立信托之行为是单方行为。

（1）生前信托

可通过合同和宣言方式而设立，分别称为合同信托和宣言信托。

因合同信托以合同方式而设立，具有合同基础，因此，有学者将其等同于合同，即为第三利益合同。信托为第三人利益而成立时，与第三人利益合同相似，但两者有很大的区别：第一，信托受益人对信托财产享有受益利益，而第三人利益合同的受益人仅对债务人享有债权。第二，委托人一旦设立信托即对信托财产不再享有任何权利，也没有强制受托人履行义务的权利，除非他本人也是受益人或在信托合同中保留此类权利，而第三人利益合同的债权人和受益人可以要求债务人履行义务。第三，如果当事人一方将财产移转给另一方，而受让人同意因此移转而对第三人负担义务时，此所成立的是为第三人利益的合同，而非信托，但如受让人同意对该财产进行管理并将全部或一部分利益向第三人支付者，则可能成立一种信托。②

合同信托可以设定为以委托人死亡为条件的信托，我国信托法明文规

---

① 黄诗淳：《保护信托制度于我国运用之可行性研究》（研究报告），https://www.trust.org.tw/upload/107403780001.pdf，2022年1月29日。

② 参见杨崇森《信托与投资》，正中书局1977年版，第10—11页。

定了遗嘱信托，但未规定以委托人死因合同方式设立信托。如果死因合同信托之设立行为为诺成合同，则委托人与受托人须意思表示一致，信托合同方可成立，信托于委托人死亡时，因条件成就而生效，无须以遗嘱方式为之。信托合同生效后，由委托人根据信托合同请求继承人、遗产管理人或遗嘱执行人将信托财产移转于受托人，信托方可完整设立并生效。如果信托之死因合同为要物合同，委托人须受托人达成合意，委托人死亡后继承人、遗产管理人或遗嘱执行人须依合同之规定将财产移转给受托人，信托行为始能成立及生效，也无须依遗嘱方式为之。① 当然，合同信托成立生效除意思表示一致、财产移转、法定的形式要件外，尚需满足"三个确定性"要件。

（2）遗嘱信托

立遗嘱人（委托人）订立遗嘱，规定对全部或一部分的财产设立信托，此为遗嘱信托。委托人去世后由受托人依遗嘱之规定执行信托相关事宜如完成遗产分配并照顾继承人（受益人）。遗嘱信托具有保全财产、执行遗嘱、监护及照顾遗属等功能，委托人去世后仍可借由信托继续照顾其遗属，由受托人管理处分信托财产，按时定期给付或在特定状况下分配信托利益给受益人，这可以防止其遗属挥霍，达到保障指定的受益人生活无虞的目的，从而完全及周延地照顾其遗属。如梅艳芳利用遗嘱信托为其身后事做好安排，照护其母亲至其终老。

5. 固定与自由裁量

依信托设立时委托人是否确定受益人及各受益份额，可以分为固定信托和自由裁量信托。

信托设立时已确定了具体的受益人以及他们各自的受益份额或数额的信托为固定信托。

信托设立时受益人的范围大体确定，但未具体确定，实际受益人以及各受益人的受益份额或数额由受托人自由裁量确定的信托，称为自由裁量信托。自由裁量信托的受托人对受益人获得信托财产上的受益利益享有决定权，受益人在受托人行使自由裁量权以前不享有受益利益。例如，委托人将自己的财产设立一项自由裁量信托，以其父母、儿女、孙子女为受益人，并指示两位受托人以恰当的方式、数额和时间，将信托利益分配给其

---

① 参见王志诚《信托法》，五南图书出版公司 2016 年版，第 75 页。

中的某位或某些受益人，每一位受益人能否实际获得信托利益，取决于受托人自由裁量权的行使。

依据信托收入是否全部用于分配，自由裁量信托又可以分为用尽信托收益的自由裁量信托（exhaustive）和非用尽信托收益的自由裁量信托（unexhaustive）。前者的受托人应分配全部信托收益给受益人，但不管分配给哪位或哪些受益人。后者指受托人享有权利将信托收益累积起来，等到合适的时候再分配给受益人。

为了遵循家族式照顾理念，自由裁量信托在安养型家族信托中应用甚广，家族信托是为家族成员、亲属以及自身利益，将其股权、不动产或金钱等财产移转给受托人，利用自由裁量信托之架构，进行家族成员、亲属或自身之未来生活、安养照护、财产管理和财富传承等规划。依成立目的不同，可细分为高龄者安养（福祉型）信托、失能失智老龄人安养（福祉型）信托、福祉监护支援型信托等，这些信托可用于照顾高龄者、失能失智老龄人，具有弥补成年监护制度阙漏的作用。因此，我国应鼓励有相当能力之个人成立以自由裁量信托为核心的安养型家族信托，用以照护高龄者和失能失智老龄人的生活和养护等。具体设计根据情事之不同，可以采取各种信托模式包括离岸股权信托等模式。① 如果将信托目的定位于高龄者或失能失智老龄人生活保障，那么，家族型安养（福祉型）信托可以理解为一种自主型之社会保障制度，并可将信托目的扩大至慈善或公益目的。例如，香港影星梅艳芳生前将其财产所设立的自由裁量信托，也属于为其家族成员尤其是其母亲所设立的安养型家族信托，财产有剩余的，归属于妙境佛学会有限公司。② 此类信托大多以生前裁量信托方式成立，③ 受托人被赋予了极大的权力。根据自由裁量信托，信托财产上的受益权不固定，根据委托人设立信托的信托合同之规定，由受托人进行分配和安排，受托人须参酌委托人之信托意图，行使自由裁量权。自由裁量信托中，受托人的自由裁量权源自委托人的意愿，受托人具有依委托人之意

---

① See Chih-Cheng Wang, "The Main Features of Trust Law and Practical Issues of Offshore Trust in Taiwan", *Trusts & Trustees*, Vol.20, No.4, 2014, pp.391, 400-401.

② 王志诚：《信托制度在高龄化社会之运用及发展趋势》，《月旦法学杂志》2018年总第276期。

③ See TD Wealth, Family Trusts in Wealth Planning, http://advisors.td.com/public/project-files/67342a2a-383f-4d2f-88f4-08312d4feeb2.pdfl, on Dec.16, 2020.

愿，将信托财产分配给潜在受益人之裁量权限。① 信托文件可规定受托人运用信托财产的权限，以及一定权限的自由裁量权，受托人可自由裁量如何分配和分配多少金额之信托资金给受益人，如何安排安养照护等事宜。

6. 私益与公益

依信托目的是否具有公共利益性为标准，安养信托可分为私益信托（Private Trust）与公益信托（Public Trust）。公益信托是以公共利益为目的的信托。不具公共利益目的的信托为私益信托，为自己或特定第三人之利益，以此为信托本旨而设立的信托，诸如家族信托、个人动产或不动产信托及保险信托等均属之。

为某个或某些特定的个人利益而设立的信托是私益信托。私益信托之受益人可以是委托人、委托人的亲属或委托人指定的人。设立安养信托时，受益人必须确定。受益权必须完全赋予一位或以上的受益人。受益人对信托享有控制、修改或决定权，除非受益人没有法定的行为能力或受到许可范围的限制。委托人可以设立一项安养信托，将信托基金用于保障配偶的安养照护、医疗护理等费用，是私益信托。当然，私益信托可以分为自益信托和他益信托。

公益信托是为整个社会或社会公众中相当一部分人的利益而设立的信托，具有永久性和不确定性的特点，不受私益信托之存续期间的限制。为了老龄社会的公共利益，而非为了特定某位老龄人的利益而设立公益信托，受益人为不特定的老龄人群体。公益信托与慈善信托一般是被视为同一语。以慈善为目的之公益信托，不少以安养为主要目的。②

（三）与其他制度结合的信托

1. 与监护制度结合：成年监护信托

成年监护信托制度是重要的失能失智老龄人保护制度，旨在解决失能失智老龄人在其认识判断能力、处理事务的能力下降后的人身照护和财产管理问题，以保护其人身和财产安全。它是受托人按照个人遗嘱、合同或由法院指定，为其担任监护人，管理其财产、医护其身心的信托制度。该

---

① See E.H.Burn & G.J.Virgo, *Maudsley & Burn's Trusts & Trustees: Cases & Materials*, Oxford: Oxford University Press, 2008, p.10.

② 王志诚：《信托制度在高龄化社会之运用及发展趋势》，《月旦法学杂志》2018年总第276期。

种信托重点关注对人的保护而非对物的责任。失能失智老龄人因心神丧失或精神耗损,不能治理自己的财产,无能力照顾自己之身心,利用信托的多功能性,在失能失智前或意思能力减弱或丧失判断能力时实现自我决定权和最佳利益之保护,以达到信托设立之目的。委托人(受益人)于失能失智前设立自己具有自由裁量权的信托,一旦失能失智后,转换为受托人具有自由裁量权,继续为委托人(受益人)之利益管理财产,并按信托文件之规定照护其身心(受托人可以委托监护人为之,或受托人与监护人各司其职,或受托人兼监护人为之)。

成年监护信托最大的优势是信托性质因受益人的判断能力状态而转变,受益人尚未丧失判断能力前,可以任意决定如何使用信托财产和其他信托事务,受托人无从干涉,只要受益人尚未丧失能力,受托人必须遵从受益人对信托财产的管理、支配、投资、保存等指示,也可以随时任意终止信托;如果受益人丧失判断能力,受托人则须严格依照法律规定的标准和信托文件之规定,为受益人的利益,开始管理信托财产并照护其身心。

成年监护信托既可是法定监护与信托制度之结合,也可是任意监护与裁量信托之结合。法定监护结合信托可由老龄人于受监护制度保护前设立,也可以于其受监护制度保护后由法院指示监护人设立或由监护人主动设立;任意监护结合裁量信托于委托人有意思能力时设立,委托人事先选任自己信赖的监护人和受托人,监护人和受托人可以为同一人,也可以使监护人和受托人分别让不同的人或组织担任,在委托人丧失意思能力或意思能力受限制,或生活无法自理或需要医疗照顾时,受托人可以将委托人之部分受益权转为他益,由委托人的配偶或其指定的人共同享有受益权,在信托存续期间,将自益信托转为自益他益混合型信托。

为了切实保障失能失智老龄人的权益,我国现有法律框架下应完善监护制度和信托法,防止监护人在老龄人丧失行为能力后对信托进行不当变更,并用意定监护和信托制度,提升对被监护人的保障,由意定监护人与受托人分工协作,监护人专注于照顾被监护人的事务,受托人管理财产,定期将生活费用、安养费用、医疗照护费用交付给监护人;也可并用法定监护与信托制度,由法院指定监护人将监护财产设立信托,由专业人士管理失能失智老龄人的财产,或由法定监护人与受托人一起成为共同受托人协作执行被监护人的财产管理和身上照护事宜。虽然可约定受托人的自由裁量权,但信托期间,此权力的行使仍需在委托人指定的条件成就时行使，如其配偶或其指定之人须于条件成就时方可成为共同受益人。

2. 与逆向抵押贷款制度结合：逆向抵押贷款信托

利用养老协议设定逆向抵押贷款信托，是逆向抵押贷款与信托之结合，可避免不动产遭他人设定其他债权，从而影响老龄人之居住权益；当养老协议终止时，老龄人的继承人有能力偿还债务时，可取回不动产所有权，当无力偿还债务时，以房屋出售价格作为义务清偿范围，超过债务部分由继承人继承；如果出售价格低于债务数额时，由受托人承担损失风险。

信托设立后，受托人向受益人给付年金，数额由受托人聘请精算师根据房屋的价值、年龄并结合老龄人生活水平确定。如果老龄人因身体状况不再适合居住于原住处，需搬迁至养护机构时，老龄人如果愿意将其抵押之不动产出租，则不需要终止养老协议，由受托人管理不动产，所得租金收益扣除管理费及支付养护机构费用后仍有剩余者归属于该老龄人。

老龄人去世后，养老协议及由此所设立的逆向抵押贷款信托消灭，有关担保物之处分、借款本息之偿还等方式及丧葬事宜，应根据养老协议和信托合同之明确规定处理。若有未尽事宜，依相关法律规定办理。

较之于单一的逆向抵押贷款而言，逆向抵押贷款信托之架构具有相当优势：第一，财产安全之保障。信托财产的独立性可使财产免遭居心叵测的他人或其子女等觊觎、攫取或侵害。第二，财产管理专业化。专业受托人管理信托财产，无须失能失智老龄人亲自管理。第三，生活费、医疗、安养机构费用、看护费用等支出皆由受托人为之，为老龄人提供安养照护之经济保障，且能防止老龄人滥用资金等问题。第四，专业受托人为受益人之利益对信托财产进行管理和运用，以实现其生活养护之目的。第五，由老龄人（委托人）任命信赖的人或社会福利机构担任信托监察人，协助监督信托事务之执行。第六，如果高龄者（委托人）因罹患失能失智病症需要转至养护机构时，其信托项下的不动产可以由受托人继续管理并出租，所得租金收益扣除必要的管理费用及支付或补充养护机构费用后尚有节余的，可归属于高龄者（受益人）所有。第七，老龄人去世后，可直接由受托人依信托合同之约定，处分该不动产，收回债权。

3. 与保险制度的结合：保险信托与保险金信托

随着人们平均寿命的延长，一些老龄人罹患瘫痪、失智等病症概率增加，不仅影响生活品质，也对家庭照顾者造成负担。生育率越来越低，家庭形态转变，人口结构更加老化，凸显了老龄人安养照顾与医疗的重要性。实务中身故、完全残疾保险理赔金的给付方式，以现金给付为主，然而，"长期照顾"除了需要金钱支出之外还需要做相关照顾资源的连接。保险制度之宗旨是确保经济生活之安定，信托制度旨在利用信托财产之独立性以及受托人专业技能为信托受益人之利益作最佳考量。目前保险仅能够获得保险理赔之现金给付，而无法解决依现阶段照顾需求给予适当的资源指引及提供所需服务之问题。因此，仅有保险制度还无法实现投保人当初购买保险所要达到的目的，保险信托或保险金信托将"保险"与"信托"结合，使长期照顾保险金与照顾服务资源连接，发挥信托与保险应有之功能。人寿保险信托属于合同信托，委托人生前即成立生效，与遗嘱信托须依委托人死亡时始生效并不相同。

（1）保险信托

保险信托是指委托人将人寿保险单及保险单的所有权移转于受托人，由受托人作为法定所有权人而持有保险单，受托人对设立信托的保险单享有完整的权利，包括保险单的所有权、保险单合同解除权、保险单转让权及保险单的贷款申请权等，委托人是保险关系中的被保险人，也可是"保险单持有人"。"保险信托"可以预先规划并确定保险理赔金的管理及运用方式，以落实保险的保障目的。

保险信托（又称为人寿保险信托、寿险信托）是以"保险金请求权"作为信托财产，属于金钱债权信托。它将"保险"与"信托"契合，委托人事先约定将其未来可获得的保险金交付信托，指定受托人管理、运用及规定给付分配方式，未来保险事故真正发生时，保险公司会直接将保险金交付至受托人的信托专户内，由受托人依合同约定管理及运用该保险金，并支取一定的保险金用以照顾老龄或失能失智老龄受益人的生活或由受托人利用该信托财产为老龄受益人聘请照护人或照护机构，为失能失智老龄受益人安排医护安养等事宜，于信托终止时将剩余的信托财产返还给受益人。保险信托是委托人基于人寿保险合同享有保险金受领请求权，以人寿保险债权请求权（保单）向受托人为信托，委托人指定受托人为保险金受领人（即人寿保险合同缔结之同时也设定人寿保险信托之情形），或变更人寿保险合同之受益人为受托人（即以现存人寿保险合同设定保险信托之情形），期满或保险事故发生时，由受托人受领保险金，并以此保险金依信托合同所定，为受益人管理运用或交付。①

虽然美国法律对保险信托是可撤销信托还是不可撤销信托没有限制，但为了规避遗产税，美国保险信托主要是不可撤销信托，因为可撤销信托委托人仍然对信托财产享有控制权，所以不能规避遗产税。

保险信托可由委托人（投保人）将已经生效的人寿保险单移转于受托人持有，保险单受益人成为信托受益人；也可先设立信托，受托人为委托人购买人寿保险。

保险信托的受托人可对保险单进行管理、投资如 ABS 等，须承担信义义务。受托人须依据信托目的和信托条款之规定，管理保险单和购买保险并管理、投资。

（2）保险金信托

保险金信托是指委托人与受托人签订信托合同，约定就委托人为保险受益人之信托合同，当发生保险事故产生理赔或保险金给付时，由保险受益人向保险人申请理赔，请保险人直接将保险金作为信托财产交付给受托人，受托人依据信托合同之规定对保险金进行规划、管理及运用，实现委托人的意愿。委托人可以在信托合同中约定受托人定期或不定期将信托收益或本金分期支付委托人的生活费或其医疗照护费用，信托合同约定的终止条件发生时，将信托财产返还给委托人。② 受托人将保险金进行低风险投资，定期把信托收益依信托合同约定拨付给信托受益人作为生活费或安养费，也可以直接拨付给照护机构，于信托期间终止或到期时，交付剩余资产给其他信托受益人。依委托人交付之信托财产种类来看，属金钱信托，就委托人与受益人关系而言，属于自益信托。信托财产的利益在信托前、后都是由委托人兼受益人所享有。

保险金信托是以给付之保险金作为信托财产，由保险受益人与受托人签订保险信托合同，当被保险人发生理赔时，由保险公司将保险金交给受托人，由受托人依信托合同之约定进行管理、运用，并依信托合同约定方式，将信托财产分配给受益人，信托关系消灭时，将剩余财产交付给信托

---

① 郭奇坤：《保险金信托有关问题之研究》，硕士学位论文，长荣大学，2008 年，第 855—889 页。

② 郭奇坤：《保险金信托有关问题之研究》，硕士学位论文，长荣大学，2008 年，第 855—889 页。

合同所指定的人或受益人。

（3）保险信托与保险金信托之区别（见表3-1）

表 3-1　　　　　　　　保险信托与保险金信托的比较

	保险信托	保险金信托
信托财产	保险单	保险金
性质	保险金请求权信托（金钱债权信托）	金钱信托
保险金的领取	受托人向保险人申请理赔，领取保险金	保险人直接将保险金交付给受托人作为信托财产
信托之委托人	保单所有人	保险受益人
投保人保险合同处分权	投保人保险合同处分权丧失或受限，因信托保险单之所有权发生移转	分两种情况：一是委托人（投保人）若为保险受益人则其保险合同处分权丧失或受限；二是信托设立后受托人投保，则投保人保险合同处分权不会丧失或受限，但需按照信托宗旨、目的和信托条款的规定行使

保险的目的是因应风险，最大作用是转嫁部分无法负担的风险。老龄人失能失智时需长期照顾，需支付高昂的医疗养护费用时就能以保险转嫁部分风险。

4. 与社会福利政策的结合：特殊需要信托

特殊需要信托(special needs trust)，亦称补充需要信托（supplemental needs trust），意在为身心障碍者的照顾护理、残疾设施等生活品质的改善提供信托资金扶持，同时保留社会福利资格，强调"补充"而非"替代"社会救助。除了提供监护外，特殊需要信托可以在不影响失能失智老龄人获得国家医疗补助资格的前提下利用政府和私人资源最大化其生活品质。[1] 作为一种极佳的规划工具，特殊需要信托可以为老龄人提供经济支援以持续性地补充其照护费用而不会影响其获得政府补贴的资格。特殊需要信托可以用于支付和补助医疗费用、差旅、娱乐和其他费用，以提升受照护亲属的生活质量，尤其未来他们的主要照护人离世后。特殊需要信托也可细分为许多类型，信托财产免受债权人包括信用卡银行、房东和其他贷款人的追索，由一位以上的受托人管理和投资，受托人可以是家庭成员

---

[1] 陈雪萍、张滋越：《我国成年监护特殊需要信托制度之构建——美国特殊需要信托制度之借鉴》，《上海财经大学学报》（哲学社会科学版）2020年第1期。

和其他独立的信托专业人士或机构。设立他益信托的委托人一般会按照指示将受益人死亡时的剩余资产进行处分。

从信托财产来源看，特殊需要信托既可用身心障碍者自有财产设立，也可用第三方财产设立。从信托设立人和信托利益归属来看，特殊需要信托可是自益信托也可是他益信托。① 高龄者在丧失行为能力前成为自益信托的委托人，以未来可能丧失行为能力的本人为受益人设立信托。家庭成员、朋友或法院等为老龄者的利益设立他益信托，譬如子女以自己的财产为身心障碍父母的利益设立生前信托或遗嘱信托。特殊需要信托制度能够为残疾人、精神病人、老龄人提供经济、生活、精神等多方面保障，相对于成年监护制度更加全面，能够满足失能失智者提高生活质量的需要，契合当前老龄残疾群体对福利需求扩张的趋势。②

目前，我国医疗救助的对象范围过窄以及救助手段不足，2014年颁布的《社会救助暂行办法》第9条规定对人均收入低于当地最低生活保障标准，且符合当地最低生活保障家庭财产状况规定的家庭，给予最低生活保障。由于有些地方家庭收入状况会结合其"财产状况"来确定，其中"有房无钱"家庭可能会被排除在最低保障之外。另该办法第五章规定医疗救助的对象为三类：最低生活保障家庭成员、特困供养人员、县级以上人民政府规定的其他特殊困难人员。可见，当前我国医疗救助的对象限于享有困难资格认定的家庭。医疗救助的手段为两种：给予医疗保险个人缴费部分补贴和给予难以承担的医疗自负费用补助。该救助手段限于医疗费用的补贴，且更关注重大疾病治疗费用的补贴，忽视对特殊生活需求的补助，救助内容并不全面。③

为保障低收入老龄人的安养照护得以落实，可利用不动产支持高龄人社区安养，以信托制度实现高龄人安养目的。具体方案如下：政府提供照顾服务经费即风险准备基金，信托机构或公益法人组织为受托人，高龄人个人将其不动产所有权移转给受托人，使原不符合社会求助标准之高龄人

---

① 参见王志诚《信托法》，五南图书出版公司2018年版，第55页。
② 陈雪萍、张滋越：《我国成年监护特殊需要信托制度之构建——美国特殊需要信托制度之借鉴》，《上海财经大学学报》（哲学社会科学版）2020年第1期。
③ 陈雪萍、张滋越：《我国成年监护特殊需要信托制度之构建——美国特殊需要信托制度之借鉴》，《上海财经大学学报》（哲学社会科学版）2020年第1期。

能取得补助金,若该不动产现为高龄人用以居住,则仍由其继续居住,而政府对符合条件的高龄人之补助金交给受托人,再由受托人定期交给高龄人,待日后高龄人死亡时,受托人再将高龄人所信托之不动产予以处分,并将处分所得之价金结算应归还政府所补助之金额;若有剩余的,则由其继承人继承,从而妥善运用资产以使其价值最大化。[1] 提升被救助者的生活品质将成为我国重要的社会救助理念,这既是老龄化社会的必然趋势,也是我国社会保障理念的核心内涵。特殊需要信托制度可以使失能失智老龄人获得更好的生活品质,是社会救助有力的制度保障。[2]

---

[1] 潘秀菊:《高龄化社会信托商品之规划》,《月旦财经法杂志》2008 年第 12 期。
[2] 参见陈雪萍、张滋越《我国成年监护特殊需要信托制度之构建——美国特殊需要信托制度之借鉴》,《上海财经大学学报》(哲学社会科学版) 2020 年第 1 期。

第四章 安养信托之成立与生效：成立要件和生效要件

广义或实质意义上的安养信托是为失能失智老龄人财产管理和身心照护而设立的信托，由委托人（可为父母、受益人本人、政府或民间机构）与受托人签订信托合同，约定将信托财产移转给受托人，由受托人依照委托人之意旨，进行管理，在信托期间，由委托人指定之受益人获得收益，或由受托人支付受益人之生活开支、医疗、护理费等，或使用信托之收益为受益人安排安养照护等事宜，失能失智的老龄受益人去世后再由受托人将剩余信托财产交付其他受益人。

第一节 安养信托之成立要件："三个确定性"要件及形式要件

为失能失智老龄人安养照护目的设立的信托一般均为意定或明示信托。

一 安养信托的完全设立

安养信托一般为明示信托。从字面来看，明示信托是指由委托人明确和有意宣告成立的信托。遗嘱设立（此种信托之设立人称为遗嘱人）的信托也是明示信托。设立明示信托，要在三个不同角色中创造一种关系。信托有效设立后，委托人就在信托关系中不能以委托人身份发挥任何作用，这并不意味着设立信托的人不能起作用，但他们可以作为受托人或受益人或可能两者而发挥作用。认定信托是否设立时，重要的是判断委托人是否有设立信托的意图。从这点来看，委托人的行为与言语在设立信托后的一段时间仍具重要的意义。

受托人一旦接受受托人职位，就要承担信义义务。信托的确定性规则在本质上要求法院必须能够确定受托人义务的本质从而能够有效地监督受托人。委托人可宣告自己为财产之受托人及受益人。例如，A 想就某财产为自己和其家人宣告自己为受托人，A 可能宣告设立信托，以自己作为唯一受托人，由自己和配偶或失能失智的成年家属平等地享有利益。

受益人的确定对信托的成立生效和信托条款的有效性也同样重要。除自由裁量权信托外，受益人对整个信托基金享有受益权，而且能够要求受托人将信托基金绝对地移转给他们。这种安排有利于老龄人在失能失智前控制信托财产，并按自己的意愿安排将来的安养和照护事宜。

明示信托之生效需要满足许多要件，委托人必须有法律上的行为能力宣告信托或通过遗嘱设立信托，在设立遗嘱信托或宣言信托时，作为委托人的老龄人需要有完全的民事行为能力。设立他益信托时，委托人想使受惠泽之老龄人能够成为受益人时须明确指定该人为受益人。无论设立何种安养信托，委托人均须表明其设立信托的意图，必要时，信托必须按照法定形式设立；委托人必须明确指定受益人，须将确定财产移转于信托。如果他想使第三人而非自己作为受托人，那么，他还须将财产有效地移转给受托人。这些要件被称为资格要件、确定性要件、形式要件和财产移转要件。在这些要件中，信托的"三个确定性"至关重要。设立一个有效的信托，必须满足"三个确定性"要件和"财产权移转"要件。①

二 "三个确定性"要件

信托有效设立须满足"确定性"要件。确定性要件对信托的有效、无效以及法律关系的定性具有重要作用。仅有抽象的确定性要件尚不足以作为判断依据，需要构建相应的法律规则作为判断标准，方可使确定性要件具有规范效应。

信托需要经委托人的意思表示并移转财产于信托方可成立，欲使信托有效，除应满足相应的形式要件及财产移转要件外，尚需具备确定的意思表示：信托意图的确定性、信托标的的确定性和信托受益人的确定性。"三个确定性"要件的规范价值主要体现在三个方面：信托权利义务产生

---

① 陈雪萍：《论我国〈信托法〉对信托有效要件规定之完善——以英美信托法信托有效设立的"三个确定性"要件为借鉴》，《政治与法律》2018 年第 8 期。

的根据、信托财产安全之保障与价值最大化之需要、信托可执行性的保障。[①]

(一) 意图的确定性

设立有效的安养信托，委托人意图的确定性十分重要。信托设立之意图不仅在委托人内心里形成，而且委托人必须通过书面向他人将该意图明确地表示出来。信托不能产生于内在的秘密思想或内心草拟的信托宣言。意图的表示不可以模糊的慈善或赠与方式为之，委托人必须充分地将内心的意思表达于外部，让他人知悉，可通过将财产之利益给予他人或表示在未来的某个时候以信托的方式将财产之利益移转来表达其意图。

设立安养信托的意图可以通过言语来表达，委托人可采用"信托""受托人"这样的词语表达其设立信托的意图，这是最为明显的方式。委托人表达意图无须采用正式或技术性的表达方式，不必使用"信托"或"受托人"这样的词句，一个人被指定为受托人并不一定表明信托得以有效设立。尽管委托人实际上希望一个人成为受托人，却使用了"执行人""代理人"或"监护人"这样的字眼，也不能否定委托人使用了充分表达自己意图的语言。如果委托人明确了所指定代表人的义务是受托人的义务，那么，该被指定的当事人应被认定为受托人，无论采用的是什么称呼。

委托人所使用的语言必须完全地、确定地描述信托之要素，也可以用行为证明其设立信托的意图。在一些情况下，委托人涉及财产的权利、占有或享有的行为或针对特定受益人的行为可以充分证明其有设立信托的意图。

(二) 标的的确定性

信托是关乎受托人与受益人之间的义务和信托基金之财产权利的综合体。如果信托基金上设定财产性权利和义务，那么，该基金必须能够识别，具有确定性。

信托基金必须能够识别，也就是说，委托人必须识别其旨在作为信托标的的财产。委托人必须采取意思明确的话语，使受托人能够理解。委托人不可使用"我的大部分资产"这样的词语，因为标的不能明确地识别，

---

① 陈雪萍：《论我国〈信托法〉对信托有效要件规定之完善——以英美信托法信托有效设立的"三个确定性"要件为借鉴》，《政治与法律》2018年第8期。

这对不同的人而言就是指不同的东西。

标的的确定性包含两个层面：财产的确定性和受益利益的确定性。"设立一个信托，不仅必须能够明确地识别受益人的利益，而且能明确地识别受益利益所附着的财产。"[①]

1. 信托财产的确定性

信托意图一旦确定，就必须确定什么财产以信托的方式持有。如果信托财产不能明确地识别，那么，信托就可能无效。[②] 作为信托标的物的财产，有形财产如酒等必须明确划定，因为同一库存中不同批量的酒在质量上是不同的；而无形财产如股份则无须，因为同性质的股份所代表的权利是相同的。

如果财产之界定所使用的词语容易产生多种解释，那么，信托会因为不确定而无效。如 A 指示将其大部分的剩余财产留给特定的受益人，由于无法确定 A 所称的"大部分"具体是指什么财产，信托标的无法确定。财产授予给某人，并由他将该财产之未指明的部分赠与给某个其他人，所设立的信托无效。

2. 受益利益的确定性

有些情况下，安养信托的委托人想将财产在其自己和受益人之间或受益人之间进行分配，须明确规定每位受益人享有财产之受益利益范围。除信托财产须确定外，每个受益人所享有的利益也须确定。如果安养信托确定了二位或以上的受益人，那么，信托文件必须明确确定其各自的受益利益及每一受益份额的范围。

信托并非在任何情况下因受益利益不明确而无效，仍然存在例外情况：如果委托人设立自由裁量信托，那么，可以赋予受托人按他们认为合适的方式在受益人之间分配受益利益的自由裁量权，此信托并不因受益利益不明确而无效。

作为标的的信托财产不能与受托人的其他财产相混同，否则，因不能明确地区分什么财产以该信托方式而持有，信托就会无效。

[①] Re London Wine Co（1975）.

[②] 参见陈雪萍《论我国〈信托法〉对信托有效要件规定之完善——以英美信托法信托有效设立的"三个确定性"要件为借鉴》，《政治与法律》2018 年第 8 期。

（三）对象的确定性

信托受益人或受益对象必须明确、能够被确定。

1. 对象的不确定性

对象的不确定性主要是指：

（1）描述受益人的语言易产生歧义，如信托剩余利益只在获取少量收益的老龄受益人之间进行分配，而"少量"难以界定。

（2）使用的语言确定，但无法根据证据推断所指的某一类人中的每一个人都属于受益人的范围。例如，某一安养信托规定财产应分配给本家族老龄人中的所有成员，但不是家族老龄人中的所有成员都能明确确定。因此，证据产生不确定性，这并不使信托无效。

（3）确定某类人中的每一个人并不困难，如制定了一个完整的此类人的名单，但缺乏可确定他们每一个人行踪的证据，以至于不能确定这类人中每一个人的行踪，这并不使信托无效。例如，某一安养信托规定财产应分配给本家族老龄人中的某几位成员，但该几位成员的行踪无法确定。因此，证据产生不确定性，这并不使信托无效。

（4）所确定的某一类人的范围太广和没有限制，如××家族中所有的老龄人。因此，信托无法管理。①

2. 受益人身份的确定性

受益人的身份必须充分确定。如果委托人指定了受益人，那么，受益人的身份应具有充分的确定性。如果委托人为一群人设立信托，确定受益人身份，必须区分自由裁量信托还是非自由裁量信托。

在非自由裁量信托中，最后一位受益人取得利益之前，这一群受益人必须确定或可以确定。如果受托人能够将所有受益人的名单列出，那么，这群受益人就具有确定性。自由裁量信托与固定信托一样，受益人群体必须确定，否则，信托会因缺乏确定性而无效。这样的信托要有效，就必须能为法院所控制。为了控制信托，法院必须有资格在受托人不履行信托义务时强制执行信托。如果自由裁量信托的受托人不履行义务，法院可以命令将财产平均分配给所有的受益人以强制执行信托。为了进行平均分配，所有享有权利的受益人就必须确定或能够确定。譬如，为失能失智的老龄

---

① 陈雪萍：《我国民事信托法律制度反思与重塑——兼议我国〈信托法〉之完善》，《中国法学会民法年会论文集》，武汉，2009年。

夫妻之一设立信托,委托人须指明受益人是夫还是妻。不能笼统地说,为某某夫妻之一设立,受益人身份必须确定。

三 形式要件

(一) 明示信托设立之形式要件

1. 根据财产形态确定形式要件

不动产移转规则间接地对不动产信托设立的方式施加了某些要件。"所有信托的宣告或设立或任何不动产和可继承的财产设立信托必须由有法定资格宣告信托的当事人签署书面文件或通过其最后的书面遗嘱予以表示和证明,否则,信托完全无效,而且不产生任何效力。"[1] 美国的一般规则是委托人生前设立的不动产明示信托必须以书面形式设立或证明。美国许多州规定,动产信托之设立及证明无须书面形式。

信托的可执行性由意图设立信托时标的的性质决定。如果口头信托标的是不动产,那么,即使不动产已移转给受托人,信托也不能够执行。如果口头信托之标的是股票和债券,受托人将它们变卖并投资于不动产,可以针对信托的不动产进行强制执行。如果受托人接受口头的不动产信托,同时口头承诺如果他将不动产出让,就将价金以信托方式持有,这存在一个可以执行的动产信托合同,该价金为信托财产,如果能取得或已取得的话。如果受托人口头出让不动产,那么,对价金存在一个可以执行的信托,而且口头上承认为他人以信托方式持有价金,尽管不动产信托无效,因为主动宣告本身就是信托设立的行为。

英美法律虽然对口头的不动产信托使用的是"无效"(Void)一词,但如果当事人愿意并且对缺乏书面形式没有提出异议,那么,口头信托可以执行或可以强制执行。从这个意义上来说,"无效"是指"可撤销"。如果受托人想提出异议,但又未提出抗辩,那么,信托可以针对其实施。如果信托被受托人完全实施,其履行是有效的。譬如,一对老龄夫妇中的夫将不动产移转给其妻,妻承诺以信托的方式持有该不动产,并在夫去世后将不动产移转给其子,后来,妻这么做了,妻的债权人无权主张该信托无效。妻被认为恰当地履行了义务,其效果与以恰当形式宣告的信托相同。债权人或破产受托人或口头受托人之债权人也无由撤销该受托人向受

---

[1] The Fraud Act 2006.

益人的移转。

在我国，由于安养信托涉及老龄人的安身立命、医疗养护的财产，随着老龄人因年老而意思能力逐渐减弱以及判断能力渐趋丧失，安养信托的设立应尽可能采取书面形式，至少应有书面形式的证明，安养信托的设立须有书面的文件、书面的合同或有效的遗嘱等。书面文件必须包括明确同意的信托条款的完整表述。书面形式要求"表明或证明"信托的存在，可以在信托设立前、后或同时为之，需有设立信托的文件。在诉请强制执行信托前必须要有设立信托之备忘录。当然，未采取书面形式所设立的信托是可撤销信托，并非当然无效，有益于老龄受益人的信托只要老龄委托人或受益人不主张信托无效或可撤销的，信托应当有效。

2. 备忘录的效力

安养信托的委托人有资格制作和签署证明信托、强制执行信托的书面文件，应在信托设立前或同时制作备忘录，受托人在接受财产前、后或同时制作备忘录。宣言信托中，只有作出宣言的委托人才能制作备忘录。委托人于生前移转财产给受托人的，应恰当预先准备移转所需的文件以及由转让人或受让人签署的文件。进行独立移转时委托人或受托人签署的文件中陈述以及移转文件中的陈述必须表达充分。移转后委托人所签署的书面文件不能使信托具有强制执行力，但此时受托人所制作的备忘录能使信托具有强制执行力。

制作的备忘录可以作为一种信托宣言予以交付。制作书面文件的意图无论其形式或目的如何，可以使用任何具有必须签字和描述信托要素的文件。事实上，（受托人）明确拒绝实现信托意图，但全面表现受托人与受益人之间关系存在的文件是充分有效的文件。书面文件不需要提交给受益人或任何特定的人，而且文件上以姓氏所为的签字也是有效的。

3. 证据的形式

书面证据可以包括不只一份文件，必须有物质上的黏附或封存在一个档案袋或信封袋中或互相指称和采纳或明确地指定是同一个信托。通常，仅仅一个签字的文件所指称的一份未签字的文件会被认定可以证明后者，如果没有明确否认未签字文件的真实性的，后者会因前者的指称而被采用。建议安养信托的所有文件必须由当事人签章，以确保信托的有效和安全，避免产生纠纷。

一般口头证据不能有效证明几个书面文件之间的联系，它们之间的联系必须有物质上的黏附或内容上的关联。法律所要求的书面形式必须包括一个完整的信托陈述，不可以通过口头证据来提供任何遗漏的要素，必须以书面形式证明信托条款。但是设立信托的文件或证明信托的书面文件中的缩略、模糊或不确定性以及当事人之间的关系和情形可以通过口头证据予以解释。口头证据可以用于证明信托条款中模糊、不恰当或错误的陈述。

老龄人安养信托原则上应采取书面合同形式或遗嘱等，方可完全设立。但安养信托之设立需制作备忘录，对若干书面文件中存在模糊或不确定的表述可以采取口头证据予以证明。

（二）遗嘱信托设立之形式要件

如果财产所有权人希望在死亡时移转财产于另一个人，他必须履行一些手续。这主要是为了防止对去世人的遗产产生争议，以避免因伪证、伪造或过错而可能造成遗产纠纷。通常，财产所有权人在去世时有意图处分财产的陈述必须采取书面形式，由其签署或拟定以及由两个或以上的鉴证人来证明遗嘱的设立。

显然，如果财产所有权人希望在其死亡时设立生效的信托，他必须遵守有关遗嘱的法律规定。如果委托人想在其死亡前保留完整的财产所有权，在其死后开始信托，那么，后来移转的财产利益必须以遗嘱的形式作为实施工具来移转。以非正式的文件或口头的方式将上述权利赋予受托人和受益人的意图是无效的。否则，财产须按未留遗嘱的规定移转给其继承人。

如果财产所有权以遗嘱的方式移转，但将受益利益移转于受益人的意图是通过非正式的方式表示，如果财产的所有权人设立遗嘱，将财产移转给受托人以信托的方式为委托人在后来的书面文件中所指定的人持有，但第二份文件中列明的意定受益人没有作为遗嘱的内容予以规定，那么，意图设立的明示信托无效。不过，因手续不完备而不能作为遗嘱的文件可以成为记载遗嘱人就部分财产预先设立信托的有效备忘录。

如果被保险人将保险单转让给（或由被保险人遗嘱指定的）受托人以信托的方式为被保险人的配偶持有，在被保险人去世后留下了指定受托人的遗嘱，那么，这种移转是遗嘱移转，这是有效的生前信托，仅仅在生前缺少受托人，而且受托人在遗嘱中被指定。

（三）以死亡为条件的生前信托之形式要件

生前财产所有权人所为移转的情况下，某些利益在文件交付时就移转，尽管它是在未来事件发生时才可实现或确定或移转人死亡前受移转人无权占有。有些情况下，委托人生前保留了广泛的财产利益和权利，继承人和近亲属主张委托人生前保留信托财产的全部所有权，以及其死后处分方式应由遗嘱决定，没有遗嘱所要求的手续来证明，则无效，财产的移转应按无遗嘱处分来对待。

如果委托人仅仅生前保留了法定利益，并将现在授予的利益移转给了受托人，但授权受托人在委托人死亡后占有和享有。委托人可以将未来的资产或利益以剩余资产或弹性、可执行的方式赋予受托人。这种情形下，委托人死亡不是赋予的先决条件，仅仅是占有的先决条件。许多情况下，委托人为自己提供了很多利益和控制权，例如，生前享有信托财产收益的权利，选择享有部分信托本金的权利，受托人可以自由裁量决定将部分本金交给委托人的权利，另外，委托人保留变更或撤销信托的权利，指示受托人管理或亲自履行信托管理事务的权利。在这些情况下，委托人生前实质上仍然是信托财产之所有权人，在委托人去世前剩余财产受益人不享有任何财产利益。

如果生前信托财产是保险单，那么，委托人可以保留许多权利。他有权变更保险单中的受益人、退保并取得退保金，也可将保险单抵押作为其个人债务的担保。委托人所保留的这些权利不能使保险信托具有遗嘱性。受益人在信托设立时享有所赋予的利益，即使被保险人在生前可以撤销这种利益，受益人不仅仅是期待权的持有者。

（四）信托文件之递交

信托以书面文件设立，在委托人生前生效，该文件必须递交。尽管将文件交给受托人或受益人是委托人表明意图的最为普通的方式，但不是唯一的方式，委托人可通过某种行为而不是准备和签署文件来证明委托人有使信托生效的意图。

委托人就不动产或动产所设立的安养信托可以通过一种或几种书面形式设立，这样的书面文件称为"信托文件"。信托文件的法律效力是规定信托条款，指定财产上的受益利益移转于一位或几位受益人。在移转设立信托的情况下，它还能证明将财产权利移转给了受托人。

有时，一个独立信托的设立需要二份或以上的信托文件，如委托人与受托人之间签订一份独立的合同和受托人签字并接受为受益人设立信托的宣言。又如，受托人为受益人之利益持有人寿保险单，而信托条款由被保险人与受托人以协议的方式予以规定。

如果信托的设立需要书面文件，那么，该文件必须是切实可行的文件，而不是草拟或提议的信托文件，该文件必须递交。"递交"是当事人对执行文件所产生直接效果的表达方式，而非像普通人或外行人所认为的那样，将文件置于另一方当事人的手中。尽管表明信托文件生效意图最通常和自然的方式是将文件交由另一方当事人控制，但要表明这种心理状态也可通过其他方式来实现，如告知他人存在有效的信托文件或以行为向第三人表明他是信托文件所规定的受益人。

许多情况下，财产的所有权人用正式书面文件宣告自己为受托人，没有必要让受益人持有那份文件。如果委托人对设立有效信托的意图进行了宣告，那么，委托人是否将规定信托条款的文件交由受益人持有或控制就不是绝对重要。信托文件的"递交"仅仅是技术层面上。如果财产的所有权人将财产移转于第三方受托人，信托文件没有实际置于受托人的手中，那么，只要委托人表明使该文件生效的意愿，就在技术层面上"递交"了该文件。尽管没能移转信托文件的占有不是决定信托存在的要件，但是，有的情况下可以证明已设立的信托不是委托人之意图以及委托人没有最终决定设立信托。

信托文件的递交可通过受托人对信托文件的书面承诺来实现，如受托人可在上面签字承认以及对其进行登记或到有关部门进行登记或递交附有签字、承认和登记的文件。当然，委托人让受托人或受益人持有信托文件是递交最通常的证明方式。信托文件返还给委托人并不影响信托文件的有效递交。为受益人的利益向第三人所为的递交也充分地表明对受托人的递交。

如果合同依据信托而设立如保险信托，必须向受托人递交所持有的设立合同权利的合同。尽管合同的证明文件的持有不是必须交给受托人，但是合同的承诺人必须以某种方式表明他具有使合同实施的意图，最好是将合同交给受承诺方。因此，递交是设立信托财产而非信托之要件。

如果信托文件是遗嘱形式，那么，无须将遗嘱置于受托人或受益人的手中来完成遗嘱。该文件仅仅是用于执行以及作为遗嘱公布。

宣告信托或移转财产于受托人的文件之登记不是信托设立的要件，但对保护受益人之利益却非常重要。

在法律规定阙如的情况下，信托文件的登记不是设立信托之要件。没有登记可能会使受益人权利被登记的善意第三人所阻断。信托文件的登记能够有力地证明委托人有实施信托的意图，但不具有决定性。

法律明确规定不动产信托的设立必须书面确认和登记，但是，这些规定一般不被认为是设立信托所需要的必备手续，登记仅仅是为了公示的目的。

第二节　安养信托的生效要件：目的的有效性、当事人资格要件及财产权移转要件

信托行为有效成立后，信托关系是否生效或无效，还取决于目的的有效性、当事人行为能力要件及形式要件。

一　目的的有效性

（一）内涵

信托是以信托财产为轴心所建构的委托人、受托人和受益人之间的法律关系。信托必须有一定的目的，这是信托必不可少的要素。如果信托目的不明确，或过分抽象，那么，信托不能生效。因为信托目的是受托人在管理或处分财产时必须遵守的行为准则，若其目的过分抽象，受托人执行信托事务时就失去了指针。[1] 另外，信托目的过分抽象，信托就可以一直存续，对私益信托而言可能成为委托人永久控制其财产的工具。

信托目的一般会规定受托人的权限范围：受托人如何管理、运用信托财产，应采取何种行动，以及如何向受益人分配利益，如何安排老龄人的生活事务、医疗照顾和安养照护事宜等，这都成为受托人行为的准则。即使自由裁量信托中，也可以规定受托人须根据失能失智老龄人的现实状况支付日常生活费用、医护养护费用，以信托财产安排居家社区机构养老或医养康养等事务。譬如，信托合同约定，"A 支付其至 95 岁期间 A 能过上安稳生活的资金，在其失能失智时安排安养照护事务"之信托目的，那么，受托人须为受益人的最佳利益自由裁量如何投资以使信托财产保值

---

[1]　［日］能见善久：《现代信托法》，赵廉慧译，中国法制出版社 2010 年版，第 20 页。

增值；当 A 失能失智时依其财务状况和养护需要为其酌情裁量并安排照护事宜，支付相关费用，这些均为受托人履行其义务的准则。

信托目的对信托终止、变更具有重要的意义。在确定的信托目的内，即使情事变更，受托人也不得变更目的，须依照目的调整管理运作方式和模式。譬如，老龄人于失能失智前设定可撤销安养（福祉型）信托，信托文件规定，其失能失智前受托人须按其指示管理运作信托，失能失智后由受托人自由裁量管理运作，选择养护模式（居家、社区和机构），支付养护费用；若罹患急病，受托人须安排就医或委托照护人安排就医等。总之，虽具体情事有变，受托人仍须按照信托目的调整义务履行之方案。如果目的已达成或不能实现，那么，信托终止。

信托目的可以是公益目的，可全部公益，也可部分私益部分公益。譬如，信托目的可设定为失能失智老龄人照护而建设安养设施的公益信托；也可仅将余存信托财产为失能失智老龄人照护设立公益信托。

总之，信托目的可以各式各样，目的不同则信托的功能也不同。信托目的可以设定为"扶养自己配偶""扶养特定的失能失智老龄人""为失能失智老龄人修建安养设施""为失能失智老龄人修建养护机构"以及"补助高龄者生活及养护费用"等。信托的目的决定了安养信托的根本性质，决定了安养信托的框架。①

（二）有效性

并非所有的信托目的均为有效，信托目的不可完全自由设定，受到一定的限制。信托目的无效，则信托关系不生效。

1. 完全为了受托人的利益

信托须为受益人的利益而保有信托财产，如果是为了受托人的利益，则信托不成立。法律禁止信托目的是"实现受托人自身利益最大化"，以此目的所设立的信托不能生效。如果信托受益人是委托人指定的第三人，但如果受益人只是一个虚设的地位，实质上是受托人本人取得信托利益，也是为"受托人之利益"而设立的，不能生效。②

判断信托是否完全以受托人的利益为目的，在形式上决定受托人行动

---

① ［日］能见善久：《现代信托法》，赵廉慧译，中国法制出版社 2010 年版，第 20 页。
② 参见［日］道垣内弘人《信托法入门》，姜雪莲译，中国法制出版社 2007 年版，第 30 页。

指针之"目的",不应当从是否为了实现自身的利益来考量,而应比照信托当事人所要达成的实质性效果进行判断。①

2. 非法(目的)信托

完全违法信托不能被执行。这类信托不仅无效而且其当事人不能获得法律的保护。非法目的信托全部或部分无效或可撤销。非法目的信托主要有三种情况:第一,信托目的直接违反法律的强制性规定。如委托人为实施犯罪行为而设立的信托。第二,为实施犯罪而设立的信托。信托目的虽然不直接违反法律规定,但目的是实施犯罪行为。第三,为鼓励犯罪而设立的信托。信托目的本身虽不是实施犯罪,但具有鼓励他人实施犯罪的嫌疑。如委托人设立一项信托,目的是在受益人将来犯罪时用于保释或缴纳罚金。②

安养(福祉型)信托是以保障受益人未来生活、安养照护及医疗护理为信托目的而设立,如果表面上以上述为目的,但最终目的是侵占失能失智老龄人财产,则属于非法信托。

3. 违反公共政策的信托

违反公共策之信托不能被执行,为以下目的所设立的信托是违反公共政策的信托:

(1)限制分配

绝对限制向受益人分配财产的信托有违公共政策,因此无效。

(2)限制婚姻

如果一个处分以限制婚姻为条件或包含此条件的赠与,那么,此条件或赠与无效。此规则不适用于二婚中的赠与。并且此规则不适用于仅对指定人的部分限制。例如,一个利益完全取决于 A 结婚与否这一条件,无论其与谁结婚,其利益都会被剥夺。这就是限制婚姻之目的。如果条件规定:她与 B 结婚或与 C 结婚,其利益就会被剥夺,那么,对这个条件的限制就视为对婚姻的部分限制,就是有效。但如果没有赠与,仅有威胁,那么无效。譬如,高龄人之子女为高龄人所设立的信托,限制高龄人与任何人结婚的,信托无效,如果仅限制其与特定人结婚的,信托有效。

---

① 参见 [日] 道垣内弘人《信托法入门》,姜雪莲译,中国法制出版社 2007 年版,第 30 页。

② 何宝玉:《信托法原理研究》,中国政法大学出版社 2005 年版,第 113 页。

(3) 诱导已婚夫妻分居或强迫分居夫妻同居

如果信托旨在诱导已婚夫妻分居或强迫分居夫妻同居，那么，此信托无效。

4. 规避债务之信托

如果委托人为了逃避债权人的追索而将财产设立信托，那么，这无疑是为了损害债权人的利益。因此，法律须使债权人在一定情况下对此种信托能够行使撤销权，以追回委托人的财产。如果委托人所设立的信托，具有阻止、拖延或欺诈其现在或未来债权人的实际意图或没有合理对价支撑以及使其丧失清偿能力的，则属于可撤销信托。这种信托委托人的主观意图可以表现为：债务人将其财产处分给其妻子父母时，可能会有规避全体债权人的意图；债务人将其财产处分给某一位债权人的妻子父母时可能有牺牲其他债权人的利益而偏向该债权人的意图。当然，债务人逃避债务的通常做法是：当债务人意识到清偿全部债务已不可能时，债务人会将其全部或其重要的剩余财产以信托方式处分给其近亲属以逃避债务，这样，债务人在主观上就存在诈害债权人的意图。①

如果债务人无偿移转财产或移转财产于信托名下以阻止或妨碍实际或潜在的债权人实现债权的，这种行为，毫无疑问，应认定为欺诈。"任何移转财产行为，只要债权人的利益受到侵害，委托人存在诈害债权人的意图，移转行为均可撤销，除非有相反的规定；并不影响解除继承权限制的不动产转让的行使或现行破产法的实施；不能扩充适用于支付相当对价资产或财产利益以及善意或善意支付对价和在移转时善意且不知诈害债权人之意图的善意受让人。"② 英国《1986年破产法》第339条和第340条规定了欺诈性移转交易或低价交易以及第423条和第424条规定了阻止债权实现"意图"的交易。美国于1919年制定了《统一欺诈转移法》，于1948年制定了《统一欺诈交易法》和1983年制定了《破产法典》。根据《破产法典》第548条之规定，以欺诈性转让为目的所设立的信托属于可撤销信托，可以被破产受托人撤销。法律赋予欺诈性移转信托之可撤销性主要是为了阻止作为债务人的委托人通过信托方式减少破产财产，从而保

---

① 陈雪萍：《论英美欺诈性移转信托及对我国的借鉴》，《法学评论》2008年第6期。
② 英国《1925年财产法》第172条。

护委托人之债权人的受偿利益。①

英国《1986年破产法》第339条和第341条规定，为了切实保障债权人的利益，对低价交易的信托可因委托人后来破产而被撤销。如果委托人设立信托的行为构成破产法规定的低价交易，委托人设立信托后，在法律规定的期限内申请破产的，委托人的债权人可申请法院撤销该信托。该法第339条规定，"低价交易"不仅指通常意义上的低价买卖，还包括：将财产赠予他人；通过一项所谓的交易将财产移转给他人，同时未收受任何对价；与他人达成一项交易，且相互支付了对价，但委托人获得的对价，按照货币价值，明显低于他所支付的对价。"低价交易"的概念既是确定是否有阻止债权人意图之依据又是破产规则所适用的基础。它既包括以信托方式实施的赠与，又包括直接的赠与。英国《1986年破产法》第423条之本质是设立欺诈债权人低价交易之要件，具体包括：向他人赠送礼物或者规定以不收取对价为条件与其他人进行交易；与其他人进行交易作为婚姻对价；与其他人进行交易为换取货币价值或者所取得的货币价值明显低于他所提供的作为对价的货物之货币价值。根据此条规定，如果能够充分证明财产所有权人存在其他目的，例如为家庭、朋友或商业合伙之利益，那么，此条就不能适用。② 即使低价交易采取信托形式，这种交易目的也不存在任何特权。③

美国《破产法典》第548条规定，欺诈性移转发生在债务人破产前一年之内，并涉及妨碍、拖延或欺诈债权人的意图，无论当时债务人有无清偿能力，该欺诈性移转可以被撤销。如果此种移转作出时没有合理的对价或债务人无清偿能力或因该移转行为而丧失清偿能力，那么，这种移转也可以被撤销。美国《统一欺诈性移转法》规定，欺诈性移转必须要有"实际的阻止、拖延或欺诈债务人之债权人的意图"④。该法还列举了许多"欺诈征象"以确定是否有这样的"实际阻止、拖延或欺诈债务人之债权人的意图"⑤。

---

① 陈雪萍：《论英美欺诈性移转信托及对我国的借鉴》，《法学评论》2008年第6期。

② Royscott Spa Leasing Ltd v.Lovett［1994］NPC 146 and Barclays Bank plc v.Eustice［1995］1 WLR 1238.

③ Aiglon v.Gau Shan［1993］1 Lloyd's Rep 164 and Miller［1998］Conv 362 at 373.

④ UFTA, Section 4（a）（1）.

⑤ UFTA, Section 4（b）.

借鉴英美经验，如果老龄人安养信托是为了诈害债权人，那么，信托无效。由于财产所有权人有绝对处分自己财产的自由，他有权将财产移转于信托并作出安排以确保财产不用于偿还所有权人所产生的债务。因此，委托人利用信托破产隔离功能，保障受益人利益的安养信托是合法、有效的。例如，他可以将财产移转于受托人为其妻生前设立信托，可从其妻利益中间接获得利益。如果他知道自己即将开始一种高风险的经营，那么，他也可将财产移转于受托人为其父母设立信托。这样，如果其经营不善而造成负债，信托财产会免予其债权人的追索，而不影响对其父母的赡养。此类信托是有效的信托。

二 当事人资格要件

信托之有效成立须构筑委托人、受托人和受益人之间的法律关系，委托人、受益人与受托人的资格在设立信托时具有十分重要的意义。

（一）委托人的资格

信托之设立是以一种特定形式对财产所为的处分，须有一般性规则确定谁有资格处分财产的法定权利或受益权利，将财产交给受托人以实现委托人的意图。

委托人是具有设立信托意图的人，将自己的财产移转于受托人，信托生效后，委托人不仅对信托财产不再享有权利，除非委托人是受益人或受托人，其对信托事务的干预权也受到很大的限制。因此，委托人的资格尤为重要。

通常，委托人就财产设立信托的资格与处分该财产的法定或受益所有权的权力同时并存的。对特定形式财产享有资格的人都有设立信托的资格并能以信托方式持有财产。老龄人只要精神正常或有行为能力的其他人，都可以就其可以处分的财产为自己或其他老龄人设立明示信托。如果委托人没有法律上的行为能力，那么，他设立的信托无效或可撤销。如果委托人被不法引诱设立信托，其行为可以无效或被撤销。老龄人没有法律上的能力是指失能失智和其他类似情形。

关于委托人的资格，需考虑如下特别情形：

1. 未成年人

一般而言，未成年人不能用自己的财产为失能失智的老龄人设立信托。为了失能失智的老龄人的利益，未成年人以其他方式宣告设立的信托，其效力与未成年人设立的合同效力相同。未成年人设立的信托是可以撤销的信托，除非在其成年时或成年后予以撤销，否则，对未成年仍具有约束力。不过，这种信托明显损害未成年人利益的，法院可以决定其完全无效。如果未成年人年龄尚幼，无法理解其行为的本质，他可主张信托无效，甚至可撤销信托。在这种情况下，根据这种处分所移转的财产必须以归复信托的方式为未成年委托人持有。

未成年人不能为老龄受益人就不动产上的法定资产设立信托。未成年人不能通过有效的遗嘱为老龄人设立信托，因为他们不能设立有效的遗嘱，除非他们是年满 16 周岁以上，以自己的劳动收入为主要生活来源的未成年人。

2. 智障者

所谓智障者主要为精神病患者,[①] 其财产由代管人来管理。智障者的任何处分行为包括宣告信托的行为均无效，因这种病人不享有控制其财产的法定权利。譬如，一位患有老年痴呆症的母亲，把她的房产移转给其未婚女儿，因其照顾她多年，该房产是其主要财产，这样实际剥夺了其他子女的继承权，这种转让无效。[②] 如果没有委托财产代管人，患者的任何处分行为均无效，除非在精神正常的间歇期，这个时期他能够理解其行为的本质。只要能够证明处分人精神上不适格，就可以申请撤销处分，但大部分取决于交易的性质和占委托人全部资产的比例。

需要考虑处分人的精神健康的历史记录：如果长期患精神病，那么，比较容易认定其无资格设立信托。须注意精神上无能力的人所为的移转不能对抗支付对价且不知道对方为精神上无能力之第三人。

对失能失智老龄人而言，可以根据功能性能力判断标准确定老龄人是否可以作为委托人设立为本人利益的安养信托，为自己的身上照护事务作一些安排。

3. 公司

理论上，如果公司章程规定可以为失能失智的老龄人设立信托，那么，公司可以享有委托人的资格。公司只能享有公司章程所赋予的权力或进行营业所附带的权力。因此，公司所宣告的信托很有可能会越权。

---

① 《1983 年精神健康法》。

② Re Beaney (1978) 2 All ER 595.

4. 法定组织

其他非法人组织同公司一样，其能力或资格取决于其依据的法律规定。例如，英国《1977年国家卫生服务法》第90条规定："卫生机构有权力为任何与卫生服务相关的一切目的以信托的方式接受、持有和管理任何财产。"但地方和地区卫生机构通常只能为与卫生医疗相关的慈善目的以信托方式持有财产。

近年来，我国一些慈善组织和社会企业十分活跃，我国《慈善法》对委托人也没有明确的规定。该法第50条规定，《信托法》关于委托人的规定皆可以适用，也就是说，具有完全民事行为能力的自然人、法人或依法成立的其他组织皆可成为委托人。因此，慈善组织和社会企业均可以成为委托人为失能失智老龄人设立安养信托，安排财产管理和安养照护事宜。

（二）受益人的资格

任何能成为财产之所有权人的人一般均可成为信托受益人。

为失能失智老龄人所设立的安养信托，无论采取何种信托形态，该老龄人具有受益人资格，可以成为信托受益人。但未成年人不能成为不动产信托的共同受益人。

（三）受托人的资格

委托人完全可以同时成为一项安养信托的受托人和受益人，但如果委托人是某项财产的法律上和唯一受益所有权人，那么，信托不成立。唯一受益人没有资格成为唯一受益人兼唯一受托人。能成为受托人的人须具有能力管理或持有信托财产，须能够按信托文件之要求或受益人的指示处分信托财产。总之，受托人必须享有权利能力和执行信托的行为能力。任何享有法定资格持有财产的人一般可以成为受托人，包括公司和其他组织。但要成为受托人，还须考量如下条件：

1. 外国人

外国人（自然人和法人）可否成为我国老龄人设立安养信托的受托人，依我国现行法律和实务，如果涉及投资管理的，目前尚不明了，但近几年来，美、日、韩、法等国外资养老企业大跃进式涌入中国，与国内养老企业合作，成功落地许多养老项目，为我国机构养老带来生机。在理论上，这些外资养老机构可以成为共同受托人负责失能失智老龄人的安养照护事宜。

2. 无行为能力人

无行为能力人被任命为受托人是无效的。然而，无行为能力人可以作为归复信托之受托人。①

借鉴英国法律规定，为失能失智老龄人所设立的安养信托中无行为能力人老龄人能以归复信托的方式持有财产。

三 财产权移转要件

安养信托的有效设立包含两个层面的要素：三个确定性和财产移转。

（一）信托之完全设立

财产移转于受托人前，信托是不完全设立，受益人不能请求强制执行，受托人也不能强制委托人移转财产，除非受托人或受益人支付了对价。如果委托人宣告自己作为自己某一部分财产的受托人，那么，他无须移转财产，信托从宣告之时起就成立生效。如果委托人宣告自己和其他人为受托人，即使其他受托人还没有取得信托财产的法定所有权，委托人表明意图将财产不可撤销地移转于自己和其他受托人的，他就必须履行信托条款将财产移转给全体受托人。

如果委托人表明设立信托的意图，信托的可执行性则取决于信托是否完全设立。信托从财产赋予受托人时，被认定为完全设立，委托人就不能主张对该财产的受益权，而受益人则获得财产上的财产性权利。

如果委托人宣言设立信托的意图，但是没有移转财产，信托则非完全成立。对委托人的宣言不可强制执行，除非受益人提供对价。

（二）财产移转之方式

为使信托有效成立，委托人须按照法定方式移转财产给受托人。法律对不同的财产规定不同的移转方式。"为了作出一个有效的处分，委托人必须依据所处分财产的性质采取各种必要的财产移转方式以使此处分产生约束力。"②

1. 不动产

不动产移转须进行移转登记。

---

① Richard Edwards & Nigel Stockwell, *Trusts and Equity*, 法律出版社 2003 年影印版, p.328.
② Milroy v.Lord (1862) 4 De GF & J 264.

2. 动产

动产应以直接交付的方式移转。如果意图进行必要的移转，那么，直接交付则足以。另一种更正式的方式，或者说，更适合信托设立的方式就是文书，它可以避免事实上的实际交付之需要，因为有时实际交付会给当事人带来不便，如受益人而不是受托人有可能需要实际占有财产。特定情况下，如果委托人明确了取得实际占有的方式，那么，仅一个口头的移转而无须实际交付就足够了。关于动产信托的成立，如果全体受托人均接受了信托且都收到了宣告信托的文件，那么，有时无须实际交付动产于受托人。需要注意：动产移转于信托时，如果该动产属于财产之一部分，那么，就要确定。易言之，部分财产在移转前必须特别确定。

3. 公司之股份

股份移转需要有实施移转的恰当的备忘录并在公司股份登记簿上进行登记。

4. 无形财产

无形财产需要根据法律规定的程序进行移转。移转必须以绝对、书面以及书面方式告知对方当事人，如数字资产的移转。

5. 版权

版权之有效移转需要采取书面形式。

6. 受益利益

受益所有权人应以书面形式将其权益移转给他人以信托方式持有。

7. 票据

票据移转需要移转人之背书。

（三）承诺财产移转之执行

一旦作为信托标的的财产恰当地移转给受托人，信托就完全成立，受益人就可以强制执行。在财产移转前，受益人无强制执行该信托的权利。

委托人口头表明他有设立信托的意图，这并不具有法律效力，这仅仅是一个口头承诺，一般不能获得法律的认可，仅产生道德义务而已。但是，如果委托人之承诺履行了正式的手续，那么，就具有法律上的强制执行力。如果委托人与受托人签订了书面合同，约定委托人为受益人的利益将特定的财产移转给受托人，那么，此信托就具有了强制执行力。一旦委托人作出了将财产移转给受托人的承诺，财产被视为已经被移转，就会以特定的方式使这种事实状态产生效力。

根据英美信托法，委托人设立信托之合同是否具有强制实施的效力，取决于受益人是否支付了对价。[①] 婚姻对价也是信托设立之充分的对价。只要受益人支付了对价，即使财产未移转于受托人，受益人也可强制执行该信托合同。受益人可以强制委托人转移信托财产，使信托成立生效。在我国，信托合同是否具有强制执行力不以受益人是否支付对价为要件。委托人设立信托的承诺采取正式的合同形式，未支付对价的受益人也不能强迫委托人履行该合同。无偿受益人不能使一个未完全设立的信托成为一个完全有效设立的信托，因为信托以财产移转为要件，信托不能等同于信托合同。只要财产移转于受托人而使信托完全成立，那么，即使受益人是无偿受让人，也能强制执行信托。在财产未发生移转情况下，无偿受益人既不能强制执行信托合同，也不能获得任何其他救济。委托人不履行设立信托的承诺，只有受托人是当事人，才有权起诉，要求他承担损害赔偿的责任。而受益人不是设立信托关系的当事人，没有起诉权。

[①] Richard Edwards & Nigel Stockwell, *Trusts and Equity*, 法律出版社 2003 年影印版, pp.98-104.

第五章 他山之石：失能失智老龄人安养照护信托法制的域外经验

各国立法者利用信托制度，构建出各具特色的失能失智老龄人安养照护信托。美国通过统一监护信托制度和特殊需要信托制度满足了保护失能失智的老年人和身心障碍者人身照护和财产管理的需要。日本则通过后见制度支援信托和福祉信托，在部分限制监护人代理权限的基础上，由监护人代理被监护人设立信托，以保障现被监护人人身和财产安全。我国台湾地区立法和实务均支持监护制度与信托的并用，先后颁布《身心障碍者权益保障法》《老年人福利法》，专门针对高龄者和身心障碍者设立安养信托，以防止监护人滥权。

我国《民法典》确立了成年人监护制度，《老年人权益保障法》也明确老龄人可以设立意定监护，党的十九大精神为老龄人安养照护信托制度设计指明方向，但具体制度的设计尚需比较借鉴各国和我国台湾地区的立法经验，构建结合其他制度的信托制度，发挥各种制度相融合的优势。

第一节 英国信托法制之经验

一 照护信托

（一）照护信托的概念

英国的照护信托（Care Trusts）是名义上的照护信托，由法定的国家健康服务（NHS）机构，根据《2001年健康和社会照护法》第45条之规定重新设计的照护信托。其建立在初级照护信托和国家健康服务（NHS）信托基础之上，在独立的组织机构中提供综合性（全方位的机制）服务，国家健康服务和与地方政府健康相关的功能委任给照护信托，而非移转给它们。它们可以委任和/或提供照护服务。此类信托是自愿设立，合作者可以撤销。

在英国，照护信托可以委任给他人，如果它们是照护信托基础上的初级照护信托，① 提供健康照护以及与地方政府健康相关的功能。此功能来自地方政府的代理授权。②

照护信托的引入事实上是一种提供改进的、综合性的健康和社会照护的机会：改进服务提供和综合方式，围绕失能失智老龄人所需而设立，改进并明晰因照护服务所需的服务人员的工作安排，单一的管理结构，来自一方或多方的管理的跨专业团队以及跨学科的一方或多方评估，因整合而产生灵活性和效率，设计用于提升服务品质的稳定的组织框架。③

（二）照护信托的性质

英国的初级照护信托和照护信托是国家健康服务贸易机构，此类信托实质上是一个法律实体。《1999年健康法》引入初级照护集团和初级照护信托。初级照护集团和初级照护信托拥有统一的支付病人住院、社区健康服务、一般医疗服务以及处方药的现金限制的预算。④《健康和社会照护法》也规定初级照护信托成为照护信托，根据地方政府的代理授权持有社会照护预算。这一直被称赞为一种综整健康和社会照护预算的方式，但这意味着英国的健康服务机构首次设立了一种机制并享有权力收取个人照护和住宿费用。⑤

照护信托旨在通过社会照护的综整，使各种老龄人照护服务达到令人

---

① Primary care trusts (PCTs) are the local statutory organisations in the English NHS responsible for improving public health, providing primary health care, and commissioning secondary and tertiary care services for populations of around 250 000 people.

② Jon Glasby & Edward Peck, *Care Trusts: Partnership Working in Action*, Oxford: Radcliffe Medical Press Ltd., 2004, p.3.

③ Jon Glasby & Edward Peck, *Care Trusts: Partnership Working in Action*, Oxford: Radcliffe Medical Press Ltd., 2004, p.3.

④ Majeed A, Malcolm L., *Unified budgets for primary care groups*, London: BMJ, 1999, pp.318, 772.

⑤ Allyson M Pollock, "Will primary care trusts lead to US-style health care?", *British Medical Journal*, Vol.322, No.7292, Apr.21, 2001, pp.964-967.

满意的程度。① 照护信托的综整成本很低，能有效地协调社会照护服务。而且它可以将国家的社会福利与个人的支出有机地结合起来。

二 保险信托

（一）保险信托之内涵

保险信托（Insurance Trust），又称人寿保险信托，由委托人（常常为被保险人）与受托人订立信托合同，将记载保险利益的保险单即保险金请求权作为信托财产，当发生保险理赔或保险期满发生保险金给付时，受托人负责领取保险金或保险公司将保单记载的保险金数额交付给受托人，受托人依照信托合同的约定，经营、管理及处分保险金，将收益分配给受益人或按信托意旨为受益人作出安排。几乎所有国家的保险信托发展都源于人寿保险信托。

在许多国家和地区，人寿保险信托就像资产的保险箱，委托人将保险单在去世前放入该保险箱，将来受益人获得保险金时就会免征遗产税。如果不设立保险信托，高龄投保人去世后的大笔保险金就会被计征高额的遗产税；如果设立保险信托，那么，委托人去世后的保险金就不会成为遗产的一部分，就不会被征收遗产税。当然，我国目前尚未开征遗产税，但可以用于实现其他目的，如使指定的受益人获益。譬如，老龄配偶一方通过保险信托可以使另一方在保险事故发生后直接获得保险之利益，或担心另一方因失能失智无法妥善使用保险金而通过信托架构来保障该老龄人的安养照护等。

委托人可以指定受益人，去世时将财产迅速地分配给他们。人寿保险信托一般采取不可撤销信托的模式。保险信托最早诞生于1886年的英国，设立保险信托的主要理由有：一是人寿保险金不构成遗嘱的一部分，不被纳入遗产中征税。② 这使计征遗产税的遗产总值减少，降低了潜在的税赋，在某些情形下会产生无须缴税的效果。在英国，如果遗产的总价值超过遗产税的计征基数（2020年是325000英镑），那么，高于此门槛将会

---

① Natalie Valios, "The pros and cons of care trusts for adult care, Adults, Mental Health, Social care leaders", Workforce, on March 4, 2010.

② "Is putting your life insurance in trust a good idea?", https://hiveinsure.co.uk/is-putting-your-life-insurance-in-trust-a-good-idea, on March 3, 2022.

被征40%（2020年）的税。① 二是设立保险信托，能更迅捷、有效地分配福利，因为它们不构成遗产。有遗嘱的情形下，英国的遗嘱继承需要经过遗嘱认证，这个程序费时费力，没有遗嘱或没有遗嘱验证的情形下，作为遗产分配的利益在复杂情形下可能会延迟几个月或几年，此种情形设立信托十分重要。② 三是人寿保险信托的委托人，十分明白保险的福利会直接地分配给其希望的人。在保险信托关系中，委托人设立信托并将保险单移转于信托，受托人是信托之管理人或机构，须确保将来依保险单领取的保险金以及其收益应用于委托人指定的人，受益人是委托人希望其接受保险金及其收益的人或从信托中受益的人。

委托人最好委托两名受托人作为共同受托人，受托人可以是信赖的亲属或长期的朋友，受托人也可以是信托受益人之一；可以是个人受托人也可以是机构受托人。

受益人是委托人希望其从保险中获得利益的人，如果受益人不止一位，那么，委托人须指定他们每人享有利益的份额。

信托文件须由委托人和所有的受托人签署。委托人须为每一位签署人指定一位见证人或为全体签署人指定一位见证人。不过，见证人不可以是亲属或保险单的受益人或即将成为受托人的人，他们必须完全独立于信托。

（二）保险信托之功能

保险信托对老龄人安养照护具有重要的功能。保险金金额较大的情况下，投保人可依照自己的规划设立人寿保险信托，把保险之受益利益（将来可获得的巨额保险金）分配给所希望的受益人，既可避免多个受益人之间因利益冲突而发生不必要的纠纷，又可以确保各个受益人都可享受到巨额保险金所带来的利益。

人寿保险信托可以满足失能失智老龄受益人的需要，将保险单交付给经验丰富且公平之受托人管理，受托人不仅可以为受益人代为领取保险金并进行妥善管理，而且可以将其证券化所取得的利益用于受益人个人的特别关照和照护。譬如，受托人可依委托人之指示在证券市场上购买证券，

---

① www.gov.uk/inheritance-tax 2020, on March 3, 2022.

② "Is putting your life insurance in trust a good idea?", https：//hiveinsure.co.uk/is-putting-your-life-insurance-in-trust-a-good-idea, on March 3, 2022.

还可依保险信托合同之约定，由受托人将保险金进行投资融资，再将取得利益用于失能失智老龄人的安养照护，于信托终止或到期时将剩余资产交付给剩余受益人。

失能失智老龄人入住养老院的费用会十分高昂，许多人被迫卖掉住宅以支付照护费用，透过人寿保险信托可设立一个安全的经济缓冲，使需要照护的人得以完全照料。譬如，一位高龄者因妻子罹患失智症需要照护，费用高昂，还有一位已步入老龄的儿子因车祸失能失智，此高龄委托人可以设立人寿保险信托，在其去世后即可迅速由受托人将领取的大笔保险金或日常收益为受益人支付照护费用。这解决了委托人去世后，其直接供养人的经济困境。保险信托中受托人取得保险单即保险金或死亡赔偿金请求权之形式上所有权或法定所有权，依据保险条款之规定，保险金或死亡赔偿金请求权之行使以被保险人的死亡为条件。通过信托条款的设置，委托人指定的与被保险人生命无关的人作为受益人可以取得保险之利益。这种设计不仅避免了某些人为取得保险金而危害被保险人，而且可依据受益人之不同需求进行各自所需的安排。

信托之所以能与人寿保险并用，是因为信托财产的法定权利归属于受托人，而受益利益归属于受益人，而且信托财产具有独立性以及信托具有弹性力。受托人基于对信托财产的法定权利，享有自由裁量权，可以对信托财产进行管理、运作；信托财产因具有独立性，不受各方当事人债权人的追索；由于信托之弹性力，受托人可代缴保险费与管理保险单，使保险合同不会因保险费交付中断而失效，受托人有权领取保险金并加以运作，信托财产不因受益人行为不当而造成浪费或损失，从而使受益人实质上能够获得利益和保护。由于人寿保险信托具有税赋优惠之特性，是英国等常常用以财产规划之设计。

（三）保险信托之性质

保险信托是与保险并用的信托，人寿保险单作为信托财产，发生保险金请求给付情形时，信托财产为保险金，须依照委托人的意志进行保值增值，可继续被安排用以投资于保险。[①] 信托是以财产为中心的法律关系，保险信托有效设立必须以有效的信托财产为要件，信托之所以能够与人寿

---

① 陈北：《走出投资连结保险舞曲的金融产品——保险信托》，《财贸经济》2004 年第 1 期。

保险相契合，主要是因为信托财产所有权形式上与实质上分离、信托财产独立性的特点，① 人寿保险信托的性质主要取决于信托财产的性质。有形财产和无形财产均可为信托财产，但必须具有可移转性，并可以金钱作价方可作为信托财产，人寿保险信托中保险金请求权作为信托财产，具有可移转性也可以金钱作价，是具有金钱债权性质的信托。

人寿保险合同中，被保险人与受益人的关系及被保险人的主观愿望随时都有可能发生变化，法律赋予投保人或被保险人在指定保险受益人权利时还应赋予其变更保险受益人的权利，从而实现被保险人的真正意愿。② 如果人寿保险信托合同允许被保险人或投保人随时变更受益人，那么，保险金请求权主体不能确定，将会导致信托合同无效，进而导致人寿保险信托法律关系无效，因此，作为以保险金请求权为信托财产的人寿保险信托，被保险人或投保人必须放弃变更保险受益人的权利，从而保障保险金请求权主体的确定，方能保证人寿保险信托法律关系的有效性。如果被保险人或投保人不放弃变更保险受益人的权利时，他们有权随时变更其所指定的保险受益人，那么，请求支付保险金的保险受益人地位具有不确定性，保险受益人有可能不享有保险之期待权，保险受益人充其量仅享有保险之期待利益的可能性而已。若在信托关系中仅将该可能性作为信托财产交易的客体，会使信托产生不确定性。当投保人未放弃处分权时，保险金请求权不能成为信托财产，亦不能作为信托合同标的，投保人不能主张成立人寿保险信托。

仅在被保险人或投保人放弃变更受益人权利时，受益人的地位才能不被投保人或被保险人所剥夺。保险金请求权是附条件法律行为所产生的法定权利，保险金请求权行使时，受益人有权请求保险公司支付保险金。在可预期范围内，一旦发生保险金请求权行使情形时，受益人享有领取保险金的权利，此时也可以将该项权利视为民法上的期待权。信托委托人与受托人订立人寿保险信托合同时投保人或被保险人应放弃变更权，这样，保险受益人所享有的保险金请求权即保险利益之期待权方可作为信托之标的。因此，保险信托一般为不可撤销保险信托。

---

① 陈雪萍：《信托在商事领域发展的制度空间——角色转换和制度创新》，中国法制出版社2006年版，第129页。

② 参见潘红艳《人身保险合同受益人法律问题研究》，《当代法学》2002年第2期。

投保人可指定自己为被保险人及保险受益人，投保人设立人寿保险信托，保险金请求权为信托财产；当投保人或被保险人将信托机构指定为保险受益人时，信托机构因受益人地位而当然享有人寿保险金请求权，委托人仍然需要转移保险单。总之，以保险金请求权为信托财产设立的人寿保险信托属于金钱债权信托。

三　资产保护信托

高龄社会老龄人特别关注日益增长的养老院照护费用，在英国，居家照护平均每个星期为500英镑，而养老院的费用为每周1000英镑，[①] 这催生了所谓"资产保护信托"的需求。

（一）资产保护信托概述

资产保护信托是一种用来保护资产并确保它们转移给委托人选择的受益人的信托。信托资产可以是任何具有价值的东西：房产、现金或昂贵的物品，如汽车或船；受益人可以是委托人的配偶或其他家庭成员、朋友或任何委托人希望从信托中受益的人。

委托人一旦将资产转移到信托，就不再对其享有权利，法定所有权归属于受托人。受托人可以是委托人、委托人的配偶和子女或职业受托人。如果委托人单独或共同拥有一处房产，信托条款可规定委托人享有该财产上的生前利益，其配偶或伴侣终身居住的权利。受托人须为受益人的最大利益行事；委托人享有不被胁迫放弃财产或放弃使用资产的权利，可以自由决定是否搬离房子，但委托人有权缩小或只是移动一下地方。

这类信托的常见用途是保护委托人的房产。随着房价上涨，房子占委托人财产的很大一部分，委托人最不希望的是因不可预见的情况而失去房产，或者在委托人去世后受益人得不到房产。资产保护信托可以为委托人、其配偶和子女对该房产提供安全保障。

一旦委托人将其房产移转于信托受托人，信托可以保护离婚、破产或第三人诉讼时的财产。当老龄人失能失智时，受托人可继续运作、管理财产，确保委托人利益得到保护。在委托人去世后，它可能有助于减少延迟资产分配。

[①] April King Lega, *Making a Will*, https://www.aprilking.co.uk/making-a-will/steer-clear-of-asset-protection-trusts/.

关于税赋，房产仍会被视为委托人遗产的一部分。只要财产是信托财产，就无须缴纳遗产税。

由于财产还没有交付给委托人指定的受益人，所以，即使委托人指定的受益人离婚或破产，这笔财产也不会有风险。一旦委托人去世，委托人指定的受益人将得到他的遗产。即使委托人指定的受益人离婚或出现经济困境，委托人的房产也会得到保护。

将财产移转至信托可能被地方政府认为是一种故意剥离行为，如果委托人是居家照护费用的评估对象，而地方政府会基于此而质疑信托。信托目的并非用于规避居家照护费用，他们会保护资产。每个人的情况都不一样，需要根据委托人的具体情况设立信托。

（二）资产保护信托之利弊

英国老龄危机严重，人们需要照护，地方政府设定了支付标准。一定范围的资产包括房产得用于支付其全部的照护费用。当一个人的资产价值低于此标准的，地方政府就会支付一定的照护费用，当资产几乎用尽时，地方政府就会支付全部的费用。在此情形下，一个人仍然会被要求支付其照护费用，特别是他们选择居家照护时相关设施费用远超过地方政府愿意承担的费用范围。当然，这意味着老龄人没有什么财产留给其后代。

不是所有人都必须支付其照护费用，那些特别需要的人有权进行"持续性的健康照护筹资"，但标准十分严格。

"资产保护信托"的理念是委托人将其主要资产如居所以信托的方式移转于受托人，委托人对其不再享有名义上的所有权。理论上，如果委托人不享有财产名义上所有权，那么，在决定委托人是否应当支付一些或全部的照护费用时，这一移转于信托的财产就不能予以考量。然而，如果地方政府发现委托人将资产移转于信托以规避支付照护费用时，这就会归入"资产剥离"之列。在此情形下，地方政府享有广泛的权力，例如，他们会将委托人视为仍然拥有该财产即"名义上的资本"，要求委托人支付费用。

"资产保护信托"通常是指移转不被视为"资产的剥离"，因为移转时，对照护没有直接需求以及没有未来可预见的需求。然而，移转的动机肯定是关键，须考量对此移转有没有其他合理的解释，如委托人移转财产于信托后继续在该房产上居住。缺乏对移转作出合理解释的情况下，地方政府可能会推断已发生故意移转资产以规避照护费用的事件。地方政府一直在对使用此类信托的人采取行动,由其对这种事件加以确认。

英国老龄人将它们描述成"结果是一纸空文"。地方政府有法定权力将任何"故意剥离资产"而设立的信托予以推翻。地方政府在评估个人资产时有权力根据故意资产剥离规则否认信托的成立。2015年5月,地方政府就主动追诉那些为了规避照护费用而剥离资产的人。

资产保护信托会存在一些风险,因为当履行"名义上资本"标准即资产剥离规则时,委托人移转的资产价值会被考量。即使委托人设立信托,仍被认为还有资产,委托人须将其剩余资产全部用于支付照护费用。

当事人存在资产剥离行为时,一旦剩余资产使用完,地方政府会对后续的照护费用采取强制执行措施,如对财产进行扣押,即使该财产不在当事人名下;甚至将移转的财产再移转回来,但这或许会拖延、成本高昂和压力大。地方政府可以选择仅提供基本层面的照护,剩下的由当事人自己支付。

当事人将房产信托给亲属以规避照护成本被认定为剥离资产的行为,产生许多其他风险。一些人将自己的房产移转给亲属且继续住在里面,旨在规避照护费用,这自然会产生很多风险,以此为目的所设立的信托,会被地方政府认定不成立。

总之,如果委托人将房产移转于资产保护信托,那么,他们需要采取合法的步骤保护其家庭财产份额不用于支付养老院的费用。

四 福祉型信托

(一) 福祉型信托之内涵

为老龄人设立福祉信托,当年老需要有他人帮助管理财务时,亲属不用担心他们会因管理资产不当或用尽其积蓄而引发老龄人财务滥用。老龄人的经济保障是其有生之年受到照护和获得所需照顾的保障。为老龄人设立信托不仅是明智之举,也可保障他们将来得到照料。

福祉型信托是一种用法律文件规定如何为老龄人管理财产和资产,待其年老体衰、疾病缠身时由受托人帮其管理资产的信托。通过此信托,委托人将财产移转于信托,任命家庭成员或其他机构作为受托人管理,受益人享有信托名下资产之受益利益。

(二) 福祉型信托之形态

福祉型信托可以以遗嘱信托、不可撤销生前信托、可撤销生前信托等形态表现。以遗嘱方式所设立的信托是遗嘱信托，遗嘱不能等同于信托，它仅仅是设立信托的一种方式或行为。遗嘱是于当事人死亡时生效的法律文件，它规定资产如何运用以及哪些资产可以使用。当事人丧失决策能力时，由信托所保护的人指示如何管理其财务。信托也可用于设定死亡前、死亡时以及死亡后的愿望。任命的受托人须确保资产按照信托文件的规定进行管理。遗嘱信托于当事人死亡时生效。信托可以是私益的，也可以是公益的。

老龄人福祉型信托的设立，尤其要考虑何种类型的信托最符合老龄人情况和最能满足他们的需要。可撤销信托允许委托人任何时候修订或撤销信托条款，无须征得受益人同意。如果需要，允许有继承人的委托人作为信托的唯一控制人。可撤销信托为老龄人提供进一步的保护，可避免受托人外的家庭成员对信托财产的侵占。如果委托人反对或老龄人不能控制资产时也可通过法院予以撤销。

不可撤销信托受益人对信托是否撤销或修订享有话语权，但受益人须获得许可。财产一旦移转于信托，委托人丧失对该财产的权利。不可撤销信托主要用于老龄人申请医疗补助保险的情形，老龄人不必处分所有资产以取得健康照护或护理的资格。这种信托允许老龄人持有资产支付账单，仍然有资格领取医疗补助保险，同时确保其配偶一方不会因另一方去世而流离失所。不可撤销信托仅用于在资产移转于信托后至少 5 年内保障资产的保有不与医疗补助保险发生冲突。

遗嘱信托用于保护老龄人去世后的配偶，老龄人去世时资产移转到信托，允许受托人对其资产作出经济决策。老龄人没有财务控制权，可以被保护而不受欺诈之侵害。

福祉型信托可确保老龄人的财产得到有效管理，保护老龄人的资产不受侵害，配偶一方离世时，另一方能获得安养照护；老龄人在保留一定资产时，可获得社会福利的救济，确保其配偶一方不会因另一方去世而流离失所；老龄人可获得生活的自由，透过可撤销信托保留对资产的控制权，待失能失智时由受托人运用其资产安排医疗养护等事宜并支付相关费用，确保其年老多病时获得照护。①

---

① Chris Fletcher, *Setting up a Living Trust for Elderly Parents*, https://caringpeopl/einc.com/blog/living-trust-elderly-parents/.

五 英国信托可资借鉴之处

(一) 安养信托之综整作用

英国的照护信托（Care Trusts）是名义上的照护信托，既是一种法律实体，也是为政府提供综合性（全方位的机制）服务的机构，它履行的是国家健康服务和地方政府健康服务机构委任给其的与照护相关的功能。照护信托具有灵活性可以将居家、社区和机构养老有机地协调起来，为失能失智老龄人解决照护问题提供了有效的路径。它也可以将社会福利与社会照护紧密结合，提升照护服务品质；同时，它也是将社会福利与商业化照护服务结合的纽带。照护信托旨在通过社会照护的综整，使各种老龄人照护服务达到令人满意的程度。[1] 照护信托的综整成本很低，能有效地协调社会照护服务。而且它可以将国家的社会福利与个人的支出有机地结合起来。

(二) 保险信托之多功能运用

保险信托最早诞生于英国，保险信托使人寿保险金不构成遗嘱的一部分，具有节税的功能；能高效率地分配福利；能将保险的福利直接地分配给委托人所希望的人；能实现老龄人照护之功能。

(三) 资产保护信托之妥适规划

"资产保护信托"的恰当设计可使老龄人获得社会福利时，保有自己的资产；既解决照护费用问题，也实现委托人的意愿，可谓一举几得。当然，如果规划得不合理，就会被地方政府以"剥离资产"为由取消信托。

(四) 福祉型信托之医养保障

福祉型信托可帮助失能失智老龄人管理财务，避免其财务滥用，也可保障他们生活照料和医疗养护。老龄人福祉型信托最能满足老龄人医养保障的需要。一方面，老龄人在保留一定资产时获得社会福利救济，确保其配偶一方不会因另一方去世而流离失所；另一方面，老龄人可通过可撤销信托保留对资产的控制权，待失能失智时由受托人运用其资产安排医疗养

---

[1] Natalie Valios, "The pros and cons of care trusts for adult care, Adults, Mental Health, Social care leaders", Workforce, March 4, 2010, https://webcache.googleusercontent.com/search?q=cache:1srBR9p97wwJ: https://www.communitycare.co.uk/2010/03/04/the-pros-and-cons-of-care-trusts-for-adult-care/+&cd=1&hl=zh-CN&ct=clnk&gl=hk&client=aff-cs-360se-channel.

护等事宜并支付相关费用，从而确保其年老多病时获得照护。[1]

第二节　美国信托法制之经验

一　特殊需要信托

美国《1993年综合预算调节法案》（OBRA 1993）基本上禁止个人通过信托隐匿其资产以获得医疗福利补助，但该法第1396p（d）（4）条也允许有三种例外情况（三种模式），在判断社会救助资格时，该信托财产利益可作为"不被计量"的资产。[2]《美国法典》（United States Code, U.S.C）明确规定补偿信托和集合信托两类法定特殊需要信托。此外，美国《程序操作手册系统》[3] 规定了第三方特殊需要信托。所有特殊需要信托须符合一定的要求：受益人必须是"残疾人"；受益人不享有撤销信托的权利，不能指示运用信托资产来维持自己的生活需要（否则信托资产将被视为受益人"可利用的"财产，在考察公共福利资格时纳入"可计量"财产，导致福利资格丧失）；残疾人本人不能担任受托人。[4]

（一）三种模式厘清

美国有三种特殊需要信托模式不属于《1993年综合预算调节法案》（OBRA 1993）所禁止之列。

1. 返还信托（payback trust），又称"第一方当事人返还信托"

返还信托之财产主要源于诉讼、继承、法院指定的赡养费或子女抚养费等受益人的自有资产。信托财产可以是一次性支付，也可以是定期支

---

[1] Chris Fletcher, *Setting up a Living Trust for Elderly Parents*, https://caringpeopleinc.com/blog/living-trust-elderly-parents/, on Aug.6, 2020.

[2] SeeJacqueline d.Farinella, "Come on in, the Water's Fine: Opening up the Special Needs Pooled Trust to the Eligible Elderly Population", *Elder Law Journal*, Vol.14, No.1, 2006, pp.127, 158.

[3] 《程序操作手册系统》由美国《社会安全法案》颁布的，包含社会安全补助金制度的操作程序。

[4] See Kemp C. Scales, Cela & Linda M.Anderson, "Special Needs Trusts: Practical Tips for Avoiding Common Pitfalls", *Pennsylvania Bar Association Quarterly*, Vol.74, No.2, 2003, pp.169, 172.

付。补偿信托规定在《美国法典》第 42 编"公共健康与福利"第 1396p (d)(4)(A)条，因此也被称为"(d)(4)(A)信托"。法律规定必须由父母、祖父母、法定监护人或法庭设立且不可撤销，设立时受益人只能是 65 岁以下的身心障碍者。[①] 受益人达到 65 岁后，信托依然继续生效，只是受益人的自有资产不再计入信托财产，除非它们是定期支付的部分。[②] 信托文件必须说明该信托是为受益人个人利益而设立，以及自受益人去世后，信托财产必须偿还给医疗补助机构，以补偿受益人在其有生之年所获得的医疗照顾费用。医疗补助机构被称为剩余受益人（remainder beneficiary），有资格获得剩余信托资产。若要保留社会救助资格，信托文件中必须包含"返还条款"，医疗补助机构将成为第一个剩余受益人，较其他剩余受益人具有优先顺位。医疗补助费用的补偿相对其他费用（如丧葬费）的支付具有优先性，但如果受益人在世时使用信托资金预付的丧葬费，则不受剩余受益人优先权的限制。[③] 有些人认为偿还医疗补助费用的要求是补偿信托的一个潜在缺点。受益人既能在有生之年获得医疗补助，又能通过信托提高自己的生活质量，只是在其死后才用剩余信托财产来减轻政府医疗补助计划的负担，这对双方来说都是公平有利的，多数情况下，剩余财产往往无法完全补偿政府的医疗补助费用。

2. 集合信托（Pooled trust）

《美国法典》第 42 编第 1396p(d)(4)(C)条规定"集合信托"[或称"(d)(4)(C)"信托]，其受托人必须为非营利组织，资产从不同委托人处汇集，信托财产相互隔离并统一放在一个信托财产池中用于投资和管理，每个受益人都有一个单独的子账户。集合信托对受益人的年龄并没有明确限制，由受益人（如果他是具有完全行为能力的成年人）、父母、祖父母、法定监护人或法庭设立，由一个非营利性组织管理，每个子账户都被单独跟踪，资金集中用于投资目的。[④] 如果信托资金源于受益人自有资产，那么，剩余的信托资金必须首先用于返还国家为受益人支付

[①] 42 U.S.C 1396§p (d) (4) (A) (2010).

[②] See Ruthann P. Lacey & Heather D. Nadler, "Special Needs Trust", *Family Law Quarterly*, Vol.46, No.2, 2012, pp.247, 256.

[③] See Lauretta Murphey, "Special Needs Trust Basics", *Michigan Probate Estate Planning Journal*, Vol.31, No.3, 2011, pp.3, 6.

[④] 42 U.S.C 1396§p (d) (4) (C) (2010).

的医疗补助费用;① 剩余部分可根据共同协议分配。除非约定剩余信托资金由信托保留，在造福残疾贫困者的情况下，剩余资产没有必要返还给国家。如果信托资金源于第三方的财产，同样不存在"返还"国家的要求，受益人死亡后剩余资金将分配给共同协议指定的受益人。集合信托的优点为：第一，设立手续便捷。由于集合信托实体已经存在，开立账户只需要填写一份共同协议。第二，残疾人个人账户独立，财产不会发生混同。第三，受托人专业管理和服务的费用微不足道。当家庭找不到合适的受托人、考虑到银行信托费用昂贵或者家庭希望将受益人死后剩余的信托资金交给其他残疾人而不是返还给国家时，集合信托将是一个不错的选择。②

3. 第三方当事人特殊需要信托（Third-party special needs trust）

第三方当事人特殊需要信托由残疾受益人以外的其他人的资产创建和资助，通常由残疾人的家庭成员创建，并指定残疾人为受益人，对受益人的年龄没有要求。它们可以通过生前转让（生前信托）或死后遗嘱文件（遗嘱信托）的方式设立。只要受益人没有权力撤销信托，或者没有权力命令受托人将信托资产用于受益人自身的生活支撑和维持，信托资金就不被认为属于符合医疗救助制度和社会安全补助金制度规定的"可计量"的财产，福利资格便得以保留。残疾人死亡后，受益人可以通过遗嘱、信托协议或者行使指定的权力，将剩余财产转移给自己指定的人。③ 此种信托的优点是信托财产并非源于受益人，受益人死亡后，剩余财产无须补偿医疗补助费用或捐赠给其他残疾人，剩余财产可以按受益人的意愿处分。另外，此种信托的设立不受受益人年龄的限制。④

上述三种模式的选择可视具体情形而定。如果为已知残疾人（如阿尔茨海默症或精神分裂症）保留现有或未来福利的资格、提高生活质量而创立一种信托，那么，第三方当事人特殊需要信托将是一个特别有吸引

---

① 42 U.S.C 1396 § p (d) (4) (C) (2010).

② See Jennifer Brannan, "Third-party Special Needs Trust: Dead or Alive in a Uniform Trust Code World", *Texas Wesleyan Law Review*, Vol.16, No.2, 2010, pp.249, 250, 253.

③ See Jennifer Brannan, "Third-party Special Needs Trust: Dead or Alive in a Uniform Trust Code World", *Texas Wesleyan Law Review*, Vol.16, No.2, 2010, pp.249, 250, 253.

④ 参见陈雪萍、张滋越《我国成年监护特殊需要信托制度之构建——美国特殊需要信托制度之借鉴》，《上海财经大学学报》（哲学社会科学版）2020年第1期。

力的选择。① 如果难以负担受托人高昂的费用或苦于选择合适的受托人，则可以采用集合信托。如果一个家庭更愿意用信托资金帮助其他残疾人，而不是补偿国家，那么，他们也可以选择集合信托。② 如果未能预先做出遗产规划，在财产授予人死亡而残疾受益人有权获得遗产时，唯一恰当的选择是运用补偿信托来保留残疾受益人的福利资格。由于年龄限制，如果受益人65岁或以上，不可以设立一个补偿信托。

（二）特殊需要信托之目的

无论采用哪种信托模式，特殊需要信托的目的都是在不丧失政府补助资格的前提下对受益人进行支援，满足身体残疾者或行为能力丧失者医疗救助之外的特殊生活需要，为身心障碍者提供补充扶助手段而非替代国家补助，为身心障碍者提供更好的生活条件。若设立补偿信托或信托资金来源于受益人自有资产的集合信托，那么，就存在政府作为剩余受益人的情形。该类特殊需要信托成立的一个重要条件是必须有"补偿条款"。信托目的还包含保证身心障碍者去世后，能够留有足够的剩余财产来补偿医疗补助费用。请求受托人用剩余财产补偿政府公共服务支出，是政府社会救助部门的一项重要权力。③

（三）信托财产的分配标准

因为特殊需要信托的基本目的是为受益人提供补充需求，而不危害到受益人获取基本公共福利的资格，所以，信托文件中表达受托人为受益人利益所为分配的语言文字和设定的限制性分配标准至关重要。不明确或不适当的标准可能引起诉讼，甚至诱发潜在的责任。

第一种广泛运用的标准是完全自由裁量的支援生活标准。受托人拥有唯一、绝对和不受约束的自由裁量权，可以决定为受益人的健康、生活维持和支援，或为受益人利益，分配给受益人所必需的本金和收入。④ 这种

---

① See Ruthann P. Lacey & Heather D. Nadler, "Special Needs Trust", *Family Law Quarterly*, Vol.46, No.2, 2012, pp.247, 259.

② See Katherine B. McCoy, "The Growing Need for Third-party Special Needs Trust Reform", *Case Western Reserve Law Review*, Vol.65, No.2, 2014, pp.461, 467.

③ 参见陈雪萍、张滋越《我国成年监护特殊需要信托制度之构建——美国特殊需要信托制度之借鉴》，《上海财经大学学报》（哲学社会科学版）2020年第1期。

④ See Kemp C. Scales, CELA & Linda M. Anderson, "Special Needs Trusts: Practical Tips for Avoiding Common Pitfalls", *Pennsylvania Bar Association Quarterly*, Vol.74, No.2, 2003, pp.169, 172.

标准是一种不可靠的标准,受托人依然能够满足受益人生活必需品之外的需要。特殊情况下,这种完全自由裁量的支援生活标准可能会导致信托资金被政府机构视为"可计量"财产,支援生活标准的财产分配可能被认定是实现社会救助目的,是"替代"而非"补充"福利制度,从而使受益人丧失公共福利资格。

第二种分配标准是严格的社会安全补助金标准,禁止提供任何食物或住所。信托文件应当规定:信托的本金或收入的任何部分不得用于食物或住房,或取代受益人可能有资格领取的任何公共救助福利。[①] 虽然这是保留福利资格最安全、最保守的标准,但对受益人生活质量的改善是最缺乏灵活性的标准,且可能产生后续问题。譬如,在起草特殊需要信托文件时,起草人往往无法预测受益人的恢复情况,受益人的个人情况可能会显著改善,与其保有获取公共福利的资格,不如通过信托财产的分配,受益人可以重新成为一个有工作、自给自足的社会成员。这也是现今成年监护追求的目标,让身心障碍者能够获得就业的能力和机会。这一标准甚至过分限制了继续享有社会安全补助资格的受益人,即使信托资金充足,信托财产也不能用于维修受益人居住的不合标准的房屋。如果采用这种严格的标准,受托人几乎无法妥当运用信托资金来改善受益人的生活状况。

第三种标准是完全自由裁量的标准,这是一种灵活的最佳选择,信托文件需要预先说明设立人的意图,即信托财产分配应"补充"而不是"替代"公共福利,除非受托人认为这符合受益人的最佳利益,则允许分配取代这些福利。信托文件可以授予受托人唯一、绝对和不受控制的自由裁量权,受托人可以自行决定向受益人或为受益人的利益进行分配。受托人不得进行任何将导致公共福利(如医疗补助计划或社会安全补助金)损失或减少的分配,除非受托人认为进行此类分配的收益大于此类福利的损失。[②] 该标准给予受托人较大的自由裁量权,其权力的行使是为了残疾受益人的最佳利益,更有利于实现残障人士的各种补充需求,该标

[①] See Ruthann P. Lacey & Heather D. Nadler, "Special Needs Trust", *Family Law Quarterly*, Vol.46, No.2, 2012, pp.247, 259, 260.

[②] See Ruthann P. Lacey & Heather D. Nadler, "Special Needs Trust", *Family Law Quarterly*, Vol.46, No.2, 2012, pp.247, 259, 260.

准更为残疾受益人和受托人所青睐。①

（四）信托资金的运用

特殊需要信托的文件中通常必须明确规定，信托设立人的意图是为残疾受益人提供补充需要，而不是满足基本生活需要；在为残疾受益人的利益分配信托本金和收益方面，受托人拥有绝对的自由裁量权。② 有人认为特殊需要信托的资金只能用于购买医疗补助计划不覆盖的医疗保健服务或设施，这是不正确的。事实上，残疾受益人所需的一些商品或服务对身体健康者来说是"奢侈品"，但对身心障碍者而言却是"必需品"。这些必需的"奢侈品"包括雇佣家务人员、计算机辅助设备、装有电动车窗和座椅或特殊改装的汽车、乘坐特殊交通工具去看电影、特殊的电话等。只有在极少数情况下，这些"奢侈品"仅能由私人现金提供。③ 特殊需要信托给受益人带来的真正好处是在保持公共利益的同时，帮助受益人提升生活品质。受托人在确定信托资金用于哪些商品和服务时，应当充分考虑信托资产的价值和预期收入、受益人的年度费用安排和预期寿命以及预期从社会救助中获得的补助等。在任何可能的情况下，鼓励受益人参与资产规划，不仅有助于进行合理资产配置，解决受益人在财产分配时所生的困惑，避免滋生纠纷，而且计划周密的资产规划有助于确保信托资金不会极速耗尽。④

（五）特殊需要信托中受托人之规范

1. 受托人的选择

因为特殊需要信托中受托人享有绝对的自由裁量权，受托人将负责分配信托资金，有权决定分配资金的时间和方式，需要选择合适受的托人。受托人有三种类型：家庭受托人、专业受托人和共同受托人。

如果选择一个负责任的家庭成员或亲密的朋友来担任受托人，那么，

---

① 参见陈雪萍、张滋越《我国成年监护特殊需要信托制度之构建——美国特殊需要信托制度之借鉴》，《上海财经大学学报》（哲学社会科学版）2020年第1期。

② See Daryl L. Gordon, "Special Needs Trust", *Quinnipiac Probate Law Journal*, , Vol.15, No.1& 2, 2000, pp.121, 123.

③ See Patricia Tobin, "Planning ahead for Special Needs Trusts", *Probate and Property*, Vol.11, No.56, 1997, pp.56, 58.

④ 参见陈雪萍、张滋越《我国成年监护特殊需要信托制度之构建——美国特殊需要信托制度之借鉴》，《上海财经大学学报》（哲学社会科学版）2020年第1期。

该受托人能够真正采取对受益人最有利的方式，直接对抗监护人，须全面关心受益人且在任何情况下都能以他的利益为优先考量。[1] 但很多由亲属或朋友担任受托人的信托都失败了，因为他们缺乏专业知识和精力来处理复杂的信托事务。[2] 虽然受益人的家属可能有能力担任这一角色，但受托人与受益人的亲密关系会影响受托人进行正确决策，从而导致受益人丧失公共福利资格。美国有些州甚至禁止父母、监护人或其他家庭成员担任受托人，因为他们同时作为残疾受益人死亡时的剩余受益人，会存在潜在的内在利益冲突，受托人将不会为受益人的最佳利益进行分配，而会考虑剩余利益的最大化。

较为明智的做法是考虑聘请专业机构（银行、金融机构）或个人（律师）担任受托人。特殊需要信托资金的运用必须一方面既能满足政府项目未覆盖的改善生活品质的支出，另一方面也能保留从现有公共项目中受益的资格，还要保证最终留有剩余资产用于补偿政府项目，[3] 这对受托人的专业技能提出了较高的要求。受托人需要具备信托管理、会计、投资以及特殊需要信托的公共福利方面的专业知识，通常只有公司受托人方可胜任此职位。他们具备专业素养，能够承担高效管理信托资金之义务。但是，他们通常会收取年度管理费用，可能还会要求最低的信托资产数额，这可能会使大多数贫困残疾家庭望而却步。此外，这些机构和专业人士可能不了解每个受益人的具体日常需求。

最佳选择是由家庭成员（或朋友）与专业人士（信托机构、银行、律师等）共同担任受托人。共同受托人之间可以相互约束，相互帮助。家庭成员可以更加了解身心障碍受益人的特殊需要，从而防止专业人士作出无意义的财产分配；同时，家庭成员也可以监督专业人士的行为，避免其自我交易，阻碍其从信托财产中间接获利。对于集合信托，法律须规定由非营利组织担任受托人，这适用于无法选择受托人或难以支付专业受托人费用的情形，由于此类受托人对费用和信托资产门槛的要求相对较低，

---

[1] See Jennifer Brannan, "Third-party Special Needs Trust: Dead or Alive in a Uniform Trust Code World", *Texas Wesleyan Law Review*, Vol.16, No.2, 2010, pp.249, 257.

[2] See Katherine B.McCoy, "The Growing Need for Third-party Special Needs Trust Reform", *Case Western Reserve Law Review*, Vol.65, No.2, 2014, pp.461, 472.

[3] See Donna G.Barwick, "Estate Planning for Beneficiaries with Special Needs", *Journal of Retirement Planning*, Vol.6, No.12, 2003, p.14.

残障人士家庭也可予以考虑。

2. 受托人的特殊义务

一旦受托人被指定并接受受托人身份，就必须承担信托义务，包括管理信托的义务、忠实义务、公正分配义务、谨慎投资义务、合理使用信托财产的义务、保护信托财产的义务等。特殊需要信托受托人的义务履行标准相对于一般信托事务的履行标准来说更为严苛。鉴于信托目的的特殊性，特殊需要信托受托人应负有特殊义务。

（1）熟知公共福利相关制度。特殊需要信托受托人最重要的义务之一是确保受益人公共福利资格的持续享有。受托人必须随时了解受益人福利的任何变化，熟悉取得福利资格的所有条件。如果受托人没有恪尽职守，受益人可以就其所遭受的任何损害亲自向受托人提出索赔。[①] 受托人具有熟知有关社会福利的法律和规定的义务。实践中即使是设计良好的信托，管理中也不可避免地会出现问题，而这些问题的绝大部分都涉及为受益人保有公共福利资格的需要。受托人被请求从信托中支付款项时，须先确定所要求的款项是否可以通过政府的福利计划得到满足。如果不能，则必须确定支付款项是否会损害受益人的固有福利资格。要想具备辨别能力，受托人必须熟悉几乎所有的公共福利项目的复杂规则。如果信托财产使用不当，可能会导致受益人丧失公共福利资格，为此，受托人必须承担相应的责任。福利资格规则具有高度的复杂性和技术性，除了那些专门从事该领域法律工作的人以外，平常少有人具备这种专业知识。由于身心障碍者情况的特殊性，该领域甚至可能超出经验丰富的职业受托人的知识储备，受托人有权向掌握该领域知识的律师进行咨询，律师能够根据相关的公共福利制度以及基于受益人利益的考量，为受托人提供建议。实践中，一些公司受托人与医疗咨询顾问建立正式的"联盟"，聘请专业顾问来决定信托资金的使用和费用安排。[②]

（2）持续了解受益人的情况。特殊需要信托是为了部分或完全丧失行为能力的身心障碍者的利益而设立，由于每个受益人的生理、心理、实

[①] See Jennifer Brannan, "Third-party Special Needs Trust: Dead or Alive in a Uniform Trust Code World", *Texas Wesleyan Law Review*, Vol.16, No.2, 2010, pp.249, 258.

[②] See Donna G.Barwick, "Estate Planning for Beneficiaries with Special Needs", *Journal of Retirement Planning*, Vol.6, 2003, pp.12, 13.

际需求情况是不同的,针对一个受益人所为的信托财产分配对另一个受益人来说可能是完全不合适的。此外,今年所采取的适当分配安排可能完全不适合明年的情况。受托人必须全方位、充分地了解受益人的情况,并对受益人的身心状况进行持续性的关注。受托人应当保证受益人的人身安全,生活环境的整洁,并使其尽可能地享受高品质生活。如果没有对受益人个人情况的了解,受托人不可能实现这些目标。受托人在信托成立初期,应当对受益人进行评估。评估包括对受益人的身体和精神状况、与家人的联络状况、生活条件、医疗保健、财务状况、实际及可能获得的公共福利资格、情感状态和社交需要。[①] 受托人可选择亲自进行评估,或雇用第三者,例如社工或护工,探访受益人,并向受托人汇报有关受益人的情况和需要。如果受托人无法完成评估,受托人必须聘请专业人士评估受益人。

3. 受托人权力的约束

特殊需要信托受益人对受托人的权力束缚表现如下:第一,受托人须以身心障碍受益人利益最大化来行使权力。特殊需要信托设立目的是利用信托架构全面改善身心障碍者的生活品质。受托人应当遵循受益人利益最大化原则来管理信托财产,信托财产的消费必须是合理且有必要的,并应向受益人转交信托利益。第二,受托人须保障剩余受益人的受益利益。存在剩余受益人的特殊需要信托中,必须包含"返还"条款。受托人有义务保证在受益人去世后,留有剩余财产用于补偿医疗补助费用。但是特殊需要信托为身心障碍者提供医疗救助外,首要的是提高生活质量。只要该受托人谨守一般信义义务和特殊信托受托人的特殊义务,为受益人改善生活品质,满足受益人的正当需求,若受益人逝世后,剩余财产不足以补偿政府医疗救助费用,也不会被认定违反信托目的。第三,受益人有权监督受托人管理财产。各国信托法都赋予受益人一定的监督权。受托人作为整个信托财产的管理者,其权利存在滥用的可能,受益人对受托人管理财产权力的监控至关重要。受益人有权利要求受托人对任何违反信托的行为进行补救,要求受托人对其不诚实或不可免责的能力欠缺而引起的收益或本金损失进行赔偿,对任何他们可能从信托中未获授权而取得的利润予以返

---

① See Ruthann P. Lacey & Heather D. Nadler, "Special Needs Trust", *Family Law Quarterly*, Vol.46, No.2, 2012, Vol.46, 2012, pp.247, 264.

还。受益人的监督可及时纠正受托人的不当行为。但考虑到受益人行为能力欠缺的可能，监督信托事务的权利大多由剩余权益受益人（政府）行使。①

二 资产保护信托

对需要持续性的医疗护理的老龄人来说，辅助生活设施和居家辅助器材的成本高昂，根据 2019 年 Genworth 调查报告显示，日均护理成本超过 247 美元，而且某些大城市可能高出更多。② 因此，需要资产保护信托解决老龄人照护问题。

美国为 65 岁以上老龄人所设立的联邦健康照护计划之医疗保险仅能覆盖养老院费用。如果一位老龄人使用短期康复设施，③ 联邦和州共同计划的医疗补助保险可以补足此差额。④ 但为了取得医疗补助保险的资格，每一位老龄人的全部可计算的资产包括银行账户里的现金存款加上投资如共同基金、股票和债券，不可以超过 2000—3000 美元，具体数额由各州规定。⑤ 结果，人们常常会用尽所有积蓄以获取医疗补助保险金，这使得他们难以将资产留给亲属或抚养有特殊需要的遗属。有幸的是，这可以通过将资产移转于信托来解决，这样老龄人可以享受医疗补助保险的同时，将其一定比例的财产留给至亲的人。

医疗补助保险可以对那些需要依靠辅助生活设施的人提供相当大的帮助。然而，想获得资格仅仅是在几乎没有资产的情况下。通过将资产移转于不可撤销信托，人们既可以有资格获得医疗补助保险又可以保留部分资

---

① 参见陈雪萍、张滋越《我国成年监护特殊需要信托制度之构建——美国特殊需要信托制度之借鉴》，《上海财经大学学报》（哲学社会科学版）2020 年第 1 期。

② Genworth. "Cost of Care Survey", https://www.genworth.com/aging-and-you/finances/cost-of-care.html, on May 21, 2020.

③ Centers for Medicare and Medicaid Services, "What Part A Covers", https://www.medicare.gov/what-medicare-covers/what-part-a-covers, on May 21, 2020.

④ Centers for Medicare and Medicaid Services, "Nursing Facilities", https://www.medicaid.gov/medicaid/long-term-services-supports/institutional-long-term-care/nursing-facilities/index.html, on May 21, 2020.

⑤ U.S.Department of Health and Human Services, "Financial Requirements-Assets", https://longtermcare.acl.gov/medicare-medicaid-more/medicaid/medicaid-eligibility/financial-requirements-assets.html, on May 21, 2020.

产给至亲的人。现在，医疗补助保险设置了5年的"回顾"期，在此期间当事人申请医疗补助保险前5年内移转至信托的任何一笔资金均可能推迟获得医疗补助保险的福利。

（一）保留财产及救助资格

设立资产保护信托有两种类型：可撤销信托和不可撤销信托。可撤销信托是可以撤销的，因此，医疗补助保险会考虑将此账户中的资产复归于设立信托账户的人所有。如果此数额超过了可计算资产的限制，那么，此人就不可以获得资助资格。[1] 不可撤销信托可以有效地使老龄人移转其资产给受托人，以获得医疗补助保险资格。[2] 但由于有5年的回顾期即在当事人申请医疗补助保险前5年内移转于信托的任何资产均会推迟获得福利的资格，因此，存在一个时间差。推迟的期限，被称为"处罚期"，根据相关区域护理的医疗补助保险的"地区比率"所交付基金的价值进行分割后来确定。[3] 例如，某个地区的月地区率是10000美元，一个人在入住养老院之前将100000美元移转于信托，此人就没有资格获得总共10个月的医疗补助保险的支援。在此情况下，此人（尤其其家庭成员）在医疗补助保险开始覆盖护理费用前得自己掏钱支付养老院的费用，结果放弃了将100000美元移转于信托的优势。相反，如果此人在5年前就将资产移转于信托，他或她直接就可以取得救助资格。[4]

（二）保护信托的其他优势

保护信托提供了许多其他优势：其一，信托财产权的独立性使信托财产的安全性较之于直接移转给其家庭成员更为安全，因为家庭成员更容易因诉讼、离婚或其他问题而使财产产生风险。其二，信托资产具有节税的

---

[1] U.S.Department of Health and Human Services, "Financial Requirements-Assets", https://longtermcare.acl.gov/medicare-medicaid-more/medicaid/medicaid-eligibility/financial-requirements-assets.html, on May 21, 2020.

[2] Social Security Administration, "SI 01730.048 Medicaid Trusts", https://secure.ssa.gov/apps10/poms.nsf/lnx/0501730048, on May 21, 2020.

[3] Centers for Medicare and Medicaid Services, "Important Facts for State Policymakers: Deficit Reduction Act", https://www.cms.gov/Regulations-and-Guidance/Legislation/DeficitReductionAct/downloads/TOAbackgrounder.pdf Pages 1-2, on May 21, 2020.

[4] Centers for Medicare and Medicaid Services. "Important Facts for State Policymakers: Deficit Reduction Act", https://www.cms.gov/Regulations-and-Guidance/Legislation/DeficitReductionAct/downloads/TOAbackgrounder.pdf Pages 1-2, on May 21, 2020.

功能，相反，在所有权人有生之年，简单地进行资产赠与就会产生税赋负担。譬如，一位当事人最初用 5000 美元购买股票，当信托受益人继承时价值 10000 美元，在这种情况下，股票的基数为 10000 美元，如果受益人是以赠与的方式获得，当时原所有权人还在世，他们的基数为 5000 美元，后来，如果股票以 12000 美元出售，如果此人以信托方式承继，只需对 2000 美元之所得缴纳税金，而如果他通过赠与的方式获得的股票，那么，他就得按 7000 美元的所得缴纳税金。易言之，通过信托取得的资产的税金大大减少了。通过将不可撤销信托与购买年金结合，许多人仍然可以保留 40%—50% 的资产。① 其三，可撤销信托可以发挥监护替代的作用。当委托人有判断能力时，保留给委托人极大的权限。此种信托通常采用宣言方式设立，委托人保有撤销权与变更权，随时有可能撤销信托，在委托人去世前变更受益人。信托财产的收益在委托人生前均归属于委托人，委托人死亡后归属于受益人。当委托人兼任受托人时，信托文件对委托人死亡或丧失能力由何人担任后续受托人予以明确规定，当委托人丧失能力后，后续受托人享有自由裁量权，为委托人管理财产，照护其身上事务。在委托人丧失能力或死亡前，受托人行使权力须遵守委托人指示。譬如，夫 A 和妻 B 以宣言方式成立了可撤销的生前信托，A 和 B 为共同受托人，并指定女儿 C 和银行 D 为继任共同受托人，C 为第二序位受益人。数年后 A 去世，B 卖掉共同生活的房子而改租较小的公寓，将余下的价金移转于信托，几年后，C 罹患疾病，由于委托人保留了撤销、修改信托和信托受益权之权力，B 考虑 C 之状况，决定修改信托条款除去 C 之共同继任受托人的资格。后 B 因年事已高而罹患失智症，住进养老机构。后 B 完全丧失意思能力，D 继任新受托人职位。如果 B 不需要开始监护程序，其财产由 D 负责管理，D 用信托财产支付 B 的生活费用和养老机构的照护费用。B 在丧失能力前，指定 C 享有医疗决定权。B 去世后，D 依照信托条款之规定，将信托财产交付给受益人 C。由于可撤销信托具有遗嘱替代之功能，若预先设定了可撤销信托，则无须开启监护程序。其四，当受益人之债权人追索至信托利益时，或受益人转让其信托利益时，受益人对信托项

---

① Enea, Scanlan, & Sirignano, "When is a Crisis a Medicaid Crisis?", https：//www.esslawfirm.com/articles/when-is-a-crisis-a-medicaid-crisis/, on May 21, 2020.

下的受益权立即停止享有，或保护信托自动转成自由裁量信托。[1] 委托人可以在信托文件中规定受益人的信托利益终止时，整个信托终止，信托财产或信托利益归复于委托人，或对受益人那部分利益进行变更，使受益人转变为原来受益人以外的人，这主要是防止欺诈。保护信托通常与自由裁量信托并用，当受益人自愿或非自愿移转信托利益时，保护信托自动转换成自由裁量信托，这样，受益人的债权人就无法对其信托利益进行追索。

（三）选择恰当的受托人

精心设计的信托不仅可以保留个人资产，而且可以赋予受托人以自由裁量权，由受托人来分配资产给受益人，受益人可以将其用于老龄人的福利。出于此种考虑，需要任命可靠的人作为受托人。[2]

根据信托法理，对信托财产不享有信托利益但有权取得信托财产的受托人可以避免利益冲突和道德风险，又被称为"独立受托人"，而受益人的家庭成员不适合担任独立受托人。独立受托人有能力判断受益人生活费用需求及该受益人的其他需求，对情绪化主张保持客观态度。

三　不可撤销的人寿保险信托

（一）人寿保险信托之功用

许多人购买人寿保险旨在去世后来照顾他们的遗属。人寿保险信托合同中除应记载当事人、信托财产、信托目的外，信托当事人自认为重要的事项也可以记载。美国人寿保险信托依委托人是否可撤销信托，分为可撤销保险信托（revocable life insurance trust）及不可撤销保险信托（irrevocable life insurance trust）。不可撤销保险信托是指被保险人没有保留保险单所有权所附随之权利（incidents of ownership），包含持有保险单之放弃权、保险单受益人之变更权、保险单之解约权、保险单之转让权、保险借款权等。

可撤销人寿保险信托虽然较有弹性，但是无法达到节税目的。不可撤销保险信托的委托人不得任意撤销信托合同，但它具有极大的优势，保险金不计入被保险人死亡时总遗产，可免征遗产税，美国的大部分人寿保险

---

[1] 方嘉麟：《信托法之理论与实务》，元照公司2003年版，第133页。

[2] Greg Daugherty, "Asset Protection Trusts: Help For Seniors", https：//www.investopedia.com/articles/personal-finance/110514/asset-protection-trusts-help-seniors.asp, on Jan, 19, 2020.

信托是不可撤销人寿保险信托，其考量无外乎是节税。

许多人寿保险的投保人只关注保险单的利益，以至于他们忘记考虑可能的缺陷以及如何解决。人寿保险的赔付往往是成百上千美元，甚至是更多。当受益人一次性收到这么多现金时，他们不知道如何管理。即使是有经验和精心筹划的人也很难管理获得的这种利益，也难以合理使用这些利益。

有些人可能想成为保险单的受益人，也就是接受医疗补助或其他政府福利的人。如果他们突然收到人寿保险支付，就立即失去获得这些福利的资格，除非他们将所有赔付的保险金花完。

如果委托人有足够多的遗产，就可能担心遗产税，委托人的人寿保险收入可能会增加到他们的遗产中，产生遗产税。对于拥有大量人寿保险和已拥有大量遗产的人来说，保险单利益可能会导致意外的税收负担。这可通过设立一个不可撤销人寿保险信托即可解决。委托人将保险单的所有权转移到信托，然后选择受益人和受托人。委托人可以就资金如何以及何时交付给受益人作出具体的指示。这意味着委托人在需要的时候可以控制收益的分配，而不是一次性付款。在保存资金的同时，保护获得公共利益的受益人。不可撤销人寿保险信托可以减少委托人遗产的规模，减少税赋。这涉及一些技术问题，保险金不包括在委托人的应税遗产中。由于委托人不再是保险单的所有者，不能支付保费，这需要由受托人支付。保费是通过信托受益人每年的赠予税减免来支付的。有许多技术要件来满足美国国税局的规则，并防止纳入委托人的纳税遗产。

不可撤销人寿保险信托意味着委托人永远不能将寿险保单所有权从该信托中转移。分配收益时，信托持有保单，委托人被赋予更大的控制权和灵活性。

（二）不可撤销人寿保险之运作

一旦人寿保险单成立不可撤销人寿保险信托，委托人须将所有的保险单利益移转于受托人，指定的受托人即为保险单所有权人（owner）及保险受益人（beneficiary）。不可撤销人寿保险信托将保险单移转到信托，使保险单成为信托财产。若旦将保险单移转于信托后，被保险人即不得对保险合同主张任何利益。而受托人成为名义上所有权人，可以管理并分配基于保险合同所产生之利益，此种形式的保险信托具有节税的效果。但若受托人只是被指定为保险合同之受益人，而投保人仍保有保险单之所有权时,此为可撤销保险信托,其优点是投保人仍可行使变更受益人或改变合同内容的权限,但其无节税之效果。

受托人是保险信托关系中的重要当事人,若受托人选择恰当,则委托人相对有保障。为了保障委托人之利益及达到节税的目的,许多人一般设立不可撤销保险信托。既然不可撤销保险信托具有不可撤销性,此信托之委托人对信托财产未保留任何实际权利,保险单以及保险金请求权交由受托人管理和运作。受托人的选择十分重要,如果选择不良的受托人,委托人将会遭受更大的损失。受托人可能是个人也可能是公司,但不论何种模式,受托人须胜任履行信托之职责。

委托人通常会在保险信托合同中明确受托人之权力,委托人确定受托人对信托事务管理权的范围,受托人须依信托合同之规定行使权力,进行管理和运作。若委托人未在信托合同中规定受托人的权限范围,则受托人可以将信托财产进行各种投资运用,包括投资不动产、股票、债券,甚至为受益人购买保险等。当然,高风险,高收益。委托人应考量设立保险信托的目的,再确定受托人的权限范围。

保险事故发生前,大多数委托人通常仅向信托账户移转足够缴纳保险费的资金,原因是避税。如果保险信托之财产金额过高,常常会被视为为了委托人利益的信托,其产生的利益会被课税。[①]

具体操作程序如下:被保险人(老龄人)在办理投保体检时,向美国国税局(IRS)申请一个信托账号,凭此账号,向银行申请开立信托账户并签订保险信托合同设立信托。据此信托合同,委托人为老龄人,受托人为信托机构,受托人只能按信托合同所规定的方式来管理财产。"缴纳保费"就是管理信托财产唯一的方式或方式之一。保单的投保人及受益人为受托人,将来发生理赔直接转入信托账户,按照委托人的意愿管理及运作。

四 监护信托与支援信托

(一)监护信托

财产监护信托是立法承认的不可撤销信托,此制度关注"受益人利

---

① 郭奇坤:《保险金信托有关问题之研究》,硕士学位论文,长荣大学,2008年,第855—889页。

益"而非"委托人"的利益。它吸收可撤销信托的优势,在"受益人"尚有判断能力时,保留给受益人很大权限,直到受益人失去能力后,受托人才获得自由裁量权。美国将法定监护作为最后手段,在充分尊重当事人意思的基础上,将信托与法定监护、持续性代理权并用,调整权限,加以明文规范,以确保本人意愿获得尊重。

法定监护、意定监护与可撤销信托并用,可以产生一种广义的监护信托。在意定监护的情形中,只要当事人进行了书面的明确的授权,监护人可以设立、撤销或修改可撤销信托。意定监护人取代了委托人的地位,可以指示受托人如何管理财产如何行为。如果其他利害关系人认为意定监护人的行为违反了本人的最佳利益,则可以向法院申请法定监护。

在法定监护的情形下,监护人在通知利害关系人以及获得法院许可后,可设立可撤销信托或者不可撤销信托,若设立可撤销信托,监护人可以行使原本由被监护人行使的撤销或修改权。如果本人已有意定监护合同,但其范围未涵盖本人所有需求,可就未涵盖的部分设立法定监护。法定监护人应获得法院许可,才可以撤销或修改意定监护合同;如果意定监护已开始并生效,那么意定监护人的决定优先于法定监护人。

如果本人未能在丧失判断能力前设定意定监护信托,法定监护或意定监护开始,那么仍可以由法定监护人或意定监护人代理本人设立信托,将监护与信托并用,此时监护人有义务监督受托人。监护人及受托人与本人之间均存在信义义务关系。法定或意定监护人可以监督受托人依照谨慎受托人标准履行信托事务,受托人也可将信托事务委托给其他专业人士,但受托人须对其他专业人士的行为承担信义义务:受托人须依信托目的明确委托的范围;须定期监督受委任人的行为是否遵循相关法律等,否则,受托人须对其行为承担责任。监护人亦可将其投资和管理事务设立信托,由受托人来处理,如果监护人在受托人的选任、权限范围以及监督上没有违反信义义务,那么就不会因管理不善而被追究责任。

(二)支援信托

支援信托是用来照顾受益人,支付其生活费用的信托。支援信托的受益权仅限于受益人生活,允许受益人转让受益权会违反信托本旨。只要委托人的意图是将全部或一部分信托利益作为生活费用,则对该生活所需部分可成立支援信托。

支援信托旨在禁止受益权自愿或非自愿转让,受益权范围限于必需的生活费用支出，支援信托非自益信托，而是他益信托。有关生活必需之标准与每一位受益人的经济地位与物质需求相匹配，每位受益人被分配的利益多寡取决于其生活所必需之标准。支援信托受托人对信托利益的分配享有自由裁量权，受益人对受托人分配信托利益的请求权受到一定的限制，只有当受托人不分配信托利益使受益人生活需要无法得到满足时，受益人才可以请求分配信托利益。①

支援信托之支援包括受益人对其配偶之扶养义务，如果信托条款没有作出相反规定，受益人获得的生活费用之支援包括对其配偶的生活支援，② 这种信托非常适用于高龄少子或高龄无子的老龄夫妻。

五　美国信托制度可资借鉴之处

（一）特殊需要信托之监护功能发挥

1. 特殊需要信托之模式

美国的三种模式有其独特的价值，补偿信托可以将因侵权事件导致身心障碍的成年人的赔偿金进行充分管理和利用；集合特殊需要信托可以减轻专业受托人的费用，将多个信托资金汇集起来，利于信托财产的投资增值；第三方特殊需要信托可以使父母的遗产得到充分分配和运用，以保障家庭成员去世后身心障碍者成年人的生活。③

2. 特殊需要信托制度与成年监护的契合

美国特殊需要信托常常被用来替代监护制度，为残疾人进行遗产管理、生活照顾和保留福利资格。得克萨斯州《财产法典》（The Texas Estates Code）第1301条规定，准许法庭为无行为能力的个人设立特殊需要信托，但该信托必须符合该残疾人的最佳利益。该种替代监护的信托不受法院监督，尤其适合于行为能力丧失、不能处理自己事务、没有预先设计替代监护方式且又极不愿意设立监护的人。④ 由于社会结构使成年监护

---

① George T.Bogert, Trusts, (6th edition), St.Paul: West group, 1987, pp.162-163.

② Paul G.Haskell, Preface to the Law of Trusts, New York: The Foundation Press, 1975, p.37.

③ 参见陈雪萍、张滋越《我国成年监护特殊需要信托制度之构建——美国特殊需要信托制度之借鉴》，《上海财经大学学报》（哲学社会科学版）2020年第1期。

④ 孙海涛、曲畅：《财产信托制度在美国成年监护制度中的应用》，《北京工业大学学报》（社会科学版）2010年第2期。

具有社会化、专业化、职业化的优势，不再囿于家庭内部，需要社会更多的参与。特殊需要信托专业受托人为被监护人提供专业化的服务，恰好地满足老龄人对监护事务专业化以及监护人职业化的需求。

3. 满足失能失智老龄人需求

特殊需要信托具有普通信托的灵活性和多功能性，信托的财富传承、财产管理、安全保障和社会福利与公益事业的促进功能，与成年监护的需求不谋而合。首先，特殊需要信托一方面可以预防老龄人丧失行为能力后无人照顾，符合老龄化需求，也可以消除当前监护对象不包括"失能"老龄人的阙漏；另一方面可以保证在家庭成员去世后，身心障碍老龄人的生活可以继续得以维持。其次，特殊需要信托可用于满足身心障碍老龄人的各种需要，能够较好地为老龄受益人提供照顾及娱乐等多方面的服务，提高受益人的生活质量。信托公司可以通过起居、社交、保健、教育以及休闲娱乐等方面的特殊需要信托消费产品设计，为丧失行为能力老龄人提供更好的服务体验，推动银发经济的发展。再次，社会救助往往无法满足身心障碍老龄人的全部需求，特殊需要信托通过对信托财产的运作，使其保值增值，从而获得更多的资金来补充受益人的其他需求。同时，更多的剩余信托资金能够通过"补偿条款"减轻政府的财政负担。最后，基于信托财产的独立性，信托财产较之于监护财产，在保护身心障碍老龄人财产权益方面更具优势。独立性使信托财产免受三方当事人（委托人、受托人、受益人）及其债权人的追索，而监护财产的排他效力明显劣后于信托财产，监护人形式上占有该监护财产，享有权利外观，存在不当处分之虞。监护人若违背监护人之宗旨，侵占被监护人的财产，或侵占后将其转化为其他财产形态，被监护人不能或无能力追及自己被侵害的财产，财产安全难以获得保障。[①] 然而，如果受托人违背替成年障碍者妥善管理财产的义务，未将财产用于提高其生活质量，而是将财产挪作他用，为自己牟利，则他不仅需要承担信义义务违反的责任，而且需要在其同时担任监护人的情况下，还要承担违反监护义务的责任。此外，英美推定信托制度能够有效救济受托人违反忠诚义务或违反良心的不当行为，要求受托人返

[①] 参见陈雪萍、张滋越《我国成年监护特殊需要信托制度之构建——美国特殊需要信托制度之借鉴》，《上海财经大学学报》（哲学社会科学版）2020年第1期。

还财产及孳息,并弥补给成年障碍者所造成的损失。① 基于信托财产的物上代位性以及信托受益人权利的追及性,受益人可以追及至任何财产形态和任何人手中(善意第三人除外)。

(二) 资产保护信托之财产与救助资格保留

美国的资产保护信托可以有效地解决老龄人照护问题,尤其对需要持续性医疗护理的老龄人,可以解决其医疗护理费用高昂的难题。② 人们将资产移转于信托,在不丧失获取医疗补助保险金的同时,还可以将资产留给亲属或抚养有特殊需要的遗属。这样,使老龄人保留财产而不取消救助资格。资产保护信托有两种类型:可撤销和不可撤销信托,根据当事人的需要来选择。此信托还具有其他功能:安全性、节税和监护替代的功能。

(三) 人寿保险信托之财产与税赋规划

保险信托可以预先规划并管理及运用理赔所得的保险金,以落实保障老龄人设立信托的目的。保险信托具有如下优点:

第一,受益人仅享有利益,无须亲自操心保险单的管理和将来保险金请求权的行使。受托人提供专业的财产管理服务,以减轻受益人自行管理运用之负担。

第二,利用信托财产之独立性,保护保险金不受当事人债权人之追索。

第三,实现委托人之特定目的。委托人是为受益人之利益购买保险,担心受益人取得保险金后,无法有效管理运用该保险金,可通过设立信托的方式,受托人代缴保险费与管理保险单,使保险合同不因保险费交付中断而失效;对于将来取得的保险金,不因受益人管理不当而造成损失,使受益人实质上可以获得利益。

第四,进行财产规划与赋税规划。美国的人寿保险金须课税,信托则享有赋税优惠,通常人寿保险信托被用于财产规划。我国对人寿保险金无须课税,但可利用人寿保险信托财产规划之优势,达到财产规划或节税目

---

① 参见陈雪萍《推定信托的修正正义与修正正义的推定信托制度之借鉴——以攫取公司机会行为的修正为例证》,《上海财经大学学报》2018年第4期。

② Genworth, "Cost of Care Survey", https://www.genworth.com/aging-and-you/finances/cost-of-care.html, on May 21, 2020.

的。我国目前还没有开征遗产税，人寿保险金是一笔重要的"遗产"，若将来我国开征遗产税，保险金将会被征税，利用人寿保险信托可以节省遗产税。

（四）监护信托与支援信托之身心照护需求的保障

信托不因委托人死亡或丧失行为能力而终止，受托人须依照信托目的继续管理财产，具有规划生前财产和死后遗产的功能。受托人负有严苛的信义义务，可避免近亲属担任监护人或代理人时滥权，为受益人提供全面的保护。高龄委托人兼受益人丧失行为能力后，受托人须遵循信托目的，结合社会需求妥适地管理、运作信托财产，实现长期安养照护、医疗护理、财务管理和财产管理等目的。信托更为弹性化的功能可因应高龄者身上照护需求，为其提供有力的保障。

第三节 日本信托法制之经验

一 福祉型信托

（一）福祉型信托的社会需求

日本是人口超高龄国家，根据日本国立社会保障·人口问题研究所之"人口年龄结构指标：1884—2014年"，自1970年起，日本65岁之人口占人口总数7.1%，开始进入"高龄化社会"；1995年，65人口之已占日本人口总数14.6%，进入"高龄社会"；2005年，65岁人数之占总人数20.2%，开始进入"超高龄社会"。日本学者正视高龄人口剧增之现实，在相关法规与制度中，针对高龄者财产管理与身心照顾之机制进行检视，通过专业之支援或法人机构等亲属以外之第三人，将身照护心与财产管理之功能进行活化与综整。[1]

在积极老龄化背景下，高龄人口在各方面都优于主流价值界定的"积极人口"，高龄人口系属禀赋潜力十足，待开发的公优材料（merit-goods），高龄社会的价值与政策思维对高龄化社会或许是契机，而非危机。随着人口高龄化之全球性浪潮袭来，出现的问题各种各样，从社会、

---

[1] 李智仁：《高龄化社会与信托制度之运用——日本经验之观察》，《月旦财经法杂志》2013年第32期。

经济和法律等各个层面进行综合思考十分重要。依据日本总务省之统计，截至 2011 年 10 月底的最新统计，以日本人口计算，65 岁以上之人口已占全休日本人口之 23.48%，已步入超高龄社会。

日本于 2000 年导入新的成年监护制度，利用信托意思冻结功能（不因委托人意愿能力丧失或死亡而影响信托目的之贯彻），受益人连续性功能（信托目的确定之时，约定信托受益权未来可依序归属于连续指定的多数受益人），以使信托目的获得长期落实以及利用受托人裁量功能（因委托人考虑尚未发生但可能发生之情事，授权于受托人视情况选择最匹配之受益人，使其享有信托受益权与信托利益），对高龄者之财产管理和身心照护发挥重要的对策效益。

（二）福祉型信托的信托类型

信托具有长期管理财产的功能、私益财产与公益财产的转换功能，另外，长期管理财产的功能、意思冻结功能和受益人连续性功能及受托人自由裁量功能等有益于解决老龄安养照护问题，实现委托人设定的安养照护目的。①

高龄化社会需要运用兼顾高龄者财产管理与身心照护之阶段性工具，因应高龄者财产管理与身上照护的双重需求，以高龄者生命曲线以及意思能力状况为综合考量，以高龄者意思能力尊重为前提，日本的信托业活用信托制度，利用"福祉型信托"以满足高龄者财产管理与身心照护之高度需求，通过高龄人"福祉型信托"之财富规划与财产运用，最终解决老龄人安养照护问题。

因应即将到来的超高龄社会状况，2006 年日本信托法修正以往不适宜之规定，针对高龄社会发展趋势，提出应对之规范，创设了诸种信托类型，以支援高龄者或身障者生活为目的，统称为"福祉型信托"。

扶持高龄者或身障者生活为主旨的福祉型信托以高龄者或身心障碍者的生活支援为目的，但信托商品设计架构必须符合福祉型信托的四个特征②：第一，受益人有现实之需要；第二，委托人具有小额的财产；第

---

① ［日］植田淳：《高齢社会の到来と信託の活用：期待される信託の 機能についての》，《神戸外大論叢》，2005 年第 56 卷，第 3 号。

② 李智仁：《高龄化社会与信托制度之运用——日本经验之观察》，《月旦财经法杂志》2005 年第 32 期。

三,财产管理与身心照护兼顾;第四,应尽力与其他福祉措施联动。这些福祉型信托具体类型主要有:

1. 不动产管理信托

不动产管理信托是以不动产作为信托财产,由受托人将该财产之管理收益用于高龄者安养照护目的的信托。伴随高龄化来袭,高龄者(尤其是独居之高龄者)无法自己管理财产并将其用于自身之安养照护,而有赖于信托制度支援,因现实需求明显增加,在实务上产生不动产信托之风潮。

2. 资金筹措型信托

(1)年金信托

日本的年金信托主要是进行各种退休金的管理,以协助委托人和受益人取得安养资金的信托。主要有企业年金信托、厚生年金信托、国民年金信托和个人年金信托等。

(2)不动产担保年金式信托

受托人管理作为信托财产的不动产,实际上通过信托方式将该不动产进行融资,保障高龄者取得所需的日常生活费或医疗费。但此种信托复杂度较高,前提是该笔不动产必须能够设定抵押。类似于不动产抵押贷款与信托之结合。

3. 遗嘱代用信托

《日本信托法》第 90 条及第 148 条规定,遗嘱代用信托是以委托人死亡为前提,以指定的受益人取得受益权为目的所设立的信托,旨在代替遗嘱以达到财产分配之效果。遗嘱代用信托有与遗赠或死因赠与类似的机能,委托人在自己死亡前可以随时撤回,也有权变更受益人。此等信托也与任意监护制度形成联结。遗嘱代用信托仍属于生前信托,可以为自益和他益两种类型。自益遗嘱代用信托之委托人可指定自己为受益人之一,指定他人如配偶、子女等亲属为共同受益人。高龄委托人设立信托后,自己为受益人,可以指示受托人管理运用信托财产,可行使变更、撤销权,待去世后由其指定的受益人取得受益权。他益遗嘱代用信托之委托人去世前受益人不能行使权利,此种信托是以委托人死亡为条件,条件成就时,受益人方能从信托财产上获得信托利益。

4. 受益人连续型信托

《日本信托法》第 91 条规定受益人连续型信托,受益人死亡后,该受益人所享有之受益权消灭,由他人重新取得信托财产之受益权,此信托是日本 2006 年修订信托法时所增订。此种信托可以满足老龄人安排后续照顾亲属及财富传承之需求,可以忠实地实现高龄者订立信托之初衷。此类信托也有助于解决老龄人安养照护问题,譬如,高龄夫妇之一方作为委托人将所有之不动产出租所得作为信托财产而设定信托,目的是以租金收益支付受益人之安养照护和医疗护理等费用,由夫妇之另一方作为第一顺位受益人,由其他亲属作为第二顺位受益人,受益人按合同约定的顺序按次序继受权利,以满足老龄人依次序照顾亲属(自己、配偶、子女等)之安排以及安排家产继承等策略。

5. 遗嘱信托

遗嘱信托较尊重高龄人生命终期之意念。日本高龄社会来临,遗嘱信托日渐受到重视,其利用得以提升。遗嘱信托可用于高龄人的配偶和失能失智老年人或子女的照护。

6. 担保型信托

(1) 入住款保全信托

日本老龄人安养机构入住款保全信托是依照老人福祉法,老龄人入住养老院等安养机构时所预先缴付的入住款由安养机构移转于信托账户予以保全的信托。其架构:老龄人安养机构为委托人兼孳息受益人,入住的老龄人为本金受益人,当安养机构发生风险时,入住者委托的代理人认为有必要时指示返还,由受托人将所预先缴付之本金返还给入住者,以达到保全之目的。

(2) 任意监护与裁量信托并用型

此种信托积极运用立法创设的意定监护制度,与信托契合,实现与裁量信托相同的功能。本人意思能力减弱或丧失后意定监护人被课予"本人的身上注意义务",而意定监护监督人有防止意定监护人权利滥用之义务,当本人处于被监护的保护状态时,由意定监护人代替本人为意思决定,此时如果社会福利机构能成为意定监护人,则本人失能失智后更具有安全性。它实质上是发挥与裁量信托相同功能的新机制。[①]

[①] [日]新井诚:《成年监护法及信托法的现状及展望》,黄诗淳译,载陈自强、黄诗淳主编《高龄化社会法律之新挑战:以财产管理为中心》,元照出版公司 2014 年版,第 33 页。

(3) 法定监护与裁量信托并用型

老龄人将自有财产设定自由裁量信托，以自己、配偶作为受益人，待设立信托老龄人失能失智时法定监护开启，监护人与裁量信托受托人可以相互合作，对受益人的身上监护方面之生活支援具有相当助益。这样，借由活用法定监护结合裁量信托，将监护制度和信托制度机能结合，可强化老龄人监护的因应措施。将信托与本人生活支援相关的监护制度合并，能发挥更大的功能和作用。

7. 其他类型

将个人年金与信托结合，或将储蓄与信托结合之信托。伴随高龄化社会日趋深化，加上信托本身所具备之弹性与变化，福祉型信托的设计可千变万化。

二 成年监护制度支援信托

日本最高法院与信托协会合作，在 2012 年开始施行"后见（监护）制度支援信托"，由法院指示专业信托机构介入受监护宣告者的大笔财产管理。监护制度支援信托制度由日本创设，据日本家庭法院的统计，从 2011 年起日本的监护人特别是亲属监护人所实施的对老龄人人身和财产侵害行为愈演愈烈，通报件数逐年递增，至 2014 年达到巅峰为 831 件，财产损失总额数高达 56.7 亿日元（约 3.4 亿人民币）。为了防止亲属监护人的滥权行为，根据日本最高裁判所的提议，日本从 2012 年起开始将"监护制度支援信托"导入监护开始的审判。[①]

（一）成年监护制度支援信托之内涵

日本成年监护制度支援信托以保护本人的财产和稳定生活为目的，将接受监护制度支援者（即本人）的财产中足以支付日常生活开支的金钱，作为存款等留在监护人的管理之下，将通常不使用的资金信托给信托银行等机构。[②] 在本人有一定财产或者收受巨额财物的情况下，有必要妥善管理和使用个人财产，以保护个人的权益，是妥善管理和利用本人财产的方

---

① 参见顾丽萍《监护支援信托制度简析——全国首单监护支援信托落地》，载微信公众号"融孚法律资讯"，https：//mp.weixin.qq.com/s/7jyvGaFrvVmK85GPwJn4yA，2020 年 5 月。

② 参见［日］浅香竜太、内田哲也《後見制度支援信託の目的と運用について》，信託 250 号，2012 年，第 14—21 页。

法之一。除了适当管理和使用信托财产这一事实外,由于许多财产都是作为信托财产进行管理的,监护人必须直接管理的财产数量减少了,监护人的负担减轻了,家庭法院报告也更简便,也增加了财产管理的透明度。委托给信托银行等的资产与信托银行等最初拥有的资产分开处理(信托财产的独立性),即使信托银行破产,也不会将信托财产用于偿还信托银行的债务。信托银行等必须尽金融机构通常所期待的注意义务管理信托财产。经营出现亏损,信托银行等倒闭时,信托银行等有时无法保障本金。即使在这种情况下,根据存款保险制度,本金最多可以保障1000万日元。[1]

委托人对超过日常生活所需的一定金额的现金、存款等,与信托银行签订信托合同,签订信托协议前,任命一名专家监护人,由其依本人的财务状况,制订符合未来生活规划的收支计划。设定信托条件,以便信托合同签订后,始终有必要和足够的财产交给执行监护事务的亲属监护人。制订收支计划和设定信托条件基本上是监护人的事务,应利用专业人员的知识和经验。信托银行管理并报告所委托资产的收入和支出,日常生活费用等的收入和支出由亲属监护人通过存款储蓄来管理。当需要专业知识和经验的情况下,专业人员需参与监护事务,但日常生活费的收支管理等不需要专业人员参与。

此类信托需要家庭法院事先发出指示书才能移转信托财产,并通过事先检查来防止不当行为。迄今为止,防止亲属监护人进行欺诈行为的唯一有效措施是专家监护人的持续参与,但是从预防欺诈的角度来看,此类信托被定位为一种新的选择。即使在当前指定亲属监护人的情况下,也可以通过任命专家监护人,利用监护制度支援信托来扩大对个人财产的保护。

(二)成年监护制度支援信托的运作

1. 当事人

日本有监护需求且流动资产超过500万日元(约30万人民币)的人需要利用监护制度支援信托,限于成年法定监护(尤其是失能失智老龄

---

[1] 参见伊室亚希子《後見制度支援信託の概要と考察》,明治学院大学法律科学研究所年報29卷,2013年,第85—92页。

被监护人）和未成年人监护制度的被监护人。① 被保佐人、被辅助人、任意监护制度的被监护人不属于此制度保障之列，因为只存在特定范围的代理权，不适合签订信托合同。

成年监护制度支援信托采取自益信托模式，其当事人有：

（1）委托者兼受益者：被监护人

签订信托合同等法律行为由被监护人的法定代理人即监护人代理被监护人进行。监护人签订信托合同或解除合同时，需要从家庭法院得到指示书，并将副本提交给受托人。

（2）受托人：经营信托业务的金融机构

信托银行等作为受托人进行金钱管理。受托人应履行善管注意义务、忠实义务、分类管理义务等。在营业信托中，受托人须保护受益人利益，根据日本《信托业法》《兼营法》接受当局的监督。为加重受托人的责任，可根据信托目的设计灵活的结构。②

2. 成年监护制度支援信托目的及信托财产的范围

成年监护制度支援信托旨在保护受益人（被监护人）的财产安全，保证生活安定。为了稳定运用本人的财产，信托银行等仅允许利用附有本金保障合同的指定金钱信托，由受托人把多个委托人信托的资金集中起来统一运用，采用同一比例分配给受益人。该信托当初的信托财产为金钱或信托结束时信托财产将转换为金钱，交付金钱给受益人。根据预定分红率受益人获得分红，但不像投资信托那样有期待很高的分红。最初信托财产仅限于金钱，包括现金及解约存款等。③

存款等很有可能被非法使用，通常解约存款后进行信托没有问题。若将解约存款等进行信托并不违反本人的（推定的）意思、利益，则可考虑存款作为信托对象。该判断基于信托财产范围是否违背本人意愿和利

---

① 参见顾丽萍《监护支援信托制度简析——全国首单监护支援信托落地》，载微信公众号"融孚法律资讯"，https：//mp.weixin.qq.com/s/7jyvGaFrvVmK85GPwJn4yA，2020年5月。

② 参见［日］伊室亜希子《後見制度支援信託の概要と考察》，明治学院大学法律科学研究所年報29卷，2013年，第85—92頁。

③ 参见［日］信託協會《後見制度支援信託》，2019年9月發行，https：//www.shintaku-kyokai.or.jp//，2022年1月18日。

益。① 关于监护开始后表明的意向，必须考虑本人的判断能力的程度等，合理地判断其意思。存在对于维持对特定金融机构的存款等有合理理由，从而认定不属于信托对象的例外情况。

股票等金融商品的出售、变卖须根据个案来考虑。对股票，投资信托和政府债券等金融产品，如果将其出售或转换为现金，则可以将其视为信托财产，这将极大地改变本人的财产现状，有必要考虑个别情况。继续持有本人经营的公司股份的情况，基于特殊关系以长期持有为目的取得股票的，除了股票的金钱价值外，应明确有合理理由持有特定股票的情况，可以考虑不出售。另外，为了获取利益，在反复进行市场交易的过程中，暂时持有的上市股票等，考虑到股价动向，包含损失利益等因素，在当时进行出售不是特别不合理的话，通常，不能认定违背本人的合理意思。② 这一点，要根据具体情况，由专家监护人和家庭法院充分交换意见，作出适当的判断。

解除保险或出售不动产均不能作为信托财产。不动产（土地、房屋）和动产（车辆等）不能直接信托，也不能利用成年监护制度支援信托出售。

当明确存在遗嘱时，该遗嘱标的的财产排除在信托标的之外。

3. 运用成年监护制度支援信托的范围

（1）不使用信托的情形

必须任命专家监护人的案件（无论财产多少，都需要专家监护人参与的案件），无须使用信托；有必要对诉讼等进行应对的情况，或者财产结构复杂（如有很多租赁房地产的情况等），需要专业的财产管理知识的，有必要将专业人员选任为监护人。另外，在没有亲属能够委托监护事务时（没有适当的个人监护者或候选监护人在身体上、经济上存在虐待本人的情况等），或者亲属之间有纠纷的，也将选任专业人员为监护人。在这些情况下，不管本人的财产数额如何，都要选择专业人员作为监护人，既然认为可以通过专业人员的选任来保护本人的财产，就没有必要重

---

① 参见［日］伊室亚希子《後見制度支援信託の概要と考察》，明治学院大学法律科学研究所年报29卷，2013年，第85—92页。

② 参见［日］浅香竜太、内田哲也《後見制度支援信託の目的と運用について》，信託250号，2012年，第14—21页。

复使用信托。①

（2）考虑运用信托的情形

实践中对亲属作为监护人的资格存有疑问，本来应该选择专家监护人，但因没有专业人员作为候选人而不得已将亲属选任为监护人，此时应考虑运用信托来防止欺诈。对不需要专门的财产管理知识，有可以委托亲属管理监护事务的，为了使财产保护范围更广，应通过信托或聘请专业人员担任监护人或监护监督人，制定防止欺诈的对策。

采取何种对策来防止亲属监护人的不正当行为需要根据具体情况来考虑，若存在大量不能信托的财产，例如持有大量证券，股票数量越多，无法信托的财产越多，使用信托不合适。在信托不能充分保护本人财产的情况下，信托的利用不当，则应选择将专业人员选任为监护人等来谋求财产保护。这样的事件范围虽然不是根据本人的财产金额来划分，但一般来说，本人的财产越多，就会包含大量股票等不能信托的财产，利用信托不充分的事件就越多。② 在本人的财产以定期存款储蓄等为主的情况下，基本上可利用信托充分保护财产，也可考虑将专业人员选任为监护人等，但在这种情况下，成本方面以及确保充足的供给源方面都是问题。选择专业人员还是利用信托，需要重点考量成本因素。本人财产少的情况，从费用和效果来看，无论是专业人员的参与还是信托的利用都存在困难。

4. 日本成年监护制度支援信托的架构（见图 5-1）

日本成年监护制度支援信托制度仍维持自愿信托、自益信托的构造，缔结信托合同此一法律行为由监护人代本人为之。具体做法系在监护宣告之审理程序中，对于符合一定条件之个案，适用此制度，首先由家庭法院选定律师或司法书士等专家为监护人（或同时选定专家和亲属为监护人），并对监护人发布"指示书"，指示监护人与信托银行缔结信托合同，将本人的现金及存款交付信托，然后，专家监护人辞任，由法院选定亲属监护人继任监护职务，此时，监护人仅负责管理本人日常生活之小额财产，例如受领年金、支付安养中心费用等，若金额不足，亦可设定每月固

---

① 参见［日］浅香竜太、内田哲也《後見制度支援信託の目的と運用について》，信托 250 号，2012 年，第 14—21 頁。

② 参见［日］信託協會《後見制度支援信託》，2019 年 9 月發行，https://www.shintaku-kyokai.or.jp//，2022 年 1 月 18 日。

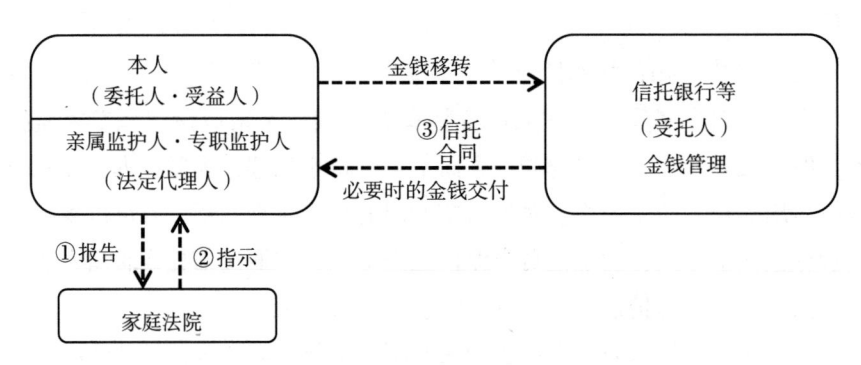

```
       本人                    金钱移转         信托银行等
    （委托人·受益人）    ←---------------→      （受托人）
                               ③信托              金钱管理
    亲属监护人·专职监护人       合同
      （法定代理人）        必要时的金钱交付
         ↑  ↓
       ①报告 ②指示
          ↓
        家庭法院
```

图 5-1 日本成年监护制度支援信托的架构

资料来源：三井住友信託銀行株式会社网站，https://www.smtb.jp/personal/entrustment/management/guardianship/。

定由信托财产拨付特定金额。其特色是缔结信托合同、信托财产定期交付监护人之金额变更、信托财产交付监护人临时金、信托财产追加、信托解约时，均需要家庭法院予以指示。此类信托的设立须专家监护人的参与，因为信托合同内容的评估需要专业知识，这对亲属监护人而言较为困难。专家监护人在契订立完毕后即辞任，回归由亲属监护人来履职。这样的架构中法院的介入和监督更为细致和周到，可以确保信托的妥适性。①

5. 信托合同期限、终止事由

成年监护：被监护人死亡或被监护人的监护经审判取消。

成年监护信托期限，原则上是到本人死亡为止。本人去世的情况下，信托终止，信托银行持有的财产，作为本人的继承财产由继承人继承。

终止事由如下：信托金额不足以一次定期交付金额的情况；信托合同被解除的情况；受托人辞职的情况；适用暴力排除条款的情况。②

6. 专家监护人的参与

为了适当地规定信托的条件等，原则上在监护开始之初由专家监护人参与。专家监护人参与的方法有三种，根据不同情况进行选择。

（1）参与方式

第一，复数选任方式，由亲属和专业人员担任监护人。

---

① 参见黄诗淳《初探我国成年监护与信托之并用》，《万国法律》2014 年总第 193 期。

② 参见 [日] 伊室 亜希子《後見制度支援信託の概要と考察》，明治学院大学法律科学研究所年报 29 卷，2013 年，第 85—92 页。

对于选任的专家监护人，家庭法院可以作出设立信托的书面指示。然后，专家监护人根据对本人财产状况的审查，依将来的生活计划制订收支计划，以免发生计划外支出需要时难以及时支付的情况。根据财产和收支规模，设定信托条件（信托财产及定期存款的金额），使监护人手中有一定的剩余资金。根据未来的生活规划，制订收支计划，设定信托条件，基本上是尊重监护人的合理判断。当专家监护人判断使用信托不恰当时，法院将听取其理由并研究应对措施，但基本上尊重其合理判断。信托合同签订后，如果没有问题，专家监护人经法院批准辞职，由亲属监护人单独负责监护事务。①

第二，继任方式。

首先只选任专家监护人，信托合同签订后由亲属监护人来接替。

第三，监督人方式

将亲属选任为监护人的同时，将专业人员选任为监护监督人，亲属监护人在专业监护监督人的监督下签订信托合同后，专业监护监督人辞任。

(2) 专家监护人的义务

由于需要判断是否适合利用成年监护制度支援信托，在合适的情况下如何处理留在手中的财产等，律师等专业人员将参与其中。但信托合同签订后，财产管理将由亲属监护人接管。专家监护人的具体义务如下：

第一，考虑是否利用成年监护制度支援信托。该专家监护人从亲属监护人那里承继财产，调查个人的生活状况和财产状况，创建财产清单和资产负债表，根据掌握的生活状况和财产状况，考虑是否适合使用成年监护制度支援信托；如果有关于本人财产的遗嘱，则可能不适合使用此类信托。由被监护人亲属告知专家监护人相关信息，包括可能存在遗嘱；如果专家监护人确定适合使用此类信托，则选择合适的信托银行等，在对信托财产金额和定期交付金额等进行分析后，向家庭法院提交一份包含签署信托合同等内容的报告书；如果专家监护人确定不适合使用此类信托，则家庭法院将聆听原因并重新考虑；在申请阶段，如果亲属监护人反对利用信托，但是没有合理的理由，则不能排除运用信托。此时，可能会出现亲属监护人无法履行预期的监护事务，因此，考虑将专家监护人设为持续性监

---

① 参见［日］富山家庭裁判所《後見制度支援信託 Q&A》による，https://www.courts.go.jp/toyama/vc-files/toyama/file/104390.pdf，2020 年 5 月 25 日。

护（监督）人以防止亲属监护人的不正当行为。[①]

第二，向家庭法院提交有关签订信托合同的报告书等。专家监护人对以下事项进行研究并提交报告书，家庭法院对其内容进行确认，最终判断是否适合利用此种信托：

关于信托财产数额等的设定包括亲属监护人管理的存款、每个月住所设施的费用和每天的生活费，应能够用存入亲属监护人管理的储蓄账户的年金等收入和定期交付金额来支付，专家监护人应当保证亲属监护人管理的存款账户基本上包含监护事务的必要经费（专家监护人的预期报酬金额也包含在内），还需考虑在本人有关的临时费用（婚丧嫁娶费，旅费，交际费，非高昂医疗费等）上预留适当的对应金额。为便于亲属监护人管理，存款账户最好尽可能地集中起来。[②]

关于信托财产数额，信托财产额是可以信托的资产额减去亲属监护人管理的存款和储蓄额。

关于定期交付金额，如果预计自己的支出将超过收入，则需要确保从信托财产中定期汇出所需的款项。定期交付金额由专家监护人根据收支计划表中的赤字额来决定。定期交付的间隔（1、2、3、6个月一次），由专家监护人根据亲属监护人手头管理的存款额与每月收支不足的平衡额度及收入的间隔等来决定。

关于追加信托财产，在收支计划表中，在收支预计为顺差的情况下，或者在某个时期确实有大额收入的情况下，由亲属监护人管理的存款和储蓄额将会很多。关于存款金额有望增加时，专家监护人可能会向家庭法院提出意见，要求追加信托财产。[③]

关于信托银行等的选择，专家监护人在选择适合的信托银行时，需要考虑到亲属等人的意见。

第三，关于向家庭法院提交签订信托合同的报告书等。专家监护人须向家庭法院提交关于签订信托合同的报告书。专家监护人考虑使用此种信

[①] 参见［日］富山家庭裁判所《後見制度支援信託 Q&A》による，https：//www.courts.go.jp/toyama/vc-files/toyama/file/104390.pdf，2020年5月25日。

[②] 参见［日］富山家庭裁判所《後見制度支援信託 Q&A》による，https：//www.courts.go.jp/toyama/vc-files/toyama/file/104390.pdf，2020年5月25日。

[③] 参见［日］信託協會《後見制度支援信託》，2019年9月発行，https：//www.shintaku-kyokai.or.jp//，2022年1月18日。

托所需时间取决于各种情况。如果存在诸如保险金和继承分割之类的问题，则在解决这些问题后再提交报告。

（3）信托合同的缔结

专家监护人提交报告书后，家庭法院将立即确认报告的内容，并向专家监护人发出指示。专家监护人应在家庭法院下达指令之日起 3 周内，向信托银行等提交指令副本以申请信托合同，签订合同后迅速向家庭法院提交合同复印件等。

（4）专家监护人辞职，亲属监护人承继财产

①专家监护人辞职

信托协议订立后，如果不再需要专家监护人介入，则该专家监护人有权要求获得报酬，并可在家庭法院的许可下辞任。

②专家监护人报酬的给付

如果对专家监护人的报酬进行了裁判，应从本人的财产（亲属监护人管理的存款）中支付专家监护人的报酬。对专家监护人的报酬金额，由家庭法院考虑专家监护人的工作内容和本人的资产状况等各种情况后决定。

③亲属监护人对财产管理的承继

由于专家监护人会将其管理的财产移交给亲属监护人，亲属监护人应向家庭法院提交监护报告书，以表明其已经接管了监护事务。另外，亲属监护人有必要向信托银行等机构办理监护人变更手续。

（5）成年监护制度支援信托设立的程序

家庭法院判断是否应适用成年监护制度支援信托。家庭法院根据信托财产的数额；亲属监护人是否具备与财产调查、管理和信托合同相关的专业知识和经验等来判断是否应该利用此种信托。律师、司法代书人等专职人员选任为监护人或监护监督人。专家监护人进行判断，考虑决定是否利用此种信托。

专家监护人认为利用此种信托是适当的，应向家庭法院提交关于签订信托合同的"报告书"，家庭法院在确认其内容后，向监护人发出相应的"指示书"。报告书应记载与特定的信托银行等签订信托合同，初始信托财产的金额，定期交付金的金额（监护人后续拟定财产目录、收支计划表后，以此为基础设定），申请合同的期限。

专家监护人应将从家庭法院收到的指示书副本交给受托人，签订信托

合同。

家庭法院将检查监护人提交报告的内容，如果法院认为适合使用此种信托，则会向该专家监护人发出指示。之后，专家监护人将通过向信托银行等提交指示书副本以及其他申请合同所需的文件，缔结信托协议。

信托合同签订后，如果不需要干预，专家监护人就辞任。辞任后，亲属监护人承继财产，接管监护事务。

（6）信托合同签订后的亲属监护人的监护事务

亲属监护人需要申请交付临时资金。亲属监护人管理的存款和储蓄额是在考虑发生计划外支出的情况下确定的，因此，立即付款不会存在困难。但是，在签订信托协议后，由于个人计划外情况，需要大量的特殊费用，如果手头的储蓄和存款无法支付（例如本人突发医疗费用支付），则亲属监护人可向家庭法院申请临时支付款项的报告和证明材料，从家庭法院收到指示后，将指示书副本提交给信托银行等，即可要求临时付款。①

亲属监护人需要申请变更定期交付金额（信托财产的交付金额），如果个人的日常收支状况发生很大变化，并且有必要更改定期交付金额，则亲属监护人应向家庭法院提交有关变更定期交付金额的报告和证明文件，家庭法院会检查报告书的内容，如果判断需要变更定期交付金额，就会发出指示，之后可将指示副本提交给信托银行等，申请变更定期交付金额。

亲属监护人通过继承或保险等获得本人的临时收入，或本人的收支盈余积累，管理的金额较大的情况下，应向家庭法院提交关于在信托财产中追加金钱（追加信托财产）的报告书和证明材料，从家庭法院得到指示书后，可以向信托银行等提交指示副本，申请追加信托。如果信托开始时，由亲属监护人管理的资金盈余已经积累，并且提前确定了追加信托财产的时间，则亲属监护人应主动提交报告。如果不提交，家庭法院会要求追加信托财产。

（7）家庭法院的监护监督

即使是利用此种信托，家庭法院也会对亲属监护人是否在照顾本人身体的同时适当地对监护事务进行必要的监督。但是，由于本人的财产大多作为信托财产进行管理，所以亲属监护人只管理手头的存款和房地产等，

---

① 参见［日］富山家庭裁判所《後見制度支援信託 Q&A》による，https：//www.courts.go.jp/toyama/vc-files/toyama/file/104390.pdf。

监护人进行财产管理和向家庭法院提交报告将变得简便。① 在此种信托中，家庭法院也会根据具体情况进行必要的监护监督。为了能够随时满足家庭法院的报告要求，监护人需要保留资产负债表，保留从信托银行接收的信托资产状况的收据和报告等，同时定期记录本人的身心状况和生活状况。

三 生命保险信托

在日本，"人寿保险"被称为"生命保险"，日本保险信托又称为"生命保险信托"。生命保险信托规划旨在防止保险金浪费、有效管理运用保险金以及为受益人利益使用，这是生命保险信托之主要宗旨，当然委托人亦可利用生命保险信托来规划未来应缴纳之税负。

（一）日本生命保险信托之内涵

日本以人寿保险金作为信托财产所设立的生命保险信托一般属于金钱债权信托，生命保险信托合同之相关内容均不得违背金钱债权信托之原则，而在信托银行受领保险金后，该信托性质即变为"指定金钱信托"，属于金钱信托之一种。

1. 金钱债权信托

所谓金钱债权信托是指委托人（债权人）将其金钱债权移转给受托人，受托人成为名义上之债权人，受托公司对委托人的生命保险负有信托解约证明书、保险证及保险金领取证之返还义务，执行金钱债券之催收、保全、管理、处分，而将所得金钱交付受益人，日本法律对金钱债权之种类并无特别规定。

金钱债权信托设定目的不得违反强制规定或公序良俗，亦不可与信托法和有关税法之禁止性规定相抵触，与诉讼信托、债权人诈害信托等规定相违背，尤其是受理票据债权信托时，受托前须先了解债务人之信用、债务成立之原因、有无担保以及求偿之可能性，对有争议或求偿困难之债权应当避免。

2. 金钱信托

金钱信托是以金钱作为信托财产的信托，信托期限届满，向受益人偿

---

① 参见［日］富山家庭裁判所《後見制度支援信託 Q&A》による，https://www.courts.go.jp/toyama/vc-files/toyama/file/104390.pdf。

付信托财产之本金时，以金钱为给付标的。金钱信托之成立须以金钱为信托财产，到期返还受益人本金时，亦以金钱支付为其要件。金钱信托可具体分为：

（1）特定金钱信托

主要指其运用方法被特定之金钱信托。此类信托强调其信托财产之运用方法必须特定，有关"特定"的范围并无明确之标准，至少运用于放款时，放款金额、债务人、担保品必须特定；而运用于股票时，有关股票之种类（普通股、优先股）、股数和买价均须特定。

（2）指定金钱信托

委托人对信托财产只需表明"运用方法及标的物之种类"足够，当事人双方对共同运用，补足本金以及利益均已约定。对信托公司而言，此种信托业务更能发挥其管理作用；对委托人及一般顾客而言，是最为安全的储蓄方法。

（3）无指定金钱信托

在运用方法上既不特定亦不指定，此种金钱信托除了信托合同另有约定外，须依法定方法为之：公司债之等集、承销或购买；以国债以及前款之有价证券为担保金钱信托之信托资金可运用范围之放款；邮政储金；银行存款。

总之，金钱信托之信托财产仅限于"金钱、有价证券、金钱债权、动产、土地及其定着物、地上权与土地租赁权"等，此项规定仅为对信托设立之限制，在信托成立后，因管理运用信托财产所取得之财产并不受其限制。金钱信托财产之具体运用方法应在信托合同中订定，其中指定金钱信托与特定金钱信托两种的运用或管理应依指定或特定之方法运用。

（二）日本生命保险信托之运作

日本生命保险信托可分为两种模式：

1. 不附基金的生命保险信托

投保人作为委托人，受托公司为领取保险金的人，只将保险债权让与受托公司，但投保人仍可直接对保险公司将其保险合同解约（依普通保险合同条款），投保人依然有保险费支付之义务，此义务并未移转给受托公司。委托人将所受领之保险金交付给受托公司，是委托人与受托公司彼此之间的合同，对保险公司之关系并无影响，但在未知的范围内对保险合同解约之情形会成为受托公司之问题，对委托人依生命保险信托终止所生损害填补之请求或其他救济方法皆无所适从。实务上关于保险金受领人之变更，在生命保险信托期间放弃变更权，投保人即未经受托公司之同意不得任意变更。

2. 附基金的生命保险信托

受托公司不只是保险金受领人，亦为投保人之代理人，保险合同之解约或保险金受领人之变更权属于受托公司，此对受托公司有利，因保险金支付义务已移转于受托公司，且委托人不可预设限制保险金支付的全部资金。

不论是不附基金的生命保险信托模式，还是附基金的生命保险信托模式，在管理上都应该注意保险费的支付问题，以确保生命保险信托合同能顺利运作。当受理附基金的生命保险信托时，受托人必须通知保险公司已受托接受保险金请求权并由信托资金缴纳保险费之事宜，请保险公司将保险费缴纳通知寄送信托公司，以免延误保险费之缴纳，若偶有迟延，应尽快缴纳，使保险合同继续有效，否则一旦发生损害，受托人将因违反缴纳保险费义务而须负赔偿责任。在不附基金的生命保险信托之情形下，因保险费是由委托人自行缴纳，期满或发生保险事故前，信托公司无须承担任何义务。只有为确保该保险合同继续存在以及申领保险金时须提供最终之保险费收据，受托人应向委托人索取并保管缴纳保险费之收据。

通过生命保险信托，老龄委托人与保险公司签订保险合同，同时与受托人签订信托合同，在保险事故发生后，受托人领取保险金进行管理运用，用于安排所指定受益人的生活，或者安排老龄人的配偶或失能失智的其他人等安养照护。受托人既可是保险公司，也可是保险公司与信托公司成为共同受托人，因为根据日本的《保险业法》第5条之规定，经营生命保险事业的保险公司被允许经营信托业务。信托的委托人兼保险投保人以保险公司为信托受托人设立生命保险信托，保险公司兼具承保人和受托人的身份，信托设立后，由保险公司作为受托人按照合同经营管理信托资产。在共同受托人模式下，保险合同签订后，委托人将保险金债权让与给信托机构，当保险事故发生时，由信托公司领取保险金，然后，由信托公司按照信托目的经营管理信托资产并安排受益人之安养照护等事宜。

四 日本信托制度可资借鉴之处

日本信托法在失能失智老龄人监护或安养照护方面对我国具有高度启

示性。

（一）福祉型信托的活化

因应高龄化社会的到来，政府与民间均关注老龄人群。在协助高龄人进行完善的财产管理之余，同时兼顾身心照护之落实，一直是信托制度运作的核心。兼顾财产管理与身心照护之目的，将福祉型信托进行活化与规整，为保障财产管理与身心照护的一体性得以满足，通过共同受托人的模式可以将两者得以兼顾，最终实现老龄人设立信托的各种具体目的。

（二）监护与信托制度的并用

日本法制中透过任意监护制度之设立，与信托制度结合，依据老龄人不同时点的需求，依高龄当事人之意思，选择最有利之方式保障自身之权益。日本将信托和自愿监护制度并用，老龄人将资产设定信托，当根据医生诊断丧失了财产管理能力，受托人须根据信托目为委托人兼受益人利益管理信托本金及收益（自益信托）。信托可以设共同受益人即委托人兼受益人与另一受益人，一位受益人死亡后，信托成为仅为另一位受益人利益的自由裁量信托。同时，受托人可以向共同受益人的任何一方的照护人或债权人支付必要的费用。总之，此种信托中，由受托人履行义务，行使广泛的自由裁量权（包括与医疗、护理等相关的裁量）。可以考虑信托和自愿监护并用的模式，譬如，老龄人在设定信托的同时选任了任意监护人，在委托人的意思能力减弱后，由任意监护人专门负责在监护方面作出决定，对受托人（信托机构）进行指示。受托人根据该指示交付本金和收益。积极利用立法引入自愿监护制度，将其与信托相结合，信托受托人专注于信托财产的管理处分，自愿监护人代理本人作出决策。

（三）成年监护制度支援信托的保障

日本创设了成年监护制度支援信托制度，旨在防止亲属监护人对被监护人的侵害行为，根据日本最高裁判所的提议，日本从 2012 年起开始将"监护制度支援信托"导入监护开始的审判。[①] 充分利用成年监护制度支援信托之优势：家庭法院对信托行为事前审查，以避免监护人为自己利益实施不当的信托行为；引进专家监护人，由其依照被监护人之生活状态及财产状况，协助法院判断个案是否适合设立信托，在适合设立信托时，协

[①] 参见顾丽萍《监护支援信托制度简析——全国首单监护支援信托落地》，载微信公众号"融孚法律资讯"，https：//mp.weixin.qq.com/s/7jyvGaFrvVmK85GPwJn4yA，2020 年 5 月。

助法院建立合理的信托架构；然后，由法院作出指示书，指示专家监护人在信托合同订立后辞任，由亲属监护人继任，如此以确保信托的妥适性，最终解决有关老龄人需要特别照护的问题。

（四）生命保险信托的活用

日本的生命保险信托在老龄人照护安排方面可以发挥重大作用，例如，老龄委托人身故，由受托机构将保险金按照信托目的进行管理分配，避免委托人去世后失能失智配偶的生活缺少保障，其安养照护产生困扰。

通过破产隔离功能，当委托人不是唯一受益人时，合法设立信托的财产不因当事人资金周转、破产抵债等风险而受到影响，并且此类信托可以发挥财富家族传承的作用。

当下，日本遗嘱信托的实践不多，究其原因，可能该种信托多为量身订制的信托目的，执行上较为复杂且可能涉及不同主体间利害关系，处理较为复杂。

第四节　中国台湾地区信托法制之经验

信托也是高龄者意思能力丧失后的财产管理和身心照护事务之良好工具。信托具有意思冻结之功能，高龄者将财产交付信托后，信托财产理论上不会受委托人意思能力丧失或死亡等情势所影响，受托人将继续依照信托目的管理或处分信托财产。

一　安养信托

（一）安养信托之宗旨

我国台湾地区通常运用安养信托来解决老龄人安养照护问题。为了有效因应婴儿潮等社会状况，我国台湾地区于1991年设计了安养（福祉型）信托业务，随后银行业逐渐开展此业务。信托财产交付后，委托人指示受托人（主要是银行）或受托人运用专业知识，在约定的期间内，挑选适当稳健的金融产品进行投资，而受益人则领取本金及孳息；信托期限届满后，剩余信托财产交付给受益人。根据安养信托合同，老龄人将财产所有权转移给银行（受托人），由受托人对信托财产进行管理运用或者处分，将信托收益交付给受益人（委托人）。安养信托受托人为银行，由专业受托人替老龄人设计具有安全、稳定、保值、增值的投资组合，老龄人不用操心日常的财产管理琐事，也可避免老龄人财产遭受诈骗或者盗用。如果老龄人丧失行为能力，可通过信托制度之优势确保自己享有一定水平的经济生活与医疗照顾。[1]

我国台湾地区最开始出现的安养信托以高龄人的财产管理为主要目标，随着后来的发展，老人生活照护作为安养信托又一个重要目的。信托虽然是财产管理制度而非身心照护制度，但是老龄者运用信托制度在管理财产时与身心照护需求无法截然分开。[2] 因此，真正的安养信托应该包含资产管理与身体照护两个目的，这是老人安养信托的广义解释。仅包含资产管理目的的"安养信托"或者"养老信托"是一种狭义解释。广义解释更能突出老人安养信托的制度价值。

(二) 安养信托之法理

1. 设定方式

我国台湾地区可以合同或遗嘱方式设立信托，老龄被监护人可依本人意思为自己失能失智后的安养照护等安排设定信托，信托合同明确规定信托目的及用途，将信托收益用于生活安养，包括身上照护等。受托人依信托法规定开展"担任遗嘱执行人业务"，对继承放弃或认知等有关身份事项，虽非财产管理事项，也须与遗嘱执行人一起共同执行遗嘱。信托合同委任受托人做财产管理时，还可委托社会机构作为身上照护之受托人，二者结合作为老龄人财产管理和安养照护信托的综合内容。[3]

2. 信托财产

只要老龄人拥有所有权的财产均可成为安养信托的信托财产，可以是动产、不动产、金钱、有价证券、知识产权和保险金等。老龄人将财产移转给受托人，由受托人对其运作产生收益，使其保值增值；确保信托财产妥适地用于照顾老龄人的生活而不会被挪作他用。

3. 安养信托之运作

因信托财产类型不同，信托运作也各有差异。

---

[1] 赵英：《浅议我国台湾地区的安养信托》，《市场研究》2016年第3期。

[2] 潘秀菊：《从遗嘱信托与成年安养（福祉型）信托探讨台湾现行信托商品于发展上所面临之障碍与突破》，《月旦财经法杂志》2009年第17期。

[3] 赵英：《浅议我国台湾地区的安养信托》，《市场研究》2016年第3期。

(1) 动产信托

老龄人将动产交付信托后，如遇老龄人资金缺乏，可指示受托人将该动产转让换成金钱，以照顾老龄人的安养生活。关键是透过信托将动产加以利用而取得收益。有的动产具有相当的增值空间，如艺术品除自身的增值空间外还有通过办展而提升其价值，从而谋取收益并将该收益复归于信托财产来照顾老龄人的生活，用于其养护医疗等。

(2) 知识产权信托

老龄人可将享有的知识产权之所有权信托，与受托人签订信托合同，受托人对知识产权进行运作，所获得的收益归入信托账户或由受托人将知识产权进行证券化运作，向老龄人发行受益权凭证，若老龄人有资金需求，可将受益权凭证出让转换成金钱，归入信托账户，以保障老龄人的生活所需。

(3) 有价证券信托

老龄人可将拥有的有价证券交付信托受托人管理、运作，以使其保值增值，当需要金钱时，可指示受托人将该有价证券出售转换成金钱，该金钱仍归属于信托财产。我国台湾地区的有价证券可以出借而收取借券费用。老龄人将有价证券移转给受托机构的最大优点在于受托机构可以将该有价证券出借并向借券人收取借券费用。依我国台湾地区证券交易所股份有限公司（以下简称证交所）《有价证券借贷办法》第10条第1项之规定，有价证券借贷之出借人限于保险公司、银行、信托投资公司、证券商、期货商、证券投资信托基金、期货信托基金、证券金融事业、特定境外外国机构投资人、政府基金、员工持股信托合同、客户有价证券信托合同及其他经主管机关核准者，老龄人可通过受托机构开展出借有价证券的业务而取得借券费用。另外我国台湾地区金管会2005年3月25日金管证三字第0940106805号函令规定，信托业须依据证交所《有价证券借贷办法》之规定参与有价证券出借业务。老龄人本人因属自然人，无法直接参与有价证券出借业务，可通过信托途径将目前不想出售之有价证券出借并赚取收益。[①]

(4) 不动产信托

将不动产逆向抵押贷款制度与信托制度结合的不动产信托可解决老龄

---

① 黄御哲：《老人安养（福祉型）信托制度之研究与建议》，硕士学位论文，淡江大学，2016年，第20页。

人"有房无钱"之困境，老龄人奋斗一辈子买房，然而暮年却仅有房产而无资金以度过老龄生活，老龄人可将房产移转给受托人以信托方式持有，受托人在约定期间范围内定期支付老龄人生活费用或医疗养护费用，或为老龄人安排照护事宜，待信托期间届满或信托终止时将房产变价所得价金扣除所有支出后还有剩余的返还给老龄人指定受益人。此等受托人可以是政府机构，年满65岁老龄人以房产向政府机构贷款，贷款金额为房屋估值的48%—78%，贷款期间不需要定期偿还本金及利息，除非借款人死亡、永久搬离或出售房屋；借款人死亡时继承人可以继承房屋并选择如何清偿贷款，如果选择出售房屋，则清偿债务后有剩余的，归属于继承人，如果选择保有房屋，则继承人需以自有财产清偿债务。借款人对所居住房屋负有修缮和维护的义务，以保持房屋的价值，支付房屋相关税赋及保险。老龄人享受此种贷款福利，不影响现有社会福利权益的享有。老龄人一般不可以搬离住所，如果因故须入住养老机构，借款人愿意将其抵押的不动产出租，则不需终止合同，由政府部门协助管理该不动产，租金收益仍属借款人。合同终止时，其子女或法定继承人有能力偿还债务的，即可取回不动产所有权。当债务人无力偿还时，政府部门将房屋出售之价款作为债务清偿范围，出售价款低于债务金额时，由政府承担损失。①

不动产活化型信托为"有房无钱"老龄人解决生活之忧，使老龄人的房产得以活用，而且将不动产转变成金钱后进入信托专户专款专用，可确保老龄人安养无虞。老龄人与受托人签订信托合同后，可定期获得支付或一次支付，还可设立监察人制度，以保障老龄人的贷款不被他人侵占。信托机构可与老龄人约定在借款人生命周期内不得终止贷款合同及信托合同，在贷款和信托期间内，老龄人不能违约，信托机构也无债权权利可以行使。②

二 监护信托

（一）信托对失能失智老龄人监护之优势

高龄者可通过代理制度，委托他人替自己管理财产，可通过缔结委托

---

① 黄御哲：《老人安养（福祉型）信托制度之研究与建议》，硕士学位论文，淡江大学，2016年，第25—26页。

② 黄御哲：《老人安养（福祉型）信托制度之研究与建议》，硕士学位论文，淡江大学，2016年，第22—35页。

合同并赋予代理权,由受任人代为管理财产。但此种代理制度的缺点是当委托人即高龄者丧失意思能力后,无从监督受任人;而且如果该委托人其后受监护宣告,将产生其监护人的法定代理权与原先合同上的受任人之意定代理权竞合之问题。①

老龄人失能失智后多半不能自理生活,但其权利应当受到保障,我国台湾地区目前经法院认定"受监护宣告之人(无行为能力)"的失智症患者,已不能自理生活者,受法定监护制度保护;若失智程度未达重度,则可适用"辅助宣告"。一旦失智者受辅助宣告,不经诉讼、和解等行为要辅助人同意,借贷、信托、重要财产的买卖或租借、处理遗产等重要财务活动也不能独自决定。② 我国台湾地区通过法定监护制度以维护失智者的权益,且9成以上的监护人是由本人的家属担任,但监护人未必擅长管理财产且具有道德风险,可能将本人的财产据为己用,外人很难察觉。信托与监护相比具有优势,监护人不能取得被监护人的财产权,其行为可能会因为没有授权而被取消,从而使得外部人不愿意与监护人打交道。而受托人享有财产之法定所有权,可以将其转让给善意的受让人,即使此移转是未经授权的。监护人的投资权受到一定的限制,而"谨慎人"标准允许受托人在投资决策上具有更大的灵活性。

高龄者可通过法定监护制度和辅助宣告来保全财产,但监护宣告对本人会造成极大限制,不仅民事上成为无行为能力人,且会因此丧失选举权、结社自由、担任公务员及其他专门职业人员之资格,③ 辅助宣告虽不限制本人之行为能力,但我国台湾地区"民法"第15条第2款第1项第1—6目之行为皆须经辅助人同意,无法依本人之状态缩减须经同意之范围,不够尊重本人之现存能力,④ 由法院依照本人之最佳利益来选定,并非以本人意见为唯一判断标准,制度上无法确保法院不会违反本人意见来

---

① 参照林秀雄《论我国新修正之成年监护制度》,《月旦法学杂志》2009年总第164期。
② 黄晴冬:《防失智者财产被摆布顾立雄推"成年监护信托"》,《现代保险》,https://www-rmim-com-tw.translate.goog/news-detail-20651,2018年9月3日。
③ 黄诗淳:《从心理学的老化理论探讨台湾之成年监护制度》,《月旦法学杂志》2016年总第256期。
④ 黄诗淳:《从身心障碍者权利公约之观点评析台湾之成年监护制度》,《月旦法学杂志》2014年总第233期。

选任监护人或辅助人。①

高龄者可利用意定监护制度来保全财产、禁止挥霍。本人可以预先与自己信赖之人订立意定监护合同,未来判断能力减弱或丧失后,由该预先选定之意定监护人来协助本人从事法律行为,本人行为能力不受限制。② 但将来本人被辅助宣告后是否应取得辅助人之同意就成问题,而且在无明文规定时,当委托人之精神状态已符合受监护宣告要件时,法院是否会因代理关系的存在,就"谦抑地"仅为辅助宣告,也无法确保。为此,需解决法定监护制度对本人能力限制过多、类型僵化且无法决定人选之困境。我国台湾地区于2016年10月4日对"民法亲属编中意定监护"的修订,规定意定监护开始后的效果几乎与法定监护完全一致。不仅继续维持本人之行为能力要件,本人也无权事先约定意定监护人之权限范围。高龄者丧失判断能力前,能设定信托制度则能避免行为能力限制和自由决定权问题。我国台湾地区"老人福利法"第14条规定,为保护老龄人财产安全,可将财产交付信托,鼓励信托业者及金融业办理财产信托。如果信托受托人为信托机构,具有较强的公信力,且亦可通过信托监察人加以监督,可避免代理制度缺乏监督之风险。信托设定后不受本人行为能力之影响,受托人也是本人自己所选择,充分尊重本人的自主性。不过,信托若要"为无判断能力人"管理财产,仍有许多制度层面上的难题需要克服,且需要进一步地研究与规划。

我国台湾地区因应高龄失能失智的方式是向法院申请监护宣告,由法院选任监护人来帮高龄者管理财产,但存在如下问题:失能失智老龄人即使向法院申请监护宣告,仍须依法院指示前往指定医院接受鉴定,实务上会有空窗期;另外,高龄者的监护人大多为其亲属,并非专家监护人,也未获得相应报酬,经常发生有些监护人擅自将被监护人的财产挪为己用。由于是至亲所为,这些不正当的行为很难为旁人察觉,法院虽为监督机关,但力量有限,难以发挥制衡的效果。因此,必须搭配美国的监护信托(申请监护前)及日本的成年监护制度支援信托(申请监护后),才能完

---

① 黄诗淳:《从心理学的老化理论探讨台湾之成年监护制度》,《月旦法学杂志》2016年总第256期。

② 邓学仁:《高龄社会之成年监护》,《中央警察大学法学论集》1998年第3期。

整保障失智老人的财产与生活。①

(二) 监护信托之运作

监护信托（Custodial Trust）是监护的替代方式。以信托替代监护，能让高龄委托人之意思延伸至高龄者日后丧失能力或死亡后财产的继续管理。高龄者丧失能力前保有对信托财产之实质控制权，待其丧失能力时，转为裁量信托，由受托人为其利益管理信托财产并实现信托目的。

三 保险金信托

(一) 保险金信托的功能

为了让更多失能失智老龄人的财产和身心得以保障，保险金应由信托管理。除现金及不动产外，保险为高龄人的重要资产。除身故保险金无法于生前使用外，其余的保险金（诸如长期照顾保险金、残废保险金、年金、祝寿保险金等）均可于在世时运用。保险金请求权转化成保险金时，为避免老人之财产遭受觊觎、诈骗，并使该保险金得以妥善运用，可将其交付信托来保全。老龄人向保险公司购买一份长期照护保险并以自己为投保人、被保险人暨保险受益人，该份保险所约定的保险给付有：长期照顾一次保险金、长期照顾分期保险金、祝寿保险金及残废保险金。然后，此老人与信托机构签订信托合同并以自己为信托受益人（自益信托），并至保险公司订立保险金汇入指定信托专户的约定书。

保险金信托必须要等到保险金移转于信托专户方可生效，但在保险金汇入信托专户前，老人在有意识能力时，其保险金仍有可能受到配偶或亲人觊觎，他们有可能强迫、诱使老人终止信托合同，而使信托无法顺利生效；老人于意识清楚之际签订信托合同，其后因年纪增长陷于精神障碍或其他心智缺陷而设立监护人或辅助人时，倘该监护人代老人或该辅助人强逼、诱使老人终止信托合同时，亦可能使信托无法顺利生效。这种情形中，信托监察人也无法监控，因为信托尚未生效。为此，我国台湾地区有学者建议老龄人与受托机构签订保险金信托时，可以同时移转少量之金钱给受托机构，从而使信托生效。此时虽没有保险金汇入成为信托财产，但可以建立信托监察人机制，以防止老龄人的配偶、亲属及滥权之监护人和

---

① 魏乔怡：《师法美日 监护信托更完善》，《工商时报》，https：//www.chinatimes.com/cn/newspapers/20180510001302-260208? chdtv，2018年5月10日。

辅助人来侵占老龄人的财产。①

(二) 受托人作为投保人之正当性

我国台湾地区金管会保险局明确规定了"保险金指定汇入信托专户约定书"（下称"约定书"），老龄人签订这种"约定书"后，原则上仅可以于保险金请求权发生前，以书面要求保险公司变更保险事故发生后之保险金不汇入信托专户，其他人则均不得另行变更。但实务中，老龄人签订"约定书"后，其配偶或亲属仍有可能想法阻挠信托生效或强迫、诱使老人变更或撤销信托合同，虽可采取一定方法使信托关系成立生效，来设立信托监察人进行监督，但保险合同（含"约定书"）并未规定信托监察人机制，所以容易让不肖之亲属拦截保险金而侵害老龄人的权益。为解决此问题，我国台湾地区有学者建议让信托机构作为保险合同之投保人。但依我国台湾地区金管会保险局2013年1月23日保局（寿）字第10102140090号函的规定，主管机关认为信托机构对被保险人无保险法第16条之保险利益，无法以投保人地位为老龄人（被保险人）投保人身保险。

为解决此问题，我国台湾地区学者王志诚提出，为确保保险金能够真正用于保险受益人，受托人可以担任人身保险之投保人。其理由为：

1. 国外立法例已规定受托人可担任投保人

（1）美国

根据美国保险法，人身保险之投保人投保时，原则上应具有保险利益。其保险法通常界定了保险利益，也明定信托受托人对受益人具有保险利益，可以为受益人利益投保人身保险。

例如，根据加利福尼亚州保险法之规定，受托人可以担任人身保险的投保人，仅有在信托受益人对保险合同之被保险人不具有保险利益时，该受托人为投保人的保险合同，才会自始无效，以此来管控道德风险；另外，加利福尼亚州保险法还规定："自然人对自己生命、健康、身体安全具有无限之保险利益，且可以合法地为自己生命、健康或身体安全来投保保险，可以任意指定受益人，无论该受益人是否具有保险利益。"可见，

---

① 参见黄御哲《老人安养（福祉型）信托制度之研究与建议》，硕士学位论文，淡江大学，2016年，第37—38页。

信托受托人可以为人身保险合同之受益人。①

(2) 新加坡

新加坡《保险法》明文规定，信托受托人可以担任人身保险合同之投保人。

2. 以信托导管理论确定保险利益之存否

信托导管理论强调信托是受托人为受益人利益而代为处理信托财产，并将所得分配给受益人之导管。委托人移转财产于受托人，信托成立，信托存续期间或信托终止时受托人将信托财产或收益移转于受益人，受托人是形式上的所有权人。委托人将信托财产受益权赋予受益人，受益人才是信托财产及收益之实质所有权人，受托人只不过是达成信托目的之导管而已。从表面上看，受托人担任投保人，似乎与被保险人之间无保险法规定的保险利益，但根据信托导管理论，受托人仅为名义上的投保人，实质的投保人还是信托委托人，只要委托人与被保险人间存有保险利益，受托人即应被视为具有保险利益。②

但为了防范道德风险，受托人须审查信托合同等相关合同，载明信托委托人与被保险人之关系，使保险公司可以审视有无保险利益，待保险公司确认具有保险利益后，始可成立保险合同。

如果信托机构能成为保险合同之投保人，那么因为"约定书"的变更，需要投保人（信托机构）的同意，所以不会出现上述老龄人配偶、亲属、监护人或辅助人侵占老龄人保险金之情形。

我国台湾地区有学者从保险利益的角度对受托人为受益人利益投保人寿保险之正当性进行了充分的解析和论证，指出：投保人或被保险人对于保险标的具有利害关系，所享有之利益即所谓保险利益。我国台湾地区"保险法"第16条规定，投保人对本人或其家属、被扶养人或抚养人或赡养人、债务人以及为本人管理财产或利益之人的生命或身体具有保险利益。但我国台湾地区学者对人身保险利益存在之必要性仍持有不同观点。

肯定说认为，为了防范道德风险，当事人对保险标的须有保险利益，

---

① 参见黄御哲《老人安养（福祉型）信托制度之研究与建议》，硕士学位论文，淡江大学，2016年，第39页。

② 谢佳琪：《信托受托人为受益人投保人身保险之研究》，硕士学位论文，东吴大学，2018年，第46页。

保险合同之订立须得到保险标的之被保险人的同意,二者相辅相成,始得产生有效防护之作用。无保险利益之保险单属于赌博性保险单(wagering policy)①,若发生保险事故,便会产生意外之财,若不发生保险事故,只会损失保险费,此种保险与赌博无异,因此,此种赌博性保险单应属无效。②

否定说认为:首先,保险利益是被保险人与特定客体之关系,非投保人与特定客体之关系,若将人身保险之保险利益定位于投保人对某一特定客体之关系,会将投保人和被保险人混为一谈。保险与赌博之区别主要是保险旨在填补损害,赌博则不是。若损害需要填补,保险要填补的对象是被保险人而非投保人,应当以被保险人为对象,检视被保险人究竟有何利益损害需要填补,而无须考虑投保人。③ 其次,保险利益是某特定人对某特定客体之关系,保险价值多少由保险利益性质种类来确定,被保险人只能于此范围内享受保险合同之保护,以保险利益决定保险价额及保险金额来填补被保险人具体之损害或防止复保险、超额保险,以避免保险法上不当得利情形发生;除医疗费用保险外,人身和生命价值无客观标准,保险事故发生后,人身保险涉及的人之生命、身体和健康等价值无法用金钱价值来客观确定,即使被保险人或其他享有保险赔偿请求权的人获得双重赔偿,也无法说其有保险法上的不当得利。④ 最后,保险利益可决定谁有权将保险利益进行投保,而无须他人同意,但若将此原则贯彻于人身保险,则主观危险发生可能之对象为人之生命身体,若第三人对他人(被保险人)之生存与否具有利益,而欲以该他人之生命为保险事故发生之对象,须取得他人之书面同意,然后由被保险人以其自由意思,指定其为受益人。只要该被保险人同意以其生命为保险标的,则投保人是否对之具有保险利益并无实质之意义。⑤ 受益人是保险事故发生时可以请求保险金给付之人,可能引发道德危险之人应是受益人,从道德危险之防范来看,需要严格限制的应是被保险人与受益人间之关系,而非被保险人与投保人间之

---

① 张冠群:《台湾保险法关于人身保险利益诸问题之再思考》,《月旦法学杂志》2013年总第215期。
② 刘宗荣:《新保险法》,三民书局2007年版,第80页。
③ 江朝国:《保险法逐条释义〈第一卷总则〉》,元照出版有限公司2012年版,第520页。
④ 江朝国:《保险法基础理论》,瑞兴图书股份有限公司2012年版,第88—89页。
⑤ 江朝国:《保险法基础理论》,瑞兴图书股份有限公司2012年版,第89—90页。

关系，他们之间的关系不应称为保险利益，而是指定受益人之要件①；作为权利主体的人，其本身即为价值，若将被保险人之死亡等作为投保人经济上之损失填补，人格尊严及人身价值即变成了物之交换价值，人本身已由权利主体变成了权利客体，对于人格尊严及人身价值之损害不言而喻。②

保险合同当事人中对保险标的享有保险利益之人享有保险金给付请求权。当受托人为受益人利益投保人身保险时，由于人是权利主体，不应将被保险人之生命、身体损害作为投保人经济上之损失填补。如果投保人不是受益人，那么被保险人为损害发生之主体，应为保险利益存在之对象。投保人无受领保险金给付之可能，对投保人而言，并无道德风险防范之意义；为了道德防范风险，应以被保险人之同意以及受益人指定为最有效手段。

信托受托人根据信托目的负有保护、照顾受益人等义务，有为受益人利益投保人身保险之必要，以避免突发事故致信托财产不足支付受益人所需，从而无法实现信托目的。立法要求作为受托人的投保人具有人身保险利益并无必要，因保险利益存在对象应是被保险人，且以被保险人同意及约定保险金额等方式更有防范道德风险之效力。在信托关系有效成立的前提下，即使发生保险事故，保险金也属于信托财产之一部分，受托人须将其为受益人利益进行管理利用，所以受托人尤其受托机构并无故意致保险事故发生之疑虑，应无为保险金而产生道德风险之可能。③ 受托人作为投保人是其职责所在，同时，受托人不存在对保险利益的道德风险，因此，受托人为受益人投保人身保险具有正当性。

四　中国台湾地区信托制度可借鉴之处

（一）安养信托之安养照护机制设立

老人安养信托制度之设计主要解决老龄人的生活照护问题，与我国《民法典》中的监护制度具有天然的联系。我国成年监护制度是我国《民

---

① 江朝国：《保险法基础理论》，瑞兴图书股份有限公司2012年版，第86—87页。
② 江朝国：《保险法基础理论》，瑞兴图书股份有限公司2012年版，第89—90页。
③ 谢佳琪：《信托受托人为受益人投保人身保险之研究》，硕士学位论文，东吴大学，2018年，第40页。

法典》所规定的制度，是老龄社会养老服务重要的制度保障，可以作为对无民事行为能力与限制行为能力的老龄人的人身、财产及其他合法权益进行监督和保护的制度。这与老龄人安养信托的制度设计产生了内容的竞合性。如何理解两种概念的并存以及如何处理两者之间关系加以契合便成了研究的重心。

借鉴我国台湾地区经验，建立信托与老龄人照顾机构结合之安养机制。为了满足老龄人的安养照护之需求，有必要设立结合财产管理与人身照护功能的信托，目前我国台湾地区受托机构将安养信托与人身照顾机构相结合，将老龄人"衣食住行"与信托相结合，以满足一站式服务需求。为满足老龄人安养的各种需求，安养信托可呈各种样态：结合受托运用于"有价证券"、结合"以房养老"、结合各类"保险"、结合"以房养老"+"保险"等。

我国台湾地区信托机构采取各种因应老龄人财产管理和身心照护的措施：通过信托功能，引导老龄人的照顾人及亲属利用信托制度照顾老龄人；缺乏合适人选担任信托监察人时，邀请社会福利团体担任个案信托监察人等。受托机构提供主管机关公布或受托机构特约的安养与照顾服务机构安排解决委托人的安养照护事宜，具体有：

第一，居家照顾。依据家庭照顾者需要，由受过严格训练的照顾服务员到家协助家庭照顾者照顾老龄人。

第二，社区照顾。提供老龄人在白天到日间照顾中心接受照顾，晚上返回家庭照顾。

第三，机构照顾。安排老龄人到照顾机构接受照顾，按老龄人身心状况又分为健康老龄人照顾之安养机构及罹患身心疾病老龄人的长期照顾机构等。

受托机构向老龄人提供医院医疗的医疗服务机构名单，医疗服务机构向老龄人提供一般医疗、老龄人健康检查及出院准备服务。

受托机构向老龄人提供可申请的社会福利项目，以及协助申请服务机构的名单，通过服务机构协助老龄人向相关单位申请社会福利经济补助。

（二）监护信托制度之财产管理与身心照护并举

法律明确规定法定监护制度，在满足行为能力欠缺条件时，由法院介入，宣告行为人的行为能力状态，在尊重意思自治方面存在明显不足。基于这种能力的认定，法院选定的适格监护人对行为人的财产进行管理和监管。安养信托是极度尊重当事人自我决定权[①]的制度模式，当事人行为能力尚健全时，行为人自己选定第三人实施财产管理与身体照护。虽然我国现在也有意定监护模式，但对意定监护的开始仍然以认定丧失行为能力为标准，很大程度上剥夺了行为人的其他权利，存在制度缺漏。我国台湾地区学习美国，将法定监护作为最后手段，[②] 即使本人丧失了判断能力，其已预先对其财产或人身事务有所安排，而有他人予以协助（例如持续性代理权授予或信托）时，公权力不应介入而开始法定监护，可见，信托制度具有优先性。

设计监护信托制度，依据高龄者不同的生命曲线进行布局，使其晚年活得有尊严，且衣食无虞。为避免少数任意监护人觊觎老龄人之财产，学习我国台湾地区大胆引入日本成年监护制度支援信托的经验，充分发挥成年监护制度支援信托的优势，通过法院的介入与专家监护人的引进，避免亲属监护人的滥权问题，更好地保护老龄人的财产安全，使其身心得到更好的照料；在老龄人受监护时，预先设置专家监护人，由其分析判断老龄人的状态，由法院决定是否采取信托方式实现老龄人之财产安全和身心照护目的。

任意监护制度配合信托制度或成年监护制度支援信托制度可极大地保障老龄人的财产安全，使老龄人的财产真正用于安养生活上。

（三）保险金信托之利益冲突与道德风险规避

保险金信托乃"人寿保险"与"个人信托"之结合，其特色在于以"保险受益人之权利"作为信托标的，人寿保险具有经济保障、资产移转配置及节税等功能，个人信托（特别是他益信托）则具有资产保全增值、资产移转配置及资产支配等功能，因此，二者相结合可发挥更多元的功能。

利用寿险与信托之资产移转配置功能，投保人可借由人寿保险金信托之安排，透过寿险节税功能将资产移转于受益人（配偶、子女），确保资产于移转后仍能按其意旨进行妥适之管理运用，以发挥信托的资产支配功能。利用寿险经济保障功能、信托资产保全功能和信托资产增值功能，于

---

① 杨立新：《我国老年监护制度的立法突破及相关问题》，《法学研究》2013 年第 2 期。
② 黄诗淳：《美国生前信托之启示：以信托与监护之关系为焦点》，《台湾大学法学论丛》2019 年第 2 期。

意外事故发生时，受益人可暂时确保经济来源之供应及经济状态之稳定，通过信托专业管理享有资产收益。结合各种功能，为失能失智老龄人提供更为完善的经济保障，并协助他们及其家庭进行资产配置及理财规划。

保险金信托可简化信托关系并确保委托人信托目的的实现，保险金信托受托人可担任被保险人之保险合同的投保人，保险费由信托财产缴交，保险金也属于保险金信托之信托财产，如果该受托人同时担任该保险合同之受益人时，被保险人死亡时保险金自然归入保险金信托财产中，这既可以简化信托关系，也确保保险金信托委托人信托目的之实现。

保险金信托可有效规避人寿保险的利益冲突和道德风险，其杠杆作用可以较低的保费撬动较高的保额，还有助于安排老龄受益人的生活。委托人可通过设立保险金信托，依照自己的意愿进行规划，把保险金分配给各个受益人，避免多个受益人间因利益冲突而发生不必要的纠纷，确保各个受益人可获得信托财产的利益。保险金信托具有隐匿性，保险金信托设立后，委托人及其受益人相对来说处于比较隐匿的地位。除非经信托登记，信托安排仅关系人方有可能知悉。

借鉴我国台湾地区的经验，充分发挥信托的弹性，并辅以税赋优惠，使各类有益于高龄者之信托规划，可以适得其所，发挥应有之效用。

第六章 架构运作：失能失智老龄人安养信托之运作机理

第一节 架构：失能失智老龄人安养信托之法律构造

一 特殊需要信托之法律构造

（一）概念

特殊需要信托是一种法律安排和信义关系，可使失能失智老龄人获得收益，而无须限制其获得社会保障、补充保障收入、医疗保险或医疗补助所提供的公共残疾福利的资格。在美国，特殊需求信托对那些想帮助有需要的人而又不想让此人失去获取某一限制标准以下收入或资产的资格，是一种较为普遍的策略。①

为有特殊需要的人设立公共援助项目是基于某些收入和资产限制而进行预算，这些项目要求他们的收入或资产限制在一定水平以下，为不符合获得公共援助的人设立信托基金而将金钱移转至信托。特殊需要信托这种法律安排，可以让失能失智老龄人或有长期照护需求的老龄人有机会获得资助，而不会失去潜在的公共援助项目提供的利益，为有特殊需要的个人提供额外的经济支持，而不会有剥夺他们获取伤残津贴的风险。

特殊需要信托可覆盖失能失智老龄人所无法获得公共援助款项支付的那一部分经济需要。除食宿费外，以信托方式持有的资产不符合公共援助的目的。此类信托的收益通常用于医疗费、照护费、交通费和其他许可的费用。

---

① Julia Kagan, *Special Needs Trust*, https://www.investopedia.com/terms/s/special-needs-trust.asp, Updated Sep 23, 2019.

委托人指定控制信托的受托人，受托人负责基金的管理和分配。移转于信托的资产原本属于失能失智的人，可能会受医疗补助计划还款规则的约束，但由父母等第三方提供的资产则不受约束。这种类型的信托有时也称为"补充需求信托"。特殊需要信托是不可撤销信托，无论是债权人还是诉讼的胜诉人都不能取得指定给受益人的资金。

借由特殊需要信托，受益人既能得到经济支援，又不会失去获得收入限制项目或服务的资格。而且委托人或当事人可确保收益用于他们指定的费用。当第三方将钱置于特殊需要信托中，该方当事人的这笔钱将被保证用于其预期目的。例如，老龄配偶一方可能会对财产设立一个特殊需要信托，为其失能失智的另一方提供资金，而不是传承给他们的子女。特殊需要信托是不可撤销的，其资产不能被债权人或胜诉方追索。重要的是，委托人或他们的法定代理人须非常仔细地斟酌信托文件条款的措辞，以确保其有效性，确认文件的指示和目的是明确确定的。第一方当事人特殊需要信托必须在受益人65岁前设立。①

特殊需要信托文件通常必须明确规定信托意图，该意图是补充失能失智受益人的补助需要，而不是满足其基本生活需要；为失能失智受益人的利益分配信托本金和收益时，受托人拥有绝对的自由裁量权。② 特殊需要信托的资金只能用于购买医疗补助计划不覆盖的医疗保健服务或设施。失能失智受益人所需的一些商品或服务包括雇佣家务人员、计算机辅助设备、装有电动车窗和座椅或特殊改装的汽车、乘坐特殊交通工具去看电影、特殊的电话等。由于极其昂贵，只有在极少数情况下，这些商品或服务仅能由私人提供现金购买。③

特殊需要信托对受益人的真正益处是在获得公共福利的同时，可以提升生活品质。确定信托资金用于哪些商品和服务时，受托人应充分考虑信托资产的价值和预期收入、受益人的年度费用安排和预期寿命以及预期从社会救助中获得的补助等。尽可能地鼓励受益人进行资产规划，不仅有助

---

① Julia Kagan, *Special Needs Trust*, https：//www.investopedia.com/terms/s/special-needs-trust.asp, Updated Sep 23, 2019.

② See Daryl L. Gordon, "Special Needs Trust", *Quinnipiac Probate Law Journal*, Vol.15, No.1& 2, 2000, pp.121, 123.

③ See Patricia Tobin, "Planning ahead for Special Needs Trusts", *Probate and Property*, Vol.11, No.56, 1997, pp.56, 58.

于合理配置资产，解决受益人的经济困境，而且计划周密的资产规划有助于确保信托资金不会极速耗尽。①

(二) 设立方式

信托可由委托人与受托人之间的书面协议来设立，该协议规定受托人如何为受益人之利益管理委托人出资的资产，也可由遗嘱或宣言来设立。

1. 特殊需要信托设立的方式

特殊需要信托是一种自由裁量权信托，尽可能给予受托人在代表受益人决定资产分配方面广泛的自由裁量权，可分为自己财产信托和他人财产信托两种类型。自己财产信托（又称为第一方当事人信托或返还信托）是指以受益人拥有的资产（赠与、继承或诉讼等方式取得）设立的信托，受益人去世时，其剩余资产用于支付提供的任何服务和医疗援助。他人财产信托（又可称第三方当事人信托）是指受益人从未拥有的资产，如配偶希望为其另一半留下资产而设立的信托。

与第三方当事人特殊需要信托不同，第一方当事人特殊需要信托是对社会保障局明确禁止残障人将自己的资产转移到信托，以符合接受经济状况调查的政府法定的特殊福利之例外。② 美国联邦法律规定，第一方当事人特殊需要信托或返还信托必须由父母、祖父母、法定监护人或法院命令设立。③ 由医疗补助受助人（或代表）利用受助人自己的资金设立的信托。当丧失行为能力的成年人的财产作为信托财产时，通常由其法定监护人获得设立信托的权力。此种信托主要采取信托合同的方式来设立，由专门的律师或受托人根据法律的规定精心起草。法律以及解释性的行政指导方针和规则提供了一个"安全港"框架来起草一方当事人的特殊需要信托。因为每一个第一方特殊需要信托都必须满足法定的要素，起草者的目标应使信托文件中这些要素容易识别。④

没有法律义务支援残疾人的第三方当事人想要满足受政府援助人的需要时，信托就是一种极佳的工具，可确保残疾人终生享有并非由政府津贴

---

① 参见陈雪萍、张滋越《我国成年监护特殊需要信托制度之构建——美国特殊需要信托制度之借鉴》，《上海财经大学学报》（哲学社会科学版）2020 年第 1 期。

② 42 USC §1396p (d) (4) (A); 42 USC §1382 (b) (e) (5).

③ 42 U.S.C. § 1396p (d) (4) (A).

④ *Frequently Asked Questions about Special Needs Trusts and Trustee*, http://www.bytheirside.org/PDFs/Trustfaqs.pdf, on Oct.15, 2021.

提供的舒适生活。第三方当事人特殊需要信托被称为良好的公共政策，为残疾人提供舒适的服务和奢侈品，以补充而不是取代他们的政府福利。此种信托是由信托协议或遗嘱设立，任何剩余的资产都归属于信托中指定的人所有。① 生前信托可以通过信托协议而设立，设立人可以是受益人配偶以外的个人或实体，② 或对受益人负有法律义务的人。家庭成员或有利害关系的朋友可以供养残疾人，然后指定剩余利益所有人，在残疾受益人死亡后，剩余信托资产将移转给剩余利益人。任何人都可以遗嘱方式将残疾人作为受益人设立第三方当事人特殊需要信托，配偶一方可以设立遗嘱信托，以满足生存配偶的补充需要。信托可以对本金进行自由裁量运用，可以规定将所有收入提供给生存配偶。配偶一方死亡时，即使作为受益人的残疾配偶是医疗补助受助人，也无法获得遗产。由于此信托受益人没有选择权，"健康"配偶死亡时，生存配偶是医疗补助受助人，可能会被迫选择直接分配资产。立遗嘱人的目的是通过遗嘱信托将所有的资产移转于信托以给生存配偶提供经济保障，如果遗嘱明确规定配偶行使选择权，那么，信托成立，生存配偶不应视为剩余财产的继承人，而是通过信托财产的分配获得补助的人。

2. 特殊需要信托之性质

特殊需要信托是一种非常特殊的信托，是不可撤销信托，第一方当事人特殊需要信托是生前信托，而第三方当事人特殊需要信托可以是遗嘱信托。它提供选择让某人有资格获得公共福利项目，同时也获得补充基金之福利。这种补充基金可以支付公共项目不包括的全部服务和商品。特殊需要信托可以用属于接受公益项目的人的资金或用属于其他人（如一个或多个家庭成员）的资金设立。可以适用不同的规则，取决于谁的资金用于设立信托，但接受公共利益的人仍然会从信托中获得相同的利益，无论适用哪种规则。公共利益接受者仍然会从信托中获得同样的利益，因为他们永远是信托受益人。特殊需要信托增加了这种安排的复杂性，因为受益人往往没有能力根据自身需求指导受托人行事，受托人必须谨慎地配置受益人的福利以便受益人不失去公共福利资格，如医疗保险、补充保障收入

---

① *Frequently Asked Questions about Special Needs Trusts and Trustee*，http://www.bytheirside.org/PDFs/Trustfaqs.pdf, on Oct.15, 2021.

② EPTL 7-1.12（a）(5)（iv）.

和住房补贴等。

特殊需要信托有几种不同的名称，但它们都有一个共同的特征：保有符合资产标准的公共福利项目的资格。

由信托受益人的家庭成员出资的信托通常被称为第三方特殊需要信托，以表明资助信托的资产原本属于信托受益人以外的人，而由信托受益人出资的信托通常被称为自益的特殊需要信托，表明资助信托的资产原本属于信托受益人。

以自己财产设立的特殊需求信托有两种：非集合信托和集合信托。非集合特殊需要信托为一位受益人设立，任何有资格的人都可以担任受托人。

（三）当事人之间的法律关系

当事人（委托人、受托人和受益人）、信托财产、信托目的、存续期间和利益分配是所有信托法律关系的要素。

1. 当事人

（1）委托人

第一方当事人特殊需要信托中，委托人可以是父母、祖父母、监护人/财产管理人或法院。虽然第一方当事人特殊需要信托中，是以残疾人的财产设立信托，但他们不允许作为信托人或委托人，只能由父母、祖父母、法定监护人或法院作为委托人。法定监护人包括财产管理人，特别允许财产管理人在获得法院事先批准的情况下设立信托。

由于第一方当事人特殊需要信托中，残疾人无法设立自己的信托，律师需要确定最合适、最经济的方式来设立信托。如果残疾人有一位在世的父母或祖父母愿意并有能力担任委托人，这通常是首选，因为这可以避免为设立信托而寻求法院的批准，从而减少律师费、诉讼费和复杂性。即使在有父母或祖父母的情况下，有时也需要法院的参与。如果受益人是缺乏行为能力的人，并且不能同意将其资金转移到特殊需要信托，法院须授权该转移。如果没有父母或祖父母可以创建第一方当事人特殊需要信托，那么，必须向法院提交一份请愿书或申请书，以设立或授权设立信托。这类申请书有几种形式，取决于许多因素。在某些情况下，残疾人已经有了监护人或财产管理人，他们可以提出授权设立信托的申请。在没有监护人或财产管理人的情况下，法院授权任命受托人和设立特殊需要信托。

在没有独立任命法定监护人或财产管理人的情况下，可直接要求法院设立第一方当事人特殊需要信托,并委任受托人。如果残疾人需要监护人的保护,那么,可以授权任命的监护人设立返还特殊需要信托,可以避免财产管理人的复杂性。

(2) 受托人

特殊需要信托受托人可以是专业的受托人如银行信托部或律师事务所等,也可是家庭成员,尽管让非专业人士担任受托人有点难为他们。此种信托可分为集合型和非集合型,对受托人要求有所不同。集合特殊需要信托也是为信托受益人设立的,但受托人不是任何有资格担任受托人的人。集合信托必须由非营利组织设立和管理,它是以信托受益人以外的其他人的资产为资金来源而设立的第三方特殊需要信托;非集合特殊需要信托则以属于信托受益人的资产出资而设立。

集合信托的优势之一来自受托人,但难点又是选择受托人。家庭成员可能有或可能没有必要的技能、时间以及缺乏个人利益来担任受托人。专业的受托人,如银行、律师事务所和信托公司,拥有必要的技能和经验,但在与有特殊需要的个人打交道方面可能缺乏个人感情和经验。当然,专业受托人也要收取服务费。

对较大规模的信托来说,受托人提供的服务如投资、会计、预算编制,以及确定有一个永久机构照顾受益人,收取这些费用通常是相当合理的。大多数专业受托人都要收取最低年费,对较小的信托基金来说很昂贵。对规模较小的信托基金,由家庭成员担任受托人最为合适;若没有合适的家庭成员,则使用集合可撤销信托;若信托基金规模较大,则使用专业人士和家庭成员所组成的共同受托人最为合适。

由于特殊需要信托的管理是高度劳动密集型的,专业受托人如银行或信托公司最能履行信托事务。虽然受益人的家庭成员作为受托人候选人似乎是明智的,但某些法域的法律明确禁止他们担任这一职务。在许多情况下,这些人往往是推定的剩余受益人,因此,他们可能会"节省"对受益人的付款,以确保有更多的基金用于剩余分配。使用公司受托人可以避免这种可能,还可以确保特殊需要信托的管理不会因可能担任受托人的个人丧失能力或死亡而中断。[1]

---

[1] Kristen Lewis Denzinger, "Special Needs Trusts", *GPSolo*, Vol.20, No.6, September 2003, pp.20-21.

(3) 受益人

特殊需要信托的受益人须残疾（Disabled）或失能失智（Incapacitated）。

可借鉴美国的经验，在特殊需要信托中，如果是以受益人自己的资产设立的信托，那么受益人须为残疾人且年龄要求在 65 岁以下。如果是集合特殊需要信托，那么受益人没有年龄的限制。第三方当事人特殊需要信托中，残疾受益人去世后剩余的资产全部应分配给剩余受益人。

2. 信托财产

移转于特殊需要信托的信托财产或资产，可以是金钱、股票、保险金等，包括信托设立时的本金、后来追加的财产以及信托资产所产生的增值和收益。

3. 信托目的

信托文件须规定：信托资产可用于何种目的；受托人在决定是否分配信托资产时自由裁量权的范围；目的须规定得非常具体且范围非常广泛；委托人决定信托资产如何使用；如何约束或指导受托人。

4. 信托终止

信托终止的时间由信托文件予以规定。

5. 最终分配

信托结束时，信托资产最终如何分配；指示由谁接收剩余资产等。

二 监护信托之法律构造

高龄者身上照护与财产管理之需求犹如车之两轮，缺一不可。日本将成年监护制度与信托结合发挥综合效力，使监护人与受托人能善尽其专长，分别致力于身上照护与财产管理之事务，值得借鉴。

（一）概念

监护信托可以个人遗嘱、信托合同，或由法院的指定等方式设立，由受托人为失能失智老龄人担任监护人，为其充当财产管理人，尽心照料其身体或医护其身心。受托人要保证财产安全，同时妥善安排财产的运用，取得收益，在运用监护人的财产时，仍应以安全性为前提，不得进行风险性投资，并将财产或收益按被监护老龄人的最佳利益进行运用，依信托本旨对其生活和安养作出安排。

监护信托是一种结合信托与监护职能的融合创新制度，除具有财产管理功能外，还具有监护、照护的作用，能实现对老龄人身上照顾等事务，重点在于身心照护而不是理财，体现了民法规范"以人为本"的精神。

信托可以与成年监护制度一起活用，具有任意监护的功能。根据信托"意思冻结功能"，委托人一旦设立信托，将财产管理权移转给受托人后，委托人丧失意思能力、死亡，受托人仍需要按照委托人设定的信托目的为受益人利益继续管理财产，实现委托人意愿。通过任意监护制度之创设，与信托制度形成互补，依据不同时点的需求，依高龄当事人之意思，选择最有利的方式保障其权益。

监护信托制度可以用以弥补现有监护制度和代管制度的不足，通过良好的配套监督制度体系，解决监护人或代管人怠惰这个核心问题。[①] 老龄人监护信托是委托人通过信托合同等书面文件委托受托人（个人或信托机构）对失能失智老龄受益人的财产进行管理或处分，受托人依信托文件为受益人的最佳利益管理信托事务，安排照护事宜并支付相关费用的制度。

（二）设立方式

监护信托可以通过合同、宣言和遗嘱的方式来设立。

1. 书面的合同（合同）

委托人通过书面形式将财产移转给另一位委托人，对该财产设立监护信托，或以登记来加以证明或通过其他的移转文件，以合法方式来执行此信托，受益人可以是移转人，实质上受移转人是指定的监护信托受托人。

2. 宣言

委托人也可以通过书面的宣言对财产设立监护信托，通过对财产进行登记或其他合法制定的宣言文件来证明，该宣言文件确定财产、指定受益人，实质上，在此信托中宣言人作为权利持有人指定为监护信托受托人。宣言人不是受益人，仅为宣言人的利益而登记或宣告的信托不是监护信托。

3. 遗嘱

委托人可通过遗嘱方式以财产管理和老龄人身上照护事务作为信托目的而设立信托。譬如，高龄者夫妻一方透过遗嘱将财产信托给受托人，并规定在其去世后受托人和意定监护人须照护其在世配偶的身心、管理其财

---

① 何锦璇：《信托立法不宜操之过急》，《北大法律评论》1998 年第 2 期。

产。受托人与意定监护人若非为同一人,则两者各司其职;若为同一人,则对不属于自己经验、知识和技能范围内的事项,受托人可委托他人为之。

(三) 当事人之间的法律关系

监护信托法律关系以信托财产为核心要素,连接委托人、受托人和受益人三方当事人并通过他们之间权利义务的交互作用而得以架构。

1. 监护信托当事人

(1) 委托人

我国信托法规定委托人需要具备完全民事行为能力,有意思能力时可以设定意定监护信托,由于信托具有"意思冻结的功能",委托人失能失智后,委托人或受益人处于被保护状态,且受托人受到监督机制的制约,委托人的意愿或信托目的在其丧失能力后也可以"维持",这是意定监护和意定信托的有机结合。在一定情形下,行为能力有一定瑕疵的"老龄障碍者"也可以在自己能力所及内,就自己部分或全部的日常生活、医疗护理、财产管理等事务,与自己信任的亲友进行协商,设立意定监护信托。在法定监护情形下,失能失智老龄人的法定监护人可以为其设立监护信托;法院也可以根据具体情形指令法定监护人设立监护信托。

(2) 受托人

受托人可以是具有完全民事行为能力的个人也可是信托机构,一般须具有财产监护及身上照护的能力,若没有身上照护能力的,可委托有能力的组织或个人。

意定监护信托委托人有意思能力时可与信赖的受托人达成监护信托合同,指定自己为受益人,待失能失智时由该受托人监护其财产和身心或委托他人进行监护,但受托人须对代理人的行为承担责任;委托人也可宣告自己或他人为受托人,并指定后续受托人,失能失智时由后续受托人承继自己所担任的受托人职位。

受托人是否具有身上监护职能的可能性?受托人可以实施除财产管理和处分以外的信托目的之行为,包括取得权利行为、债务负担行为、诉讼行为和医疗同意代理行为。受托人必须为达成信托目的而实施必要的行为,什么是这种必要的行为须于信托文件中明确规定。不限于权利取得行为、债务负担行为、诉讼行为以及劳务管理等。① 信托目的是保障受益人的稳定生活，除了将信托资金稳定运营和定期支付受益人的生活费用和医疗费用等外，受托人还具有医疗代诺的权限和义务。在以"受益人的稳定生活"为目的的信托中，受托人可以实施全权处理的行为，受托人可进行与受益者的权利相关的法律行为，包括个人专属或归属于身份行为或医疗同意等行为，事实行为包括受托行为、代理等。②

与信托财产管理和处分无关的事实行为如个人监护事项，是信托的附属业务。信托最初虽是财产管理制度，但也没有必要排斥个人监护的要素。③

（3）受益人

信托受益人在信托中享有受益利益，依法享有受托人管理运用和处分信托财产所产生的全部或部分利益。④ 我国信托法规定，受益人可以是自然人、法人或者依法成立的其他组织。在监护信托中，受益人只能是被监护的无民事行为能力或限制民事行为能力人，不包含法人组织和依法成立的其他组织。在为失能失智老龄人设立的监护信托中，该失能失智老龄人为监护信托受益人，老龄委托人在丧失行为能力前可设立意定监护信托，且可宣告自己为信托受托人和受益人。当然，该信托委托人、受托人和受益人不能为同一人，在此种宣言信托中，委托人须确立后续受托人，当委托人失能失智时由后续受托人承继财产管理和身心照护之责。在法定监护中，无论法定监护人主动还是按法院指令以被监护人的财产设立监护信托，其受益人均为被监护人。遗嘱代用信托中自益信托之受益人为委托人兼受益人和委托人死亡时取得受益权的人（第二顺位）（如图 6-1 所示）。

遗嘱代用信托中的他益信托之受益人为第三方受益人，在委托人去世前不享有受益人之权利（如图 6-2 所示）。

---

① ［日］岸本雄次郎：《信托受托者の職務と身上監護》，《立命館法学》2017 年 5・6 号（375・376 号）。
② ［日］岸本雄次郎：《信托受托者の職務と身上監護》，《立命館法学》2017 年 5・6 号（375・376 号）。
③ ［日］岸本雄次郎：《信托受托者の職務と身上監護》，《立命館法学》2017 年 5・6 号（375・376 号）。
④ 朱娟：《论我国监护信托制度的构建——以老年人的监护为视角》，《西南石油大学学报》2015 年第 1 期。

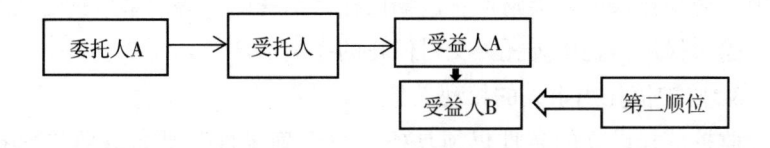

```
委托人A → 受托人 → 受益人A
                    ↓
                  受益人B ← 第二顺位
```

以A的死亡作为受益人更替的条件，使其发生与遗嘱相同的效果

图 6-1　遗嘱代用信托中自益信托的受益人

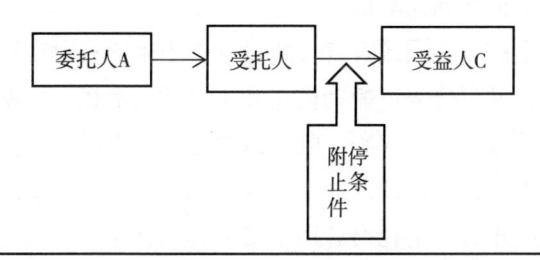

```
委托人A → 受托人 → 受益人C
           ↑
        附停止条件
```

以A的死亡作为受益人C开始行使受益权的条件，移转给受益人C的财产，是起初由A交付给受托人的信托财产

图 6-2　遗嘱代用信托中的他益信托的受益人

受益人连续型信托中最初受益人死亡，则其受益权消灭，由后顺位的他人重新取得受益权。譬如，高龄委托人将所拥有之出租不动产设定信托，以租金收益分配给受益人，由配偶担任第一顺位受益人，该受益人去世后由其老龄子女作为第二顺位受益人。

2. 监护信托的信托财产

我国的《信托法》将信托财产表述为"受托人因承诺信托而取得的财产"。意定监护信托中，信托财产应是委托人移转给受托人作为信托法律关系标的的财产。在法定监护的情形下，法定监护人以被监护人的财产设立信托，信托财产应为被监护人的财产。

信托财产是可以用价值来衡量的财产，包括动产、不动产（房产、地产）、版权等知识产权、股票等有价证券、财产权等。

与老龄人福利结合的信托，因功能不同，信托财产的形态也不同：年金信托之信托财产应为各类年金；不动产融资信托之信托财产为设定抵押的不动产；不动产管理信托之信托财产为被管理的不动产；老人安养机构入住款保全信托之信托财产为老人预缴之入住款；任意监护裁量信托之信托财产为委托人的各类财产；遗嘱信托之信托财产为遗嘱所指定的各类财产；遗嘱代用信托中委托人交付信托的各类财产等。

3. 监护信托当事人的权利义务

监护信托设立的条件仍须具备"三个确定性"要件。监护信托需要采取书面形式，监护信托合同是实践性合同，委托人需将标的物移转至受托人名下，由受托人"取得"财产后方可生效。

（1）委托人的权利义务

监护信托可以分为生前信托和遗嘱信托。

生前信托由委托人于生前以合同或宣言方式设立，于生前将财产移转给受托人而生效。生前信托又可分为可撤销信托和不可撤销信托，可撤销信托委托人保留了撤销和修改信托的权利，既可以独自也可以联合其他人一起行使这些权利，具体由信托文件加以规定。委托人对信托享有支配权和控制权，当信托撤销或终止时，信托财产回复给委托人，如果委托人另有安排和指示，依照其安排。不可撤销信托委托人一旦将信托财产移转给信托，即不再享有任何权利，不再对信托财产享有支配权和控制权。这种信托尽管实践中不常用，但也可以设立。

为实现老龄人生命终期意愿，以遗嘱方式设立遗嘱信托，立遗嘱人作为委托人透过遗嘱来实现自己的意愿。委托人将其意图以遗嘱方式表示，有权通过遗嘱控制财产，信托目的多为委托人为受益人量身定做。

（2）受托人的权利义务

监护信托财产的法定权利赋予受托人，受益利益赋予受益人。委托人不可终止监护信托，非失智的受益人或失能失智受益人的监护人可以向受托人提交受益人或监护人宣告终止的书面文件而终止监护信托，如果之前未终止，那么监护信托在受益人死亡时终止。

任何人都可以通过增加其他财产的方式添加现行监护信托的财产。移转人可以在信托文件中指定或授权指定后续的监护信托受托人。

监护信托受托人负有义务管理信托财产并对受益人的身心进行照顾。受托人需要履行信义义务，尤其要尽到注意义务，但此义务要求其应有监护信托受托人的知识、经验和专业技能，应以其专业能力管理信托财产。为了保护受益人合法利益不受侵害，受托人应具有专业能力。依照监护信托的要求，受托人必须尽到分散投资义务，履行忠实义务，禁止利益冲突，受托人不得将信托财产转为自有财产，或在该信托财产上为自己设定或取得权利；受托人还需要为受益人的最佳利益忠实地履行其义务，须履行公正的义务，应公平地对待受益人，应仅为全体受益人的最佳利益服务。监护信托因兼具财产管理和身上照护的双重宗旨，在监护人与受托人为同一人的情况下，因监护人与受托人专业领域各有千秋，因此，监护人兼受托人可根据受益人的需求将一定的事务委托给他人为之，但对代理人的行为要承担责任。

（3）受益人的权利和义务

监护信托是为受益人利益而设立的，受益人享有信托财产上的受益利益，不享有财产之法定所有权。

生前信托中，如果指定的受益人须于委托人去世时才能接受信托财产或利益的，此指定接受信托财产的人被称为"第二顺位的受益人"。在为失能失智老龄人所设立的监护信托中，受益人多为该失能失智老龄人；在委托人生前所设立的意定监护信托中，委托人可以在丧失意思能力前与受托人达成信托协议，指定配偶为第一顺位受益人，并可指定其他亲属作为第二顺位的受益人，或指定自己与其他亲属一起作为共同的受益人。委托人可以宣告自己为受托人并指定后续受托人，将自己作为受益人之一。

在遗嘱信托中受益人是遗嘱人之外的人。委托人兼受托人不能是信托的唯一受益人，否则，信托无效。受益人在失能失智前对受托人享有监控权，受益人可以基于其受益所有权人的身份对受托人行使物权性质的救济权，可以请求受托人按信托文件规定对信托财产或利益进行分配。受益人负有不得干预受托人管理信托事务之义务。

4. 信托法律关系的变更和消灭

如果监护信托是可撤销信托，那么，信托设立后，在信托的执行过程中，委托人要根据信托文件的规定依法对信托关系进行改变。委托人可以变更监护信托的信托财产管理方式和受托人、受益人。监护信托受托人辞任或变更时，如果委托人的民事行为能力受限制，无法独立完成对受托人的重新选任，可以让公权力介入，由法院替委托人选任新受托人。如果监护信托是可撤销信托，那么，委托人不享有对信托的支配权和控制权，除变更权和撤销权外。

信托可因法律或信托文件规定的事由发生或期限届满而终止。监护信托终止的事由也应基本遵循信托法和信托文件的规定。

三　成年监护制度支援信托之法律构造

成年监护制度支援信托是日本将信托与老龄人福利相结合的创新，其主要是日本老龄失智症照护问题的重要措施。此种信托是以保护本人的财产和稳定生活为目的的信托，它可以弥补监护制度的不足。成年监护制度创设之初，大部分情况下都是由本人的亲属担任监护人，这既有好处，也有缺点：监护人容易滥用本人的财产。监护人应维持本人利益进行财产管理，但因监护人自身的经济状况恶化和成年监护制度中法院监督和社会支援体系薄弱等原因，近年来亲属监护人滥用监护权侵占被监护人财产的情况时有发生，这不仅使本人遭受损失，也会使成年监护制度本身的信用消失殆尽。此种信托可提供比成年监护制度更完全的保障，不仅可以保护信托财产本金的安全，还能保护存款的安全，但缺点是信托财产仅限于金钱，不能是房地产等。

（一）概念

从日本成年监护制度支援信托的构造来看，此种信托是将接受监护制度支援者（即本人）的财产中足以提供日常生活开支的金钱作为存款等留给监护人管理，而通常不使用的剩余资金移转给信托机构以信托方式管理运作。[1] 此种信托是妥善管理和利用本人财产的方法之一。在本人有一定财产或者获得巨额财物的时，有必要通过信托制度妥善管理和使用这些财产，以保护个人的权益。除了适当管理和使用信托财产外，由于许多财产都是作为信托财产进行管理的，监护人必须直接管理的财产数量减少了，负担减轻了，家庭法院报告也更简便，也增加了财产管理的透明度。基于信托财产的独立性，委托给信托机构的资产与信托机构固有的资产分别管理。即使信托机构破产，也不会将信托财产用于偿还信托机构的债务。因经营出现亏损，信托机构倒闭时，有时无法保障本金的安全性。[2]

委托人对于超过日常生活所需的一定金额的现金、存款等，与信托银行签订信托合同。在签订信托协议前，将任命一名专家监护人，由该专业

---

[1] 参见［日］浅香竜太、内田哲也《後見制度支援信託の目的と運用について》，信託250号（2012年），第14—21页。

[2] 参见［日］伊室 亚希子《後見制度支援信託の概要と考察》，明治学院大学法律科学研究所年報29卷，2013年，第85—92页。

人员根据本人的财务状况，制订符合未来生活规划的收支计划。设定信托条件，以便在签订信托合同后，始终有必要和足够的财产交给执行监护事务的亲属监护人。制订收支计划和设定信托条件基本上是监护人的事务，应利用专业人员的知识和经验。信托银行管理并报告所委托资产的收入和支出，而日常生活费用等的收入和支出由亲属监护人通过存款储蓄来管理。专业人员在监护事务中，当需要专业知识和经验的情况下才会被要求参与，而日常生活费的收支管理等不需要专职人员参与的监护事务，则不会被要求参与。

此种信托需要家庭法院事先发出指示书才能退还信托财产，通过事先检查来防止不当行为。为防止亲属监护人欺诈行为，需专家监护人的持续参与。即使当前指定亲属为监护人时，也可通过任命专家监护人来扩大对个人财产的保护。

我国立法尚无此种信托制度，更无法律界定。在实践中，万向信托创设首单监护制度支援信托，将其界定为，"监护制度支援信托就是当事人提前安排未来人身事务的同时，将大额财产通过信托进行隔离和保护，由受托人按照当事人提前安排的规则进行信托管理和运行，一旦当事人发生失能失智等情况，由监护人履行当事人的部分权利和义务，保障被监护人生活品质，同时也降低监护人在财产管理方面的风险和负担，助推我国监护制度更加广泛和有效地服务于需求群体"①。虽借鉴了日本的制度，但更多强调适用于意定监护，旨在防止亲属监护人侵害本人财产，同时减轻监护人财产管理方面的风险及负担。

（二）设立方式

由于我国目前尚无成年监护制度支援信托制度之法律规范，其设立规范阙如，仅可从日本的成年监护制度支援信托之设立程序得以悉知。此信托仍维持自愿信托、自益信托的构造，缔结信托合同此一法律行为由监护人代本人为之。

日本的成年监护制度支援信托之设立具有两个重要的特点：家庭法院对信托行为是否妥当的事前审查和引入专家监护人。该信托设立的方式为信托合同，具体设立程序如下：第一，提出开始监护的申请。第二，家庭

---

① 参见万象信托《万象信托落地全国首单监护支援信托》，载微信公众号"万象信托"，coxtrust.com/npload/2021/05/13/162086618125171pxsk，2020年1月8日。

法院的裁判。如果法院认为应该考虑利用成年监护制度支援信托，就会选择专职人员担任监护人（也有同时选任专家监护人和亲属监护人的情况）。第三，专家监护人的分析。综合考虑本人的生活状况和财产状况后，判断是否应该利用成年监护制度支援信托。第四，提交报告书。如果专家监护人认为应该运用它，可以向家庭法院提交一份报告。第五，签订信托合同。专家监护人将家庭法院发出的指示书提交给信托银行等签订信托合同。第六，继任。如果专家监护人没有参与的必要，专家监护人就会辞职，将管理的财产移交给亲属监护人。

日本的成年监护制度支援信托之设立如图 6-3 所示。

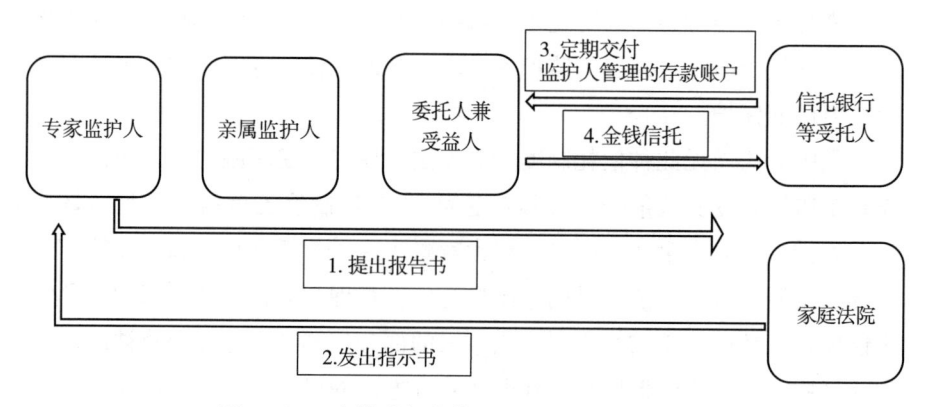

图 6-3　日本的成年监护制度支援信托设立程序

日本成年监护制度支援信托中，信托银行从被监护人的信托资金中定期向监护人管理的存款账户支付被监护人的生活费及医疗等一次性费用。信托合同的缔结、一次性费用的支付、信托变更、解约程序等均依日本家庭法院的指示进行，可保障被监护人信托资金的安全。此信托需要家庭法院事前审查发出指示书方可设立，指示书由家庭法院根据信托财产的数额、亲属监护人是否具备与财产调查、管理和信托合同相关的专业知识和经验等来判断是否应该利用此种信托。

利用监护和信托制度的优势，监护制度支援信托可为老龄人提供覆盖全生命周期的服务，实现其人身各阶段"人、财、事"的综合对接，保障其失能失智后的人身和财产权益。老龄人于失能失智前提前安排未来人身事务，同时将大额财产通过信托进行隔离和保护，由受托人按照当事人事先作出的安排进行管理和运作，一旦发生失能失智等情况，由监护人履行其部分权利和义务，保障被监护老龄人的生活品质，同时也降低监护人在财产管理方面的风险和负担。

我国实务界虽有万向信托成立的首单监护制度支援信托，但因法律规范的阙如，其设立、运作和终止没有相应的程序规范指引，存在发展的不确定风险。我国的制度规范之阙如主要有：第一，没有法院的介入。没有法院判断是否应适用监护制度支援信托。第二，没有专家监护人的参与。没有专家监护人进行判断及考虑决定是否利用成年监护制度支援信托（没有律师等专业人员选任为监护人或监护监督人）。第三，没有专家监护人对利用成年监护制度支援信托是否适当所提供的报告书。专家监护人应向家庭法院提交关于签订成年监护制度支援信托的信托合同的"报告书"，家庭法院在确认其内容后，向监护人发出相应的"指示书"。报告书应记载与特定的信托银行等签订成年监护制度支援信托合同，初始信托财产的金额，定期交付金的金额（监护人后续拟定财产目录、收支计划表后，以此为基础设定），申请合同的期限。第四，没有家庭法院发出的指示书。监护人应将从家庭法院收到的指示书副本提交给受托人，签订信托合同。家庭法院将检查监护人提交报告的内容，如果法院认为适合使用监护支援信托，则会向该专家监护人发出指示。之后，专家监护人向信托机构等提交指示书副本以及其他申请合同所需的文件，缔结信托协议。第五，没有专家监护人退出之机制。信托合同签订后，如果不需要干预，专家监护人应辞任，由亲属监护人继任，接管监护事务。虽然这些成年监护制度支援信托设立的程序规范并不一定完全适合我国的国情，但我国应结合理论、立法和实务现状，加紧制定成年监护制度支援信托设立、运作之规范，保障其规范化运行，从而发挥其对我国失能失智老龄人照护（财产和身上）之作用。

(三) 当事人之间的法律关系

1. 当事人

(1) 委托人兼受益人：被监护人

因成年监护制度支援信托为自益信托，由成年监护制度中的被监护人为委托人及受益人，但不包括意定监护制度中的被监护人。由被监护人的法定代理人即监护人代理被监护人与受托人签订信托合同及实施其他法律行为。在日本，监护人签订信托合同或解除合同时，需要从家庭法院得到指示书，并将副本提交给受托人。

(2) 受托人：经营信托业务的金融机构

受托人为经营信托业务的金融机构，为保护成年被监护人的利益进行信托管理，受托人在具体运营信托的过程中，需要有适当的规范标准来控制，否则，有导致滥用权限以及挥霍信托财产之虞。在日本，信托银行等作为受托人进行金钱管理。受托人应履行善管注意义务、忠实义务、分类管理义务等。在营业信托的情况下，从保护受益人的角度出发，根据日本《信托业法》和《兼营法》接受当局的监督。为了加重的受托人责任，可以根据信托目的设计灵活的架结构。①

2. 信托财产

监护支援信托的目的在于保护受益人（被监护人）的财产安全，保证生活安定。在监护制度支援信托中，为了稳定运用本人的财产，信托机构等仅允许利用附有本金保障合同的指定金钱信托，受托人可以把多个委托人信托的资金集中起来统一运用，采用同一比例分配给受益人。为老龄人设立的监护制度支援信托，其最初信托财产仅限于金钱，包括现金及解约存款等。② 被监护人的存款等很有可能为监护人非法使用，如果将存款进行信托不违反本人的（推定的）意思、利益，那么可以考虑将存款予以信托。该判断基于信托财产范围是否违背本人的意愿和利益。③

由于监护制度支援信托仅能为金钱，为了使具有其他财产的老龄被监护人能够成为此类信托所支援的对象，那么，需要将财产形态进行转换。根据个别的情况来考虑股票等金融商品的出售、变卖。对于股票，投资信托和政府债券等金融产品，如果将其出售或转换为现金，则可以将其视为信托财产，这将极大地改变本人的财产现状。持续持有老龄人本人经营的公司股份的情况下，对以长期持有为目的的股票，除了股票的金钱价值之外，在明确持有特定股票具有合理理由的情况下，可以考虑不出售。为了获取利益，在反复进行市场交易的过程中，暂时持有的上市股票等，考虑到股价动向，包含损失利益等因素，在当时出售不是特别不合理的话，通

---

① 参见［日］伊室 亜希子《後見制度支援信託の概要と考察》，明治学院大学法律科学研究所年報29卷，2013年，第85—92頁。

② 参见［日］信託協會《後見制度支援信託》，2019年9月発行，https：//www.shintaku-kyokai.or.jp/，2022-01-18。

③ 参见［日］伊室 亜希子《後見制度支援信託の概要と考察》，明治学院大学法律科学研究所年報29卷，2013年，第85—92頁。

常,不能认定违背本人的合理意愿。① 在日本,这需要根据具体情况,由专家监护人和家庭法院充分交换意见,作出适当的判断。

保险金或出售不动产均不能作为此信托之信托财产。不动产(土地、房屋)和动产(车辆等)不能直接信托,也不能以利用成年监护制度支援信托为目的而出售。另外,当明确存在遗嘱时,该遗嘱所处分的财产不在此信托对象之列。

3. 当事人的权利义务

(1) 委托人兼受益人的权利

在为失能失智老龄人所设立的成年监护制度支援信托中委托人兼受益人为失能失智的老龄人,他们有权获得受托人对其财产进行管理、监护人对其安养照护和医疗照料的权利以及获得社会福利的权利。

(2) 受托人的权利义务

因成年监护制度支援信托由法院介入设定,因此,需要有一套运营规则为法院及受托人提供行为指南。此类信托是为保护被监护人的利益而设立,在具体运作过程中,如果受托人的行为不能得到规范和控制,那么受托人有滥权之虞。

为了保护老龄被监护人的利益,将监护与信托两种制度并用,创设监护制度支援信托。老龄委托人将信托财产移转于受托人,由受托人保有信托财产之管理权及法定所有权,受托人处于信义人之地位。受托人为受信义之人,为维护受益人之利益,防止受托人之背信及滥权行为,各国立法均提供适当之义务规范。

信托目的的不同,受托人之义务内容亦随之相异。运用监护与信托并用的方式为失能失智老龄人设立监护制度支援信托,旨在使老龄人获取收益以及身心照护,防止监护人滥权,以其生活安养为最终目的。因此,受托人的义务规范着力于"获取收益"和"防止滥权"。受托人须履行信义义务即忠诚义务和谨慎义务以防止滥权,还需要根据现代投资组合理论,履行分散投资义务,在保障信托资产安全的前提下提升其价值,由于财产管理及投资依情形可能需要高度的专业知识,允许受托人(由监护人兼任)将财产管理事务和身上照护事宜委托给其他专业人员或外部受托人,

---

① 参见[日]浅香竜太、内田哲也《後見制度支援信託の目的と運用について》,信託250号(2012年),第14—21页。

但受托人须对委托事项所产生的后果承担责任。

四 安养（福祉型）信托之法律构造

（一）概念

安养（福祉型）信托利用信托架构，为老龄人提供财产安全保障和身心照料，为保证高龄者及残障人生活安定而设定，最终实现受益人生活稳定之目的。"生活稳定"之概念不仅仅指财产管理事项，也包括人身监护事项。[①] 此类信托是以高龄老人（包括患有痴呆症的高龄老人）、残疾人、被监护人等为受益人，旨在为其长期支付一定的生活费、住院费、设施使用费等。安养（福祉型）信托既可与监护制度并用，也可在成年人监护制度不适用的情况下使用。安养（福祉型）信托是在社会基础设施以及完善监护人制度也无法满足老龄化社会需求的情形下产生的一种新型的信托，受到广泛关注。

老龄人出现失能失智现象，可利用信托制度之优势确保其享有一定水平的经济生活与医疗照顾。我国没有类似我国台湾地区定义的"安养（福祉型）信托"，养老信托类似于老人安养（福祉型）信托。养老信托是个创新概念，为受益人养老目的而对老龄人财产进行管理或者处分并为受益人提供全面养老服务的信托。通过老龄人受益权益份额的标准化和凭证化，养老信托可为老龄人或其利益相关人提供养老服务、投资理财服务并实现财富传承等功能。养老信托是种事务性信托，它融养老服务和金融功能于一身，是一种创新型的金融工具。[②] 养老信托是以委托人的财产权为中心，以养老服务、养老保障、公益养老事业等为主要或特定目的，由受托人（或与养老服务商合作）提供个性化的专业财产规划和服务。[③]

老龄人安养（福祉型）信托包括老龄人的财产规划管理与身心安养照护两个方面。自益的遗嘱信托因老龄人去世后才发生效力，它主要关注老龄人的财产规划，对于老龄人生前的生活照护作用不大，所以，自益的老人安养（福祉型）信托应采用生前信托为宜。

---

① ［日］新井诚：《信托法》，刘华译，中国政法大学出版社2017年版，第441页。
② 尹隆：《老龄化挑战下的养老信托职能和发展对策研究》，《西南金融》2014年第1期。
③ 孙文灿：《养老信托初探——从养老消费信托谈信托对积极应对人口老龄化的作用》，《社会福利》2015年第3期。

（二）设立方式

老龄人安养信托可以合同、宣言和遗嘱方式设立。安养信托的形态不同，设立方式也随之有所差异。以信托效力发生时间是生前还是死后分为生前信托与遗嘱信托。依信托利益是否归属于委托人本人，安养信托又可分为自益信托和他益信托。委托人为自己利益设定的信托，为自益信托；委托人为第三人利益设立的信托，为他益信托。

老龄人在有意思能力时可通过合同和宣言为自己利益设立自益信托，一方面可为自己将来的稳定生活提前作出规划和安排，另一方面可充分尊重其自我决定权。这种稳定生活包括安全的财产管理和有尊严的安养照护。亲属可通过合同、宣言和遗嘱方式为失能失智老龄人设立他益信托，使老龄人得以安养照护。受托人所实施的身上监护事项可作为信托的附带业务来定位，为此，信托已超出财产管理的范围，发展成为财产管理和身上照护的制度。在安养（福祉）型信托中，受托人的善管注意义务中应当增加"个人照顾义务"，该义务涉及受益人的饮食照料和现实护理等，不仅仅涉及信托财产的管理、运作和处分。①

透过自益信托机制，老龄人可避免失能失智时被恶意夺产或社会诈骗。委托人将金钱移转于信托，并规定该笔资金于退休后之给付条件，以预先安排退休后生活及医疗所需，从而确保退休金可以专款专用于自己身上，即使因健康状况不佳，致受监护人无法管理财产时，仍能享有惬意且有尊严的晚年生活，获得安养照护和医疗护理等。②

老龄人的近亲属可以作为委托人为其设立他益信托，按老龄人不同阶段之需求，分别安排财产管理和身心照护事宜。

老龄人可设立共益信托型之安养信托，信托成立时，将其配偶或其指定之人列为共同受益人，从约定给付信托利益之日起，依约定比例共同享有。也可约定一定条件下，其配偶或其指定的人成为共同受益从，再依约定比例共同享有信托利益。委托人签订自益信托合同约定如遇委托人自己无法处理其生活、医疗照顾及财产管理等事务时，由其配偶或指定之人担

---

① ［日］岸本雄次郎：《信托受托者の職務と身上監護》，《立命館法学》2017 年 5·6 号（375·376 号）。

② 王志诚：《信托制度在高龄化社会之运用及发展趋势》，《月旦法学杂志》2018 年总第 276 期。

任共同受益人。①

透过受益人连续性功能，老龄委托人也可在失能失智前设立自益信托，指定自己为第一顺位受益人，并指定他人为第二顺位受益人。

若能活用信托制度之意思冻结机能，让高龄者或财产管理能力不足之人于有意思能力时事先设立信托，由受托人依信托文件之规定管理或处分信托财产，并于委托人丧失意思能力或意思能力不足时，可以继续实现其财产管理之意思，避免监护人滥权，还可落实生活照料、医疗照顾等身上监护事务。为防止受托人滥用其自由裁量权，信托文件也可设置信托监察人，以监督受托人职权之行使。②

（三）当事人之间的法律关系

1. 当事人

（1）委托人

老龄人可运用是自益信托，即老龄人自为委托人，与受托人签订信托合同，将其财产权移转给受托人，指定自己为受益人，使受托人为自己利益管理信托财产。在征收赠与税的国家和地区，就自益信托与他益信托区分之实益，自益信托无须课征赠与税，而他益信托则须课征赠与税。③ 我国目前尚无赠与税，无论设立自益信托抑或他益信托均无影响。

他人也可为老龄人设立他益型的安养（福祉型）信托，譬如，我国台湾地区银行所推出"安养抚育信托"，子女可为长辈之退休养老规划，成立他益信托。未来我国之信托业，可推动"敬老安养（福祉型）信托"，规划长辈之退休生活。子女可为老龄人身上事务和财产管理作规划，这也是老人安养（福祉型）信托的模式，子女规划他们自己的财产，老龄人作为受益人享受利益。④

委托人不是唯一受益人时，还出现了安养（福祉型）信托的共益信

---

① 王志诚：《信托制度在高龄化社会之运用及发展趋势》，《月旦法学杂志》2018年总第276期。

② 王志诚：《信托制度在高龄化社会之运用及发展趋势》，《月旦法学杂志》2018年总第276期。

③ 潘秀菊：《高龄化社会信托商品之规划》，《月旦财经法杂志》2008年第12期。

④ 王志诚：《信托制度在高龄化社会之运用及发展趋势》，《月旦法学杂志》2018年总第276期。

托模式。① 共益信托模式之安养（福祉型）信托，信托成立时，即将其配偶或其指定之人列为共同受益人，从约定给付信托利益之日起，依约定比例共同享有。亦可约定在一定条件下，其配偶或其指定之人成为共同受益人，再依约定比例共同享有信托利益。例如委托人签订自益信托合同时，约定如遇委托人自己无法处理其生活、医疗照顾及财产管理等事务时，由其配偶或指定之人担任共同受益人。

（2）受托人

委托人与受托人之间的关系是信托行为引发的问题。老人安养（福祉型）信托作为信托的一个子类，它的特殊性在于信托的设立必须使老人自身享受信托利益，设立目的的选择其实取决于委托人与受托人之间设立信托所要解决的问题。老人安养（福祉型）信托是老龄化社会超出家庭养老，老龄人为自己的财产及人身谋取保障的创新模式。信托架构一般是私益信托，委托人为使自己作为信托受益人，将自己的财产移转给信托受托人，由受托人进行管理运作，并依指示使受益人（委托人自己兼任）受益。安养（福祉型）信托涉及受托人对于运作信托财产产生的收益分配以及对受益人提供身心照护服务等事宜。

在纯财富积累的阶段，受托人向受益人分配资产受益的形式不同会产生不同的信托架构。受托人作为财产管理与养老服务提供的主体，受托人一定不是简单的自然个体，资产管理受托人很大程度上是以提供信托服务为业的营利主体，特定委托人不一定是受托人的唯一客户，受托人会集合数笔老龄人的资产。但是这种资金的集合又不同于英美法系中基于特殊医疗目的设立的集合信托，集合信托受托人须为非营利组织，资产从不同委托人处汇集，信托财产相互隔离并统一放在一个信托财产池中用于投资和管理，每个受益人都有一个单独的子账户。② 虽然信托资产集合，但也会有受托人分开管理与集合管理两种形式。分开管理的财产交割十分简单，受托人对特定受益人的财产实行分别管理、分别记账、定期交割。集合管理相对复杂，在老人与信托业者签订信托协议后，对于集合的资金，

---

① 王志诚：《信托制度在高龄化社会之运用及发展趋势》，《月旦法学杂志》2018 年总第 276 期。

② 陈雪萍、张滋越：《我国成年监护特殊需要信托制度之构建——美国特殊需要信托制度之借鉴》，《上海财经大学学报》（哲学社会科学版）2020 年第 2 期。

受托人将其汇集到一种资金池，向老龄委托人以及老龄人以外的第三人发行受益权凭证，或者对资金池进行反向操作，进一步扩大资金池规模从而获得更高收益，老龄人作为委托人以受益权凭证为依据获得收益并受益。① 但这种模式也必须是委托人与受托人对于资金操作的共商结果。可以约定，在行为人失智的状态下，此种操作的高风险转为一般风险的资产管理模式。

（3）受益人

受托人对于受益人的收益分配可以分为两个阶段，第一个阶段是纯财富积累阶段。老龄人具备正常行为能力时，信托的功能在于为老年人积累足够多的财富，这个阶段的受益财富积累由受托人直接分配给委托人（受益人），收益的支付方式可以磋商调整。第二个阶段以委托人失智为界限，受益人的受益分配包括财富的分配以及老龄人的身心照护。在这个阶段，老龄人已经不再有能力规划自己的财产，其财产应该严格依照信托合同的约定进行运作处理，并且应该按约定标准为失智老龄人提供身心照护服务。

信托不仅有满足单个老龄人需求的功能，若设计得当，可在技术上解决整个养老市场的部分问题。公益信托型安养信托，可采取公益信托方式捐建养老项目，委托人（以老龄人为特定投资者）可将自己的资金、房屋、设施等作为信托财产，委托经民政部门批准的受托人（可以是养老机构运营主体，也可是自然人）进行经营，在一定期限内开展非营利性养老服务，受益人为有服务需求的特定老龄人群体，包括老龄投资人本人。公益性养老设施建设作为政府未来必须大力推进的民生项目，信托公司可通过与地方政府长期合作，引入社保基金进行投资，既可满足养老基础设施建设需求，又可实现社保基金的保值增值。②

2. 信托财产

安养（福祉型）信托可以为生前信托和遗嘱信托。依委托人或受益人是否可以变更或撤销，生前信托又可以分为可撤销信托或不可撤销信托。

---

① 苏永钦：《从以房养老看物权的自由化——再谈民法作为自治与管制的工具》，《中国法研究》2013年第1期。

② 和晋予：《养老与信托的"一体化"发展思路》，《当代金融家》2014年第12期。

委托人未将财产权移转于受托人前，信托关系未成立；即使委托人已与受托人签订信托合同，未将财产权移转于受托人，信托仍未成立；委托人未为财产权移转或为其他处分前，受托人不可请求委托人为财产权之移转或为其他处分。

在财产权没有归属于受托人之前，安养（福祉型）信托没有有效设立。由受托人所拥有的财产称为信托财产或信托资产，信托财产可以是有形的也可是无形的，但须是可以确定的和可以移转的，无须考量其现状、大小或品格。①

可撤销信托并不拥有财产，受托人享有信托财产法定所有权。除非委托人将财产法定所有权移转给受托人，或委托人去世前通过遗嘱将其财产或所有财产作为信托财产移转给可撤销信托，否则，可撤销生前信托并不能运作。移转法定所有权的程序称为向信托"出资"。信托财产法定所有权必须归属于受托人，"受托人享有法定所有权"和"获得信托融资"。委托人的财产是共有财产的，移转于共有的可撤销信托受托人或配偶各自可撤销信托受托人时，须谨慎将其独立。

委托人的财产移转于不可撤销信托受托人，方可成立有效信托。

3. 当事人的权利义务

（1）委托人的权利义务

可撤销生前信托委托人在其有生之年均可撤销、终止信托，取回信托财产。若以合同设立信托，委托人还可以修改信托协议。如果委托人保留修改、变更、撤销或终止可撤销信托的权利，可能影响信托财产价值波动的，这些信托财产将可能成为委托人去世后遗产的一部分。一般委托人去世后，信托协议不可修改或撤销，除非信托协议具体规定了此等目的，这有利于克服信托协议变更所引起的信托不确定或不完善或违背委托人的意图。委托人所保留的撤销、变更、修改、订正的权利具有人身属性，不能由任何其他人如长期代理权人、监护人或财产管理人代为行使，这可有效阻止监护人、代理人未经委托人承认或同意而通过撤销、变更、修改、订正的权利来曲解委托人的意图。

不可撤销生前信托委托人将财产移转于受托人，即对信托财产不再享有任何权利，信托财产法定所有权归属于受托人，自益信托委托人也是受

---

① Uniform Testamentary Additions to Trust Act §1, 8A U.L.A.603, West Group, 1983.

益人时，委托人是以受益人的身份对信托财产享有受益所有权，可行使对受托人的权利。

（2）受托人的权利义务

受托人可以是个人或受托机构，享有信托财产的法定所有权，但不享有信托财产之受益所有权，这种不是所有权的所有权，使信托具有独一无二的特征，这是信托的整个精髓。依信托法理，信托不因受托人缺位而无效，若受托人是个人，信托不因其去世、丧失行为能力、辞任或任何其他原因缺位而无效。受托人除享有普通信托所享有的权利，承担普通信托所应负有义务如信义义务外，还应依安养（福祉型）信托的特征或特定情形享有和承担特定的权利与义务。信托文件须明确规定公司受托人和个人受托人的权力、义务和责任，尤其在公司受托人和个人受托人担任共同受托人的情形，以避免重复服务和不必要的浪费。公司受托人如银行或独立的信托公司和个人受托人被指定为共同受托人时，信托文件须规定谁享有最后的话语权以及承担最终的责任。一般来说，决定权的划分是公司受托人负责信托事务的照料和管理，而个人受托人负责受益人的日常所需。每一受托人都应明确各自的责任和权利领域以便于各司其职和明确责权义。自益信托受益人有权替换受托人，无论受托人是银行、独立的信托公司抑或个人受托人，都有权遴选后续受托人。受托人有权依其提供的服务获得相当的报酬。无论是公司受托人抑或个人受托人均不可获得赋予特定受托人履行义务与责任的报酬。

可撤销生前信托中，无论委托人是失能失智抑或去世，为实现委托人的意图，受托人有权修改或订正信托协议条款的用语以避免产生歧义。

以宣言方式设立的生前信托中，委托人可以是最初的受托人。委托人在其有生之年，出于一定原因如因年事渐高且意思能力减弱，可以书面指示后续受托人承担受托人职务，这对委托人失能失智时信托的管理十分重要。但在此情形下，委托人须保留辞任受托人以及指定另外的受托人或后续受托人的权利。

最初的个人受托人因死亡、辞任或丧失行为能力时，指定的后续受托人继任受托人职位，在某些情况下，委托人需要依据信托协议指定后续受托人之一担任特定子信托或受益人份额的子信托之受托人，或指定另外的受托人担任剩余信托资产的后续受托人。

委托人或受托人的失能失智的认定通过医疗技术来确定。

(3) 受益人的权利义务

安养（福祉型）信托之受益人是委托人所指定的获得信托财产收益或本金或本金加收益的受益人，或获得信托提供的财产管理和身上照护服务的受益人。在受益人连续性信托中，可以是第一顺位的受益人也可是第二顺位的受益人。第一顺位的受益人是信托设立时指定的受益人，是信托财产的受益所有权人。受益人不享有信托财产的法定所有权，仅享有信托财产的受益所有权。

委托人去世时，指定获得信托财产的人为附属受益人。

受益人可以是自益信托的委托人，在其失能失智或意思能力尚存前可指示受托人依照其意图行事，可更换受托人或指定后续受托人，也可指示受托人对其他受益人行使个人照顾的善管注意义务。

五 保险信托与保险金信托之法律构造

保险信托以财富的保护和传承为目的，在死亡和纳税两者的交点处，可很好地进行税后财产管理和死亡后财产安排。因各国、各地区人文环境、经济发展、法律制度等并不完全相同，对保险信托概念的具体分析，可产生不同分类，最主要的分类是保险信托和保险金信托，两者的主要区别是信托财产不同以及设立方式不同。当然，我国台湾地区学者也有将其混用的，如保险信托由于合同生效之时点较早，在概念上较能涵盖以金钱为信托财产的保险金信托，他们认为广义的保险信托应该包含保险金信托及保险信托两者。但二者还是有本质上的区别。

（一）概念

1. 保险信托

保险信托（Insurance Trust），又称人寿保险信托，是委托人以人寿保险的保险单即保险金请求权作为信托财产，与受托人订立信托合同，发生保险事故时，受托人领取保险金，依照信托合同的约定经营、管理及处分该保险金。委托人以人寿保险单成立不可撤销人寿保险信托后，视同已将保险单赠与受托人，指定受托人为所有权人（owner）及保险受益人（beneficiary）。若保险单持有人非为被保险人时，通常无法以保险单作为赠与物，成立人寿保险信托。[1] 此类信托是金钱债权信托，以保险单即保险

---

[1] 吴玉凤：《保险金信托法律问题之研究》，硕士学位论文，台湾政治大学，2002年。

金请求权或金钱债权为信托财产，委托人（债权人）将其金钱债权信托于受托人，使受托人成为名义上的债权人，执行金钱债权的催收、保全、管理、处分，而将所得金钱交付给受益人的信托。[①]

2. 保险金信托

保险金信托是委托人订立人寿保险合同时，或就既存的人寿保险合同增加条款，一旦保险合同的被保险人去世，保险受益人向保险公司申请给付保险金，保险公司依人寿保险合同的增加条款以及保险受益人之请求，将保险金汇入信托专户，交由受托人依信托合同之指示管理运用。此类信托的信托财产为"金钱"即保险金。

保险金信托是投保人作为委托人以财富的保护和传承为目的，以保险合同的权益（即未来产生的保险理赔金或年金、保险分红等）和资金（或有）作为信托财产，一旦保险利益的给付发生，保险公司直接给付有关资金于信托公司，信托公司根据与委托人（保险投保人）签订的信托合同来管理、运用、分配该资金，延续或实现投保的委托人意志。

3. 保险信托与保险金信托的差异

两者主要以信托财产不同而作为区分之标准。保险信托（又称为人寿保险信托、寿险信托）是以保险单即保险金请求权作为信托财产，属于金钱债权信托，主要源自美国。而保险金信托是以保险金为信托财产，属于金钱信托，主要源于日本和我国台湾地区。

信托生效时间不同。保险信托属债权让与信托，通常当事人间签订信托合同，并为债权让与后即生效力；而"保险金信托"则须将保险金汇入受托人在银行所设立的信托专户，交付信托财产后，信托方可生效。

请求保险金的当事人不同。"保险信托"之保险事故发生时，向保险人申请保险金的人为信托受托人（因其已受让保险金请求权），保险人在信托受托人提出请求后，直接将保险金给付于受托人；而保险金信托之保险事故发生时，由保险受益人来申请保险金，保险人在保险受益人提出请求后，保险人再将保险金给付于受托人。

虽然保险信托与保险金信托在概念内涵上有所不同，但两者均是结合信托与保险两个制度而成立的综合体，两种类型的信托皆旨在保护遗属生活、避免浪费并提供专业理财服务等，功能上有高度的重叠与相似之处。

[①] 陈月珍：《信托业的经营与管理》（第2版），台湾金融研训院，2002年，第104页。

（二）设立方式

1. 保险信托

保险信托可以合同和遗嘱方式设立，但合同设立为主要方式。委托人设立保险信托是将保险合同人基于人寿保险合同而持有的保险单即保险金受领请求权移转于受托人，以人寿保险债权与受托人设立信托。在人寿保险合同缔结的同时也设定人寿保险信托，委托人指定受托人为保险金受领人，或在以现存人寿保险合同设定保险信托，将受托人变更为人寿保险合同之受益人，期满或保险事故发生时，由受托人受领保险金并依信托合同所规定之目的管理此保险金，并为受益人利益管理、运用或交付。[①]

有学者主张，保险信托设立的方式应由保险受益人担任信托受托人并将保险金请求权让予信托之受托人，至于是否可以直接以受托机构或公司受托人为保险受益人的方式而设立保险信托，学界尚存争议。[②]

有学者认为，被保险人担任委托人，信托公司担任受托人并兼任投保人可能之成立方式有二：先缔结寿险合同，后缔结信托合同；先缔结信托合同，后缔结寿险合同。[③]

保险信托可以遗嘱方式设立，立遗嘱人必须对所处分之财产享有处分权，一般是投保人以自己为被保险人及受益人，此时人寿保险金纳入投保人之遗产，则投保人自然可以遗嘱方式，以保险金请求权作为信托财产设立。

2. 保险金信托

保险金信托是委托人依其（保险受益人）之意思将从保险公司领取的保险金作为信托财产移转至信托，由受托人负责管理和运作。实质上已脱离人寿保险信托之本质，仅为金钱信托而已。

保险金信托中保险人在保险受益人申请保险金后，将保险金给付于受托人，受托人取得保险金后，金钱信托方得以生效，此类信托具有金钱信托之性质。投保人须放弃保险受益人变更权利。

---

① 潘秀菊：《人寿保险信托所生法律问题及其运用之研究》，元照出版有限公司2001年版，第55页。

② 陈怡蒨：《人寿保险（金）信托之法律问题及课税研究——以利他死亡保险为基础》，硕士学位论文，台湾大学，2012年。

③ 陈怡蒨：《人寿保险（金）信托之法律问题及课税研究——以利他死亡保险为基础》，硕士学位论文，台湾大学，2012年。

保险金信托中，投保人（被保险人）担任委托人，信托公司担任受托人并兼任保险受益人之成立方式有：投保人同时分别与保险公司及信托公司缔结保险合同与信托合同；投保人先与保险公司缔结保险合同，后与信托公司缔结信托合同。

（三）当事人之间的法律关系

1. 当事人

（1）委托人

保险（金）信托之规划模式是"寿险合同法律关系主体"与"信托合同法律关系主体"二者彼此相互联结之状态。基于私法自治、合同自由，当事人可依不同需求设计出不同之规划模式。委托人可由寿险法律关系主体投保人（兼被保险人）、被保险人或保险受益人担任。投保人（被保险人）选择人寿保险（金）信托最主要因为在去世后可依其意旨支配保险金并保障弱势或不善理财之保险受益人的利益。在无任何外在因素影响时，保险（金）信托之原始规划模式应是"投保人"（被保险人）担任委托人，信托公司/保险公司"担任受托人"，保险受益人为信托受益人（但若以"保险受益权"为信托财产，则由信托公司兼任保险受益人）。

保险信托被保险人与受托人订立一项信托协议，在被保险人死亡后，受托人处分保险单或被保险人保险单的保险金，保险单为信托财产。保险信托的委托人是人寿保险保险单的持有人即投保人，投保人将保险单所有权移转给受托人，并指定受托人为保险受益人，此为名义上的受益人。

保险信托以保险单即保险金请求权作为信托财产，委托人可以是投保人（被保险人）、被保险人或保险受益人。

保险金信托以自益信托为主，以保险受益人为委托人，同时投保人必须放弃变更受益人之权利（不可撤销信托），信托始能成立。保险金信托受益人为信托合同之委托人，保险金信托也可由投保人（被保险人）或被保险人担任委托人，原保险受益人也可以担任委托人。

不同的人寿保险信托形态存在不同类型的委托人，具体来说，第一，以投保人为保险受益人的保险信托，其委托人具有双重身份，既是投保人也是保险受益人；第二，由投保人指定第三人为保险受益人的保险信托，委托人是被指定的第三人；第三，由投保人指定信托机构为保险受益人的保险信托，投保人同时也成为保险信托的委托人。人寿保险信托委托人一般是享有保险金请求权的人，即保险受益人。但当投保人直接指定信托机构为保险受益人时，信托受托人兼具保险受益人的身份，此时保险与信托之间不存在变更财产主体的情形，当事人之间订立不可撤销保险信托，受托人不可能兼具委托人的身份，委托人只能由投保人担任。

（2）受托人

保险信托受托人可由保险公司或信托公司担任，信托公司担任时，则可分为"信托公司单独担任受托人"及"信托公司除担任受托人外尚兼任投保人或保险受益人"。保险信托受托人可以是如下情形：信托公司担任受托人；信托公司担任受托人并兼任投保人。

保险金信托中信托公司担任受托人并兼任保险受益人，或信托公司担任受托人并兼任保险受益人及投保人，或信托公司担任受托人并兼任新保险受益人。

（3）受益人

保险信托以保险受益人为信托受益人或作为受托人的信托公司兼任信托受益人。

保险金信托是以保险金即保险受益权作为信托财产，信托公司（受托人）取得"保险受益权"所成立的信托，由信托公司（受托人）担任保险受益人。自益保险金信托以保险金受益人为信托委托人，将保险金信托给受托人，由其管理、处分，受托人自己也为信托受益人。投保人（通常为被保险人和保险受益人或之一）先向保险公司投保人寿保险，并以此保险单之保险金为信托财产设立信托，以保险受益人为信托合同之委托人及受益人，与受托人签订自益信托合同，投保人必须放弃保险受益人的处分权；信托受益人必须在银行开设专户，而保险合同上除指定受益人外，须于保险单上增加"保险金汇入银行保险金信托专户"之备注，一旦发生保险理赔时，保险公司根据保险受益人之申请，将保险金拨付于信托受托人在银行里所开立的信托专户。若保险公司不支付保险金，保险受益人有权向保险公司请求给付，而非信托受托人。保险受益人是保险金信托委托人，同时也是保险金信托受益人，保险事故发生前或后的保险受益人也是信托受益人。

2. 信托财产

保险信托以保险单所承载的债权请求权作为信托财产，为债权请求权。依信托财产确定性要求，保险信托中，保险单一旦签署、交付，除保险合同另有约定外，当事人不得变更受益人。除非保险单有另外约定可变更受益人,当事人未放弃受益权时,才可变更受益人。未约定可变更受益人者,保险受益人之权利确定,符合有效信托成立之要件即信托财产具有确定性。

保险金信托以保险受益人基于寿险合同所享有之权利(权益)作为信托财产,[1] 即以金钱为信托财产,又属金钱信托。信托设立时,信托财产为金钱,信托终止时,或依信托合同应返还受益人本金时,亦以金钱为给付。[2]

广义的保险信托(含保险金信托)之保险金请求权、保险金及投保人或委托人预先支付给信托机构用以支付保费之款项均可作为信托财产。其中,保险金是保险事故发生后保险受益人实际获得的财产,且保险金与预支保费在金额上均具有确定性,都属于现有确定的财产,故二者作为信托财产不存在争议。

对于保险金请求权可否作为信托财产,理论与实务界存在较大争议。此争议的核心在于保险金请求权可否视为确定性财产。[3]

保险金请求权与保险受益权并非仅仅是一种期待利益,而是具有权利内涵上的一致性。保险金请求权与保险受益权在法律属性上无本质区别,二者均是一种附生效要件的权利。保险事故发生前,二者均是期待权(其主要内容是一种期待利益);保险事故发生后,二者即成为一种现实的财产权利。保险金请求权与保险受益权均可在特定条件(投保人放弃对受益人的变更权)下作为信托财产。保险金信托中,投保人未放弃对受益人的变更权时,受益人享有受益权或保险金请求权所指向的利益虽然为法律认可和保护,但该利益仍属于期待利益,不具有确定性,也无法转让或作为债权交易的标的,故不能作为信托财产。但当投保人放弃对受益人的变更权时,保险事故虽然尚未发生,但受益人享有的权利及其利益已经具有了不可撤销性和可计量性,因保险合同上载明了保险金额,保险事故必然会发生(如被保险人终会去世)时,故保险事故一旦发生,受益

---

[1] 陈怡蒨:《人寿保险(金)信托之法律问题及课税研究——以利他死亡保险为基础》,硕士学位论文,台湾大学,2012年。

[2] 参阅黄国精《银行最具潜力之商品——信托商品》,《财税研究》1992年第4期。

[3] 赵廉慧:《信托财产确定性和信托的效力——简评世欣荣和诉长安信托案》,《交大法学》2018年第2期。

人即可向保险人请求给付合同载明的保险金。对此,英美保险法值得借鉴:英美法中,保险受益人的受益权系保险合同所赋予、依据保险合同所取得之权利,无论投保人放弃受益人变更权与否,均非仅为一可能之期待权,即使被保险人保留变更保险受益人之权利,保险单仍系一有效之信托标的。而且一旦保险合同当事人放弃对受益人的变更权,受益人即取得"既得权"(Vested Right)。① 此时,保险合同履行后的所有利益均归于受益人。尽管受益人的受益权仍可能受到投保人不交付保费或被保险人自杀、犯罪被处死、拒捕或越狱等影响,② 但受益人的受益权已在很大程度上成为一种实在的权利,而不再仅仅是一种期待权。

尽管两大法系在立法技术与法的价值方面存在较大差异,但在保险受益权或保险金请求权的性质认定上,可以适当借鉴英美法,明确保险受益权或保险金请求权在投保人放弃变更受益人情形下可作为信托财产,无疑有助于厘清相关争议,也有助于充分发挥保险金信托制度的优势。

3. 当事人的权利义务

(1) 委托人的权利义务

保险信托一般为不可撤销信托,一旦信托设立,投保人不得再主张变更任何保险合同所生的权利,不得变更信托合同的内容及对受益人的指定。委托人必须承担未来可能情势变更时保险单不能撤销的风险。不可撤销人寿保险信托之保险单持有人将永远放弃对保险单之所有权与控制权,之后若有情事变更将付出高昂代价。可撤销人寿保险信托中,即使受托人被指定为保险合同受益人,但委托人仍保有撤销信托、取回财产(保险单)之权利。

保险金信托委托人由保险受益人担任,该受益人之权利具有不可撤销性,于保险事故发生时,享有请求保险人支付保险金的权利和义务,并有义务将保险金交付于受托人。

(2) 受托人的权利义务

保险信托中人寿保险单是一种合同,被保险人死亡后,人寿保险公司不会也不能对保险单的收益行使自由裁量权。保险公司须严格按照保险单条款支付保险金,不得为不可预见的紧急情况提供任何款项,信托协议可

---

① 江朝国:《死亡保险中受益人之确定》,《台湾本土法学杂志》2000年第6期。
② 徐仁碧:《人寿保险受益人之受益权》,《寿险季刊》1986年第2期。

赋予受托人权力和自由裁量权以应对此类紧急情况。被保险人可在信托协议中规定，如果支付给受益人的收益不足以满足意想不到的费用，如医疗服务、住院费用或失能失智所需要的照护费用，受托人可以利用其自由裁量权，从信托基金的本金或收益中支付上述费用。[1]

保险信托多为不可撤销信托，受托人是信托关系中最重要的角色。既然是不可撤销保险信托，委托人对信托财产没有保留任何实际权利，全权由受托人管理和处分信托财产，若受托人的选任不当，将可能造成信托财产的损失。保险信托受托人一般为具有专业能力的法人。作为信托财产的保险单（或保险请求权）或保险金移转并登记于受托人名下，受托人有义务依信托合同之规定及时依据保险单行使保险请求权或管理运作保险金。

保险信托以生前信托（living trust）为主，信托相关文件须指定保险受益人，大部分保险人均允许受托人被指定为保险受益人，保险人为了证明信托文件确实存在，通常会要求告知信托日期及信托当事人之姓名，保险人有责任避免发生已指定受托人为保险受益人，却未成立信托合同之情况。[2]

保险金信托中，保险人将保险金即信托财产交付给受托人时，信托生效，受托人依信托合同之规定管理及运用保险金，再将信托利益交付信托受益人。

(3) 受益人的权利义务

一般保险受益人会被指定为保险信托受益人，信托受益人具有双重身份，享有并行使保险受益人和保险信托受益人的权利，除非保险受益人是委托人并在信托文件中保留了相应的权利，否则，不得干预受托人对信托事务的执行。因保险受益人（委托人）同时亦为信托受益人，所设立信托为自益信托（委托人即受益人）。若保险受益人为老龄身心障碍者，则实际上应由保险受益人之法定代理人（投保人）代替保险受益人缔结信托合同，移转保险受益权并指定信托受益人。

---

[1] Penington, Robert, "Life Insurance Trusts", *Corporate Practice Review*, Vol.1, No.7, April, 1929, pp.21-30.

[2] Muriel L.Crawford and William T.Beadles, *Law and the Life Insurance Contract* (6th Edition), Homewood, IL: Richard D.Irwin, Inc., 1989, p.284.

第二节　运作：失能失智老龄人安养信托之运作规范

一　特殊需要信托的构成要件

信托之成立与生效，必须具备一定的要件，其可分为成立要件及生效要件。

（一）成立要件

成立要件是信托法律行为的构成部分，意思表示为必要，其包含当事人、标的和意思表示。而特别成立要件包括要式行为和要物行为。

信托为一种法律行为，自然必须具备法律行为之构成要件。信托行为一般成立要件为：（1）信托当事人；（2）信托财产；（3）设立信托之意图。按信托法一般成立要件之意思表示内容必须有三项确定性要件：信托财产确定；信托意图确定；受益人和受益利益确定。

为使明示信托有效设立，除须满足行为能力要件、设立方式要件、形式要件及合法性或公共政策要件等外，还须同时满足"三个确定性"要件，"三个确定性"是信托能够得以强制执行的前提。三个确定性缺一不可，否则，信托从设立之时起自始无效。[①]

特殊需要信托可以通过遗嘱和可撤销生前信托的方式设立，但也必须满足"三个确定性"要件。

第一，意图的确定性。信托文件需要预先说明设立人的意图，即信托财产分配应"补充"而不是"替代"公共福利，除非受托人认为这符合受益人的最佳利益，则允许分配取代这些福利。信托文件通常须明确规定信托设立人的意图是为残疾受益人提供补充需要，而不是满足基础生活需要；为残疾受益人的利益分配信托本金和收益方面，受托人拥有绝对的自由裁量权。[②] 信托文件可规定授予受托人唯一、绝对和不受控制的自由裁量权，受托人可自行决定向受益人或为受益人的利益进行分配。信托文件

[①] 陈雪萍：《论我国〈信托法〉对信托有效要件规定之完善——以英美信托法信托有效设立的"三个确定性"要件为借鉴》，《政治与法律》2018年第8期。

[②] See Daryl L. Gordon, "Special Needs Trust", *Quinnipiac Probate Law Journal*, Vol. 15, No.1& 2, 2000, pp.121, 123.

应当规定信托的本金或收入的任何部分不得用于食物或住房,或取代受益人可能有资格领取的任何公共救助福利。①

在第一方当事人特殊需要信托中,信托文件必须说明该信托是为受益人的个人利益而设立,以及自受益人去世后,信托财产必须偿还给医疗补助机构,以补偿受益人在其有生之年所获得的医疗照顾费用。医疗补助机构被称为剩余受益人(remainder beneficiary),有资格获得剩余信托资产。若要保留社会救助资格,信托文件中必须包含"返还条款",医疗补助机构将成为第一个剩余受益人,较其他剩余受益人具有优先顺位。医疗补助费用的补偿相对其他费用(如丧葬费)的支付具有优先性,但如果受益人在世时使用信托资金预付的丧葬费,则不受剩余受益人优先权的限制。②

以遗嘱形式设立的特殊需要信托中,委托人需要草拟一份意愿书,明确委托人去世后受益人的照料事宜。尽管这不是一份法律文件,但表明向监护人、受托人、家庭成员以及其他涉及受益人照料之人提供了重要信息的意图。此意愿书说明受益人的医疗需求、日常事务、利益、喜好与憎恶、宗教信仰、起居安排、社会活动、行为管理以及自理的程度。③

第二,标的的确定性。特殊需要信托旨在使某些残疾人受益。第一方当事人特殊需要信托之信托财产主要来源于诉讼、继承、法院指定的赡养费或子女抚养费等受益人的自有资产。信托财产可以是一次性支付,也可是定期支付,④ 由受托人持有并用于信托受益人的利益。因公共福利机构不计算特殊需要信托持有的资产,所以,此种信托不影响信托受益人申请政府福利项目的资格。此种信托可帮助残疾人用自己的钱来增加政府项目所提升的生活标准,允许家庭成员提供一些经济资源用于残疾家人的福利;此种信托持有的资产一般用于购买政府福利项目无法提供的商品和

---

① See Ruthann P. Lacey & Heather D. Nadler, "Special Needs Trust", *Family Law Quarterly*, Vol.46, No.2, 2012, pp.247, 259, 260.

② See Lauretta Murphey, "Special Needs Trust Basics", *Michigan Probate Estate Planning Journal*, Vol.31, No.3, 2011, pp.3, 6.

③ *Special needs trust: frequently asked questions*, https://www.rbcwm-usa.com/resources/file-834922.pdf, on Jan.12, 2021.

④ 参见陈雪萍、张滋越《我国成年监护特殊需要信托制度之构建——美国特殊需要信托制度之借鉴》,《上海财经大学学报》(哲学社会科学版)2020年第1期。

服务。

判断受益人是否能获得社会救助资格时,设立此种信托的财产利益是"不被计量"的财产。①

在美国,此种信托的信托财产主要来自以下几个方面:人寿保险、现金(包括亲属的赠与)、投资(如股票、债券等)、退休计划福利(如养老金福利、个人账户基金和401〔k〕资产)、动产和不动产以及人身损害赔偿金(适用于第一方当事人特殊需要信托即个人出资型信托)

第三,受益人的确定性。残疾人在其有生之年必须是此种信托的唯一的受益人。受益人必须是"残疾人",不享有撤销信托的权利和不能指示信托资产的运用来维持自己的生活(否则信托资产将被视为受益人"可利用的"财产,在考察公共福利资格时纳入"可计量"财产,导致福利资格丧失);残疾人自身不能担任受托人。② 受益人必须是终身受益人,信托文件必须声明信托成立时以及未来任何时候,信托的支出必须仅为受益人的利益。该信托无论在设立时还是在未来任何时候,除该个人外没有其他受益人。信托虽为该残疾人的唯一利益而设立,但允许受益人在世期间向其配偶或受扶养人支付是无效的。受托人不得向受益人之外的任何人支付现金或实物,例外情况有:受托人为委托人的利益而支付的款项;当纳税申报单确定了实际的纳税义务时,对信托投资收入或指定给信托受益人的收入所欠的税款;与信托管理有关的费用、合理和必要的专业费用,包括与管理信托基金或财产相关的受托人、会计和律师费用。基于提供服务的合理的市场价格所支付的信托受益人的监护人和财产托管人的费用。

(二)生效要件

法律行为生效要件是存在于法律行为本身以外的其他效力要件:(1)当事人有完全行为能力;(2)标的必须可能、确定、适法、妥当;(3)意思表示必须健全。而特别生效要件,则包括附条件、处分权等。一般生效要件为:(1)信托当事人有完全之行为能力;(2)信托目的必

---

① SeeJacqueline d. Farinella, "Come on in, the Water's Fine: Opening up the Special Needs Pooled Trust to the Eligible Elderly Population", *Elder Law Journal*, Vol.14, No.1, 2006, pp.127, 158.

② See Kemp C.Scales, CELA & Linda M.Anderson, "Special Needs Trusts: Practical Tips for Avoiding Common Pitfalls", *Pennsylvania Bar Association Quarterly*, Vol.74, No.2, 2003, pp.169, 172.

须可能、确定、合法；(3) 信托当事人之意思表示必须健全而为判断。①

信托成立时，仅须将特定信托财产于成立信托的意思表示中明确表示，但不以信托财产之移转或处分行为为成立要件。至于信托财产之移转或处分行为，则可归为信托之特别生效要件。

失能失智老龄人特殊需要信托的设立，不管采取何种模式，除满足"三个确定性"的要件外，仍然需满足一般生效要件和特殊生效要件，方可完全设立。

(三) 撤销、修订和终止

特殊需要信托是不可撤销信托，信托一旦设立，即不可撤销，受益人无权撤销、修订，只能在非常有限的情况下进行修改。信托通常在受益人有生之年成立，在此期间，各种情况和变化都会发生，但不可撤销信托不能简单地随时间"变更"，最初起草的信托可能不适合受益人变化的情况。

许多情况下信托可能需要修改，特别是最初没有对特殊需要进行适当规划的情况下，经常需要对信托进行修改，这是至关重要的，以便获得资格或维持获得基本公共福利的资格，如医疗补助和补充社会保障收入。修改可能还有其他各种原因，如改变受托人条款、增加信托保护、改变信托条款以提高信托的税收效率、改变信托场所，以及应对家庭环境的变化。虽然可以向法院申请修改信托，但成本昂贵。有两种无须诉诸法院而修改不可撤销信托（如特殊需要信托）的方式：一是允许委托人（设立信托的人）和所有受益人修改或终止不可撤销信托，即使该修改与信托的实质目的不完全一致，将变更限制在不根本违反信托的实质目的的情况下。二是非司法和解协议。该项协议是由受托人和所有受益人签订具有约束力的协议。修改不能违反信托的实质目的，且须是一个可由法院批准的事项，包括地址的改变，受托人赔偿的改变，授予受托人权力的变更，信托的修改或终止，或任何其他有关信托管理的事项。如果委托人已不在人世，那么，唯一可选择的路径是达成和解协议。上述两种方式均需所有受益人同意。受益人是拥有现有或未来信托受益权的个人或实体，受益权是既得的或有条件的。受益人既包括现有信托受益人，也包括信托的所有和

---

① 王泽鉴：《民法总则》，中国政法大学出版社2001年版，第252、476页。

附条件（或死亡或剩余）受益人。针对每个案件的不同情形都必须仔细地审查，因为恰当的修改方式在很大程度上取决于案件的独特情况。

有三种情况下可以终止第三方当事人特殊需要信托：（1）受益人死亡时终止信托。在这种情况下，信托文件指示剩余资产的分配，可能分配给其他兄弟姐妹或家庭成员或慈善机构。（2）信托资金不足。如果特殊需要信托一开始就没有得到充分的资金，受益人的财务需要超过预期，或者如果受益人超过预期寿命。即使特殊需要信托仍有少量资产，受托人认为管理信托的成本超过剩余资产，继续维持信托在财务上没有意义。（3）受益人不再有资格获得政府福利，且可能永远没有资格获得利益，或者受益人不再需要政府福利。在这种情况下，所有的税收和其他费用支付后，受托人直接向受益人分配资产。

（四）信托外部第三人的关系

老龄残障者缺乏意思能力管理自己经济事务时，特殊需求信托可确保该残疾老龄人的个人资产继续由受托人控制，受托人有义务保护信托资产，并在任何时候都为该残疾老龄人的最大利益行事。虽然这些资金不能直接交给残疾老龄人，但可以用于支付医疗费用、个人护理人员或任何其他对该老龄残疾人有利的商品或服务。尤其是信托账户内的资金不受债权人追索，用于该老龄残疾人的照顾。

受托人可行使自由裁量权分配所持有的信托资产，但不是必须进行分配。这意味着债权人，如医疗补助计划或其他机构，不能要求受托人进行分配。信托基金不属于政府福利目的的可计数资产。特殊需要信托受益人没有取得信托移转、指示、分配或授权分配的权利；不得担任或被选为信托的唯一受托人或共同受托人；无权解任该信托的任何受托人；无权为该信托或任何其他信托任命后续受托人；没有对该信托之财产行使有限的或一般的任命权。信托受益人缺乏控制权，这使得该信托有能力避免外部的冲击，包括对抗自愿或非自愿债权人攫取资产。

二　监护信托的构成要件

（一）成立要件

监护信托可以为可撤销信托，受益人为无民事行为能力的老龄残障者，信托设立时受益人无须为无民事行为能力的老龄人。老龄受益人可以于其残障、无民事行为能力或死亡前任何时候终止信托。

与普通信托一样，监护信托仍然需要遵循信托的构成要件。为使信托得以完全成立，须具备成立要件。

1. 意图的确定性

监护信托只能为委托人的利益而设立。委托人大多为老龄人，他们希望在丧失行为能力时对其未来的财产管理作出安排。任何人可通过指定"实质上受让人"为"监护信托受托人"，开始设立监护信托。监护信托可通过遗嘱、信托、保险单、契据、死亡后支付账户、行使委任权的文件来设立，享有权力的委托人可以通过上述文件，明确规定受托人行使的权力，规定将受益人作为信托权力的对象。

书面信托文件须充分规定和表达委托人设立信托的意图，可指定享有权利的受益人，规定将受益人的权利不限于养老金或利润分享计划项下的权利，向受托人、付款人、开证人或者合同权利债务人进行登记或为交付。若最初被指定的受托人不能或不愿任职，则被指定的替代或后续的受托人须按照上述顺序将财产支付或转移给他们。受托人应向受益人支付有关的费用或向受益人支付一定的开支和利益，受益人在没有丧失行为能力时可指示受托人支付大部分或全部信托财产。如果受益人丧失行为能力，受托人应当用大部分或全部信托财产支付其认为有利于受益人、其配偶和子女以及受益人的其他受扶养人的开支和利益。在受托人认为妥适或适当的情况下和范围内，可以不经法院命令，也不考虑受益人的其他支助、收入或财产而履行财产监护和人身监护的义务。

2. 标的的确定性。

任何类型的财产均可以成为监护信托的财产：动产或不动产，有形财产或无形财产。最为常用的财产是无形财产，如股票、债券和银行账户。"监护信托财产"是由受托人所持有的财产利益以及由此财产所产生的收益或其他孳息。任何人可通过使用任何监护信托设立方式向现有信托增加财产。

委托人在其有生之年将信托所得收入和本金，按照财产管理人的规则用于"对转让人及其受抚养人的扶助、教育、照料或福利"。委托人可向受托人递交署名的撤销文书来撤回信托。委托人死亡时，剩余财产将作为委托人的遗产，由其继承人或遗嘱中指定的受益人继承。

受托人可以开立票据、储蓄或其他数额合理的类似账户，由受托人或受益人提取资金或向其开具票据。从受益人账户提款或开给受益人的票据是受托人对受益人所进行的信托财产分配。

无论何种类型的财产，只要可以确定或已确定均可成为信托财产，其产生的收益也属于信托财产，受托人可依信托本旨将信托财产分配给受益人。

3. 受益人的确定性

监护信托的"受益人"是"为个人的用益和利益，由受托人以信托宣言方式受让财产或持有财产的个人"。慈善组织、公司、合伙企业和其他非自然人实体不得成为受益人。

受益人对信托财产享有受益利益，受益人可以为数位。然而，受益人的利益"被视为对每一受益人具有平等不分割利益的单独监护信托"。

受益人必须确定。一般来说，夫妻双方中生者对死者名下财产所享有的权利不应被推定属于多个受益人所共有；相反，只有信托文件明确规定"生者之权利"，"生者之权利"才会存在。但如果信托财产的转让是为了丈夫和妻子的用益和利益，则推定生者对死者名下财产享有权利。

信托可在原受益人有生之年以外继续存在的唯一情形是：原受益人死亡后被分配财产的人丧失行为能力。在这种情况下，信托继续为此人的用益和利益服务，直到被分配财产的人之无行为能力被解除或信托终止。

总之，受益人必须确定，其受益份额也必须确定。

（二）生效要件

监护信托的特殊生效要件是要将信托财产移转给信托，通过交付财产给另一个人并于第三方金融机构熟知的登记方式来设立。为了简化程序，应允许委托人通过在转让文书上简单地注明受托人或所有权，将财产转让给信托。

委托人设立监护信托，须移转财产法定所有权于受托人，可宣告自己为受托人和受益人，但委托人、受托人和受益人不可以仅为同一人。委托人仍可保有对信托财产极强的影响力和支配力。委托人保有撤销权和变更权，随时可以撤销信托或变更其死亡后之受益人。信托财产的收益在委托人生前归属于自己，在其去世后归属于受益人。当委托人兼任受托人时，信托条款应约定以何种方式判断其能力以及其死亡或丧失能力时，由何人担任受托人。当委托人丧失能力后，受托人或继任受托人依照自己的裁量与判断，为其管理信托财产，实现信托目的。

委托人生存且有行为能力时，可撤销信托委托人对信托财产仍保有控制权与管理权。除信托条款有特别规定，一般信托关系中受益人理当享有的权利，生前可撤销信托受益人均无，而是归属于委托人，即使最微弱的知情权亦不例外。委托人丧失行为能力时，生前可撤销信托受益人也没有任何权利。信托仍可被委托人撤销时，可撤销信托受益人同样也没有权利。在此情形下，受益人所享有的只是期待利益，而非法律上之权利。① 即使该指示与信托文件之规定和受托人的一般信托义务相悖，受托人也必须遵守委托人之指示。可撤销信托之财产，几乎被当作委托人的财产。

监护信托中财产移转于受托人后，受托人有义务对其进行分离和标识，有义务将所有信托财产与其控制的其他财产区分开来，并确保该财产被清楚地标记以表明它是为受益人利益的信托财产。受托人可以通过记录、登记或以其他方式表明该财产是为指定受益人的利益而以信托方式持有。

只有移转信托财产于受托人并将其独立、标识，监护信托方可有效成立生效。

（三）撤销、修订和终止

监护信托和委托人享有撤销信托之权利，但受益人享有终止信托的权利。

有行为能力的成年受益人或无行为能力受益人的监护人有权在任何时候终止信托，而无须阐明终止理由。即使受益人不是转让人，此项权利也存在。程序很简单即受益人仅向受托人提交一份签署的书面文件，宣布信托终止即可。

转让方享有撤销或终止监护信托的权利。转让于信托的财产是不可撤销的，委托人/转让人不可终止信托或收回转让财产。如果转让人同时也是受益人，那么，转让人是以受益人的身份终止该信托。

受益人死亡时信托终止。信托终止时，受益人有权享有所有剩余的信托财产。如果受益人丧失行为能力，受益人的财产保护人或法院指定的人获得信托财产。

如果信托因受益人死亡而终止，可以有几种分配计划。然而，受益人

---

① 黄诗淳：《保护信托制度于我国运用之可行性研究》，信托业商业同业公会，2018年，第14页。

的指示必须优先予以考量。受益人指示须为书面形式，由受益人在有行为能力时签署，方可生效，受托人于受益人在世期间取得该指示。如果受益人没有留下有效指示，剩余信托财产将首先归多个受益人的遗属，但信托文书须明确规定"遗属的权利"。如果生者对死者名下财产不享有权利，余额将按照信托文件指定的方式公平分配，在没有指定的情况下，作为已故受益人的遗产。

如果接受分配的人丧失行为能力，信托不会终止，将继续为接受分配人的用益和利益而存在，直到无行为能力得以解除或信托因其他原因而终止。监护信托因受益人死亡而终止后，受托人保留完成信托业务的权力。受托人可"卸任监护受托人或受托人在监护信托终止前所承担的义务"。

只有在重要事项需要外部裁决或决策时，才能诉诸法院。这些需要外部裁决的事项主要有撤销受托人的行为、向受托人发出指令、审查受托人行为的正当性、审查赔偿决定、要求和批准受托人账户、确定受益人的能力、指定后续受托人、授权支付属于丧失行为能力受益人的或其负有债务的监护信托之信托财产。

转让人保留撤销信托的权力，该信托仍然有效。

（四）信托外部第三人的关系

由于信托财产的独立性，信托一旦设立，信托财产法定所有权归属于受托人，但受托人对信托财产不享有受益所有权，信托财产不受三方当事人之债权人追索，此信托具有了禁止挥霍的功能，所有当事人的债权人均不可对信托财产进行追偿。

三 监护制度支援信托的构成要件

（一）成立要件

为了防止监护人的滥权和腐败，日本创设一种叫作"监护制度支持信托"的制度。该制度将本人财产中不平时使用的部分存款储存在信托银行，监护人不能随意动用。

此种信托也应遵循信托完全设立之成立要件：

1. 意图的确定性

监护制度支援信托之委托人及受益人（自益信托）为被监护人，由于被监护人受到行为能力或意思能力限制，实际上由其法定代理人来设立此种信托。信托的意图须在严格的设立程序中予以确立。我国可以借鉴日本监护制度支援信托设立程序的经验，由法院先行审查是否应使用此种信托并作出裁定，然后，选任专家监护人和亲属监护人，由专家监护人调查被监护人的生活状态及财产状况，并再次审查是否适用此种信托，如果认为适合利用该制度，设定信托财产金额及定期支付给亲属监护人供日常开支之金额等标准，向法院提交报告书，法院审核后作出指示书，专家监护人向受托人提交指示书，委托人之代理人（亲属监护人）与受托人订立信托合同，代理人的行为须受到法院的审查。

2. 标的的确定性

监护制度支援信托旨在保护本人的财产和生活稳定，是以金钱为信托财产的金钱信托。信托财产是老龄人本人所享有的生活开支以外的一定财产或者获得的巨额财物，包括养老金、追加的财产、信托财产所产生的收益等。

信托财产须足以确定，老龄人主要是以超过其日常生活所需开支以外的一定金额的现金、存款等作为信托财产，在信托协议签订之前，由法院任命的专家监护人对本人的财务状况进行审查，制订符合本人未来生活规划的收支计划。通过设定信托条件，以便信托合同签订后，始终有必要和足够的财产交给执行监护事务的亲属监护人。受托人管理并报告所委托资产的收入和支出，而日常生活费用等收入和支出由亲属监护人通过存款储蓄来管理。

3. 受益人的确定性

此种信托的受益人为老龄被监护人，签订信托合同等法律行为由被监护人的法定代理人即监护人代理被监护人进行。监护人签订信托合同或解除合同时，需要获得法院的指示书，并将副本提交给受托人。因此，受益人的确定性在此种信托中无疑也是不可或缺的。

（二）生效要件

监护制度支援信托需要有明确的目的：被监护人安养照护、身心及财产上的监护，需要有可确定的财产如金钱，需要有明确的受益人如老龄被监护人。委托人须将财产转移给信托机构等。

受托人须将信托资产与信托机构最初拥有的资产分离开来以确保信托财产的独立性。即使信托机构破产，也不会将信托财产用于偿还信托机构的债务。另外，信托机构等必须履行金融机构合理的注意义务，管理信托财产。

（三）撤销、修订和终止

受托人须依照信托合同之规定，定期交付必要生活费给亲属监护人。如果被监护人之收支状况变化很大，而必须变更此定期交付金钱的数额，或有必要终止合同时，须向法院提交报告书，由法院制定指示书后，受托人方可变更处理。

（四）信托外部第三人的关系

与所有信托一样，此种信托之信托财产具有两权分离以及独立性的特征，信托一旦设立，信托财产不受三方当事人之债权人追索，尤其是受托人破产情况下，受托人的债权人也不可对信托财产进行追偿。

四　安养（福祉型）信托的构成要件

老人安养（福祉型）信托设立是从信托关系建立的信托行为开始，与法律行为的理论相关，法律行为这一概念源于德国民法典，萨维尼给出的定义是"行为人创设其意欲的法律关系而为的意思表示行为"[1]，并且法律行为本身不含"合法性"的因素。信托行为的行使意欲产生信托关系，信托关系的有效成立分为信托行为的成立与生效两个阶段，信托行为生效产生信托法律关系。同时，此种信托成立生效还须满足特殊要件。英美法系对信托的设立存在宣言信托的概念，委托人可以对外宣布自己担任一定财产的受托人而设立的信托。[2] 而大陆法系在继受信托理念时对信托的引入大都保持谨慎态度，我国设立信托须采用合同或者遗嘱等方式，要求有相对严格的要件。

（一）成立要件

信托行为作为法律行为的一种，须满足一定条件方能成立。第一，委托人有设立信托的意思表示，且表意真实。尊重老龄人的意思自治，尊重老龄人追求自己更高质量生活的意思表示，不是简单地依靠其家人进行人身及财产管理照护，使养老不再是家庭的事务，而变成全社会的事业。第二，委托人具备相应的民事权利能力与行为能力。老龄人尚有判断能力时，与受托人进行信托行为的磋商，方可设立有效的信托关系。第三，有

---

[1] ［德］萨维尼：《当代罗马法体系》（第3卷），朱虎译，中国法制出版社2010年版。转引自宋炳庸《无效法律行为用语不可屏弃》，《法学研究》1994年第3期。

[2] 何宝玉：《信托法原理研究》，中国法制出版社2015年版，第107页。

合法的信托目的，不违背法律与公共政策。此种信托旨在使老龄人的资产保值增值，使老龄人的身心得以照护，须具有法律上的正当性。第四，信托财产须发生移转，须独立于受托人的财产，并且该财产是设立信托前属于委托人合法所有的财产。此种信托的财产是老龄人为了财产管理和身心照护目的而由老龄人合法拥有的财产。因此，以安养照护为目的的机构出资设立的信托不在老龄人安养（福祉型）信托之列。第五，受托人对信托财产有管理处分的权力并对老龄人的身心负有照顾的义务。这是此种信托设定的独特之处，兼顾财产与人身监护两方面的功能。第六，设立信托必须采取书面形式，包括合同或者法律、行政法规规定的其他书面文件等。我国对信托的设立规定了严格的形式要件，不仅因为我国信托法律制度与英美法系信托的要求不同，而且由于老龄人本就是弱势群体，在失智状态下老龄人的利益更是欠缺保护，因此，此种信托的设立必须有严格的准入机制。

信托的成立是否需要以移转信托财产所有权为要件是民法法系争议的焦点。英美法系信托法理中存在与信托制度相匹配的双重所有权理论，信托的本质是移转并分割所有权的设计。信托之双重所有权是同一信托财产由两人或以上的人同时享有，受托人有义务为他方之利益行使其所有权，却无权享有信托财产之任何受益利益，其所有权是形式的而非实质的，是名义的而非真正的。但这种所有权形式在民法法系国家是难以被接受的，单一所有权观念决定了民法法系所有权的不可分割性，强调一物只有一个所有权。民法法系的绝对、单一所有权仅归属于同一人，信托财产所有权不能同时由两个人享有。① 一旦财产权移转完成了法律规定的所有权移转手续，所有权就发生终局的权利变更，受托人享有所有权，委托人丧失所有权。不论对财产移转作为信托的成立要件有多少争议，移转财产还是必须作为信托成立的要件。在老龄人安养（福祉型）信托中，老龄人利用信托方式为自己的老年生活与财产谋求新的出路，可极大地体现老龄人的意思自治，在其他条件成就的情况下受托人若不移转财产所有权，受托人就不能正常开始财产的管理。老龄人尚具备判断能力时，可以采取获得委托人授权的方式进行；老龄人丧失判断能力时无法取得授权。因此，老龄

---

① 陈雪萍：《信托财产双重所有权之观念与继受》，《中南民族大学学报》（人文社会科学版）2016年第4期。

人丧失判断能力之前应进行财产所有权移转，但这个时间节点不易掌控，老龄人丧失意志能力是一个阶段性过程，很可能存在财产没有移转或者进行到中途，老龄人就已经完全丧失意识辨认能力，这样给信托财产留下极大的不确定性。即使老龄委托人已缔结信托合同，由于财产权尚未移转，信托合同尚未成立，将来委托人被监护保护后，其财产将由监护人管理，是否移转信托财产，全凭监护人之判断，受托人无从置喙。① 因此，财产移转是必要条件，应作为信托的成立要件。

（二）生效要件

英美信托法理中存在影响信托设立效力的"三个确定性因素"。信托有效设立除了须满足行为能力要件、设立方式要件、形式要件及合法性或公共政策等要件外，还须满足设立信托意图的确定性、标的确定性、受益人确定性要件。这"三个确定性"要件对信托的有效与无效以及法律关系的定性具有重要的作用。② 只有具备了这种确定性与精确性，受托人才知道自己应该如何行动。

信托意图的确定性涉及委托人是否有意愿设立信托以及能否设定信托。安养（福祉型）信托中，老龄人在行为能力尚正常时表明自己的信托意图，表示自己愿意以自己的财产成立信托，并使自己在财产与人身两方面受益。但这种意图的表达并不限于意思表示中出现"信托"二字，即使没有以"信托"来明确表达，只要能判断有设立信托的意图，信托仍然成立；标的确定性要求信托财产没有权利负担以及及时移转，财产移转其实是信托行为的成立要件，也是信托成立的必需要件。财产权属必须确定，以保障受托人后续处分管理资产的资格没有瑕疵；受益人确定性要求受益人确定或者至少可以确定。在老人安养（福祉型）信托中，无论受益人是否唯一，老龄人作为委托人是确定的受益人，虽然可能存在老龄人以外的其他受益人，但老龄人要从信托中使自己受益，是此种信托设立的目标，若目标不能达到，信托设立没有意义。

（三）撤销、修订和终止

安养信托可以分为可撤销信托和不可撤销信托。可撤销信托中委托人

---

① 黄诗淳：《美国生前信托之启示：以信托与监护之关系为焦点》，《台湾大学法学论丛》2019年第2期。

② 陈雪萍：《论我国〈信托法〉对信托有效要件规定之完善——以英美信托法信托有效设立的"三个确定性"要件为借鉴》，《政治与法律》2018年第8期。

保有信托之撤销权，受托人必须服从委托人之指示管理信托。即使在不可撤销信托中，如果委托人与受益人为同一人，委托人作为受益人的身份仍保有对信托财产的实质控制权，受益人丧失行为能力后，信托转为自由裁量信托，受托人须依照法律的规定，为无行为能力之受益人管理和运用信托财产。

安养信托旨在照顾委托人兼受益人的晚年生活，通常可约定终止情形有：受益人死亡；信托财产已全数给付受益人享有；当月最后一个营业日信托财产净资产价值低于一定规模。①

（四）信托外部第三人的关系

安养信托的财产不受三方当事人的债权之追索，委托人的债权人不可因委托人的失能而恶意地侵害其利益，因此，此种信托在有些设计中可以称为"禁止挥霍"信托。

五 保险（金）信托的构成要件

（一）成立要件

保险信托仍然应遵守信托之"三个确定性"原则。

1. 意图的确定性

保险（金）信托一般以合同和遗嘱方式设立，合同和遗嘱是极佳的表达委托人意图的方式。以合同方式设立的生前保险信托可分为可撤销信托和不可撤销信托。可撤销和不可撤销条款载入信托合同条款，不可撤销信托对保险单所有权以及所附随之权利均未作任何保留，包括持有保险单、保险单受益人之变更、保险单之解约权、保险单之转让权、保险贷款权由被保险人全部放弃。如果被保险人保留上述权利的，则为可撤销的保险信托。委托人也可通过遗嘱将保险金或保险金受领权予以信托。

2. 标的的确定性

保险信托的信托财产为保险单或保险金请求权，委托人将保险单交付给受托人，信托财产即为确定。

保险金信托的信托财产为保险金即金钱，委托人将金钱交付信托，信

---

① 国民信托：《老龄化背景下养老信托运行机理与制度保障研究（四）——其他国家和地区的养老信托运行机理与制度保障》，http://www.chinatrc.com.cn/contents/2017/7/19-069db63b130d4e18b749d1964783eba2.html，2017年7月19日。

托财产即为确定。

3. 受益人的确定性

在自益的保险（金）信托中，受益人可以是委托人即被保险人或投保人兼被保险人。

如果受托人信托公司兼任"保险受益人"，原预定的保险受益人则脱离寿险法律关系，保险法中针对保险受益人而设立的道德风险防范措施（受益权丧失）无法拘束原定保险受益人，而对被保险人之生命安全产生不利影响。保险事故发生（被保险人死亡）时，于法律上可以领取保险给付之人为担任保险受益人之信托公司（法人），而非原预定之保险受益人（自然人）。

公司受托人作为受益人是否对保险具有保险利益，理论界尚存疑义。

（二）生效要件

保险单或保险金须移转于受托人，完全设立的保险（金）信托方可以生效即保险信托须具备移转要件。

保险信托以保险单或保险金请求权为信托财产，保险单移转于受托人，信托方可生效。因保险单不易与受托人的财产相混淆，无须采取其他措施将其独立。将已存在之保险单移转至信托，使保险单成为信托财产。若一旦将保险单移转于信托时，则原被保险人即不得对保险合同主张任何利益，受托人将成为名义上之所有人，只有受托人才可行使基于保险合同所产生之利益，但若受托人只是被指定为保险合同之受益人，投保人仍保有保险单之所有权时此为可撤销保险信托。

保险金信托以受领的保险金为信托财产，保险金须移转于受托人指定的信托账户，信托方可生效。由于保险金所代表的金钱易与受托人的财产发生混同，受托人须将保险金之金钱采取标识等措施予以独立，信托方可以完全生效。

（三）撤销、修订和终止

若委托人由"投保人（被保险人）"或"被保险人"担任，信托为他益信托，作为委托人的投保人或被保险人不是预定受保障之信托受益人，他益信托委托人或其继承人原则上不能单独终止信托或随意变更信托受益人，这可使受益人获得较为充分的保障。如果受托人被指定保险合同之受益人，而投保人保有保险单之所有权时，此为可撤销保险信托，投保人仍有权变更受益人或改变合同之内容。

若委托人是由"保险受益人"担任,则信托为自益信托,作为委托人的保险受益人也是信托受益人,自益信托中委托人可随时终止信托合同及变更信托受益人,因此,委托人(信托受益人)的新任监护人可以法定代理人身份变动信托法律关系,影响受益人之受益权。由"保险受益人"担任委托人,其为自益信托,对受益人之保障显然较为不足。

(四) 信托外部第三人的关系

将保险金或保险金请求权设立信托,可成为一种"禁止挥霍信托"。委托人设立信托时加入禁止挥霍条款,受益人之债权人不能追索信托财产及信托利益,不可就信托财产受偿,可更有效地保护信托受益人利益,防止各方债权人追索。

第七章　内外监督：失能失智老龄人安养信托之监控机制

第一节　安养信托受托人的内部监控

一　安养信托受托人模式

（一）特殊需要信托受托人模式

老龄人安养（福祉型）信托的架构包含三方主体、三组关系，在每一种信托关系中，老龄人都须同时作为委托人与受益人，简化的信托架构是老龄人与受托人之间的权利义务关系。安养（福祉型）信托旨在为作为社会弱势群体的老龄人提供权利保障，因此，受托人的选择显得至关重要。

1. 单一受托人模式

信托是以财产之管理处分为中心的财产管理制度，受托人依照委托人指示必须为受益人的利益管理处分财产，但老龄人作为安养（福祉型）信托的受益人，其受益人利益包含身体照护之利益。受托人是否必须同时承担财产管理与身体照护的功能学界存有争议。具备专业管理知识的信托业者和具备专业护理知识的社会福利机构成为受托人的备选。

若专业信托机构作为单一受托人，要实现老人身心失智阶段的照护目的，必然需要另外一个具有专业护理能力的第三方主体，而这个主体如何介入信托关系呢？根据我国《信托法》第30条规定，受托人应当自己处理信托事务，但信托文件另有规定或者有不得已事由的，可以委托他人代为处理。若要信托机构实现受益人的身体照护功能，必然只能由受托人再行委托专业护理机构或人员，但身心照护义务是被写进信托合同中的目的性条款，受托人要委托第三人必须在合同中另行约定，即得到委托人的授权。这种模式下，照护义务的委托实际上是不适当地增加了受托人的责任和负担，因为受托人对资产管理是专业的，但身体照护不在他们的专业范围内，任何照护问题产生，受托人都是第一责任人。

社会福利机构可否成为唯一受托人？依我国《信托法》之规定，受托人必须是具有完全民事行为能力的自然人或法人，显然具有法人资格的社会福利机构能够成为受托人。但是对没有法人资格的社会福利机构，是非法人组织，可否成为唯一受托人？第二次世界大战以后，民法学界承认非法人组织具有民事主体性，承认非法人组织具有一定的民事权利能力、民事行为能力和诉讼能力。[①] 非法人组织的民事主体资格已经受到了广泛的承认。[②] 但非法人组织与作为民事主体的自然人和法人不同。后者有自己独立的财产，能独立承担民事责任；前者有相对独立的财产，不能完全独立承担民事责任，因此，非法人组织成为受托人存在责任承担方面的障碍。在我国台湾地区，非法人团体因不具法律人格，无权利能力而无法成为实体上权利义务之主体，非法人团体之财产应属总成员（所有构成员）之共同共有，不动产权利不能以非法人团体之名义进行登记，仅能以总成员之名义登记。在请求登记或确认物权登记时，非法人团体因不具有权利能力，无法接受登记。从权利能力来看，非法人团体无权利能力，无法成为信托财产之名义上所有权人，不得为受托人。[③] 我国《民法典》第 102 条确立了非法人组织的主体地位，其内涵中包括具有法人资格的专业服务机构，因此，社会福利机构可以成为非法人组织。但社会福利机构作为唯一受托人完全不适合进行资产管理活动，将资产管理由其委托给第三方主体实则十分不合理，因为这将破坏信托制度本身的价值属性。所以，单一受托人模式始终不是完美的解决方案。

2. 共同受托人模式

从资产保值增值而言，委托人希望有非常专业的信托受托人来管理财产，因为他们能够自如掌控金融领域的运行规则，使自己的资产能够以最小风险实现增值保值，因此，受托人最好是信托公司等有专业理财知识或

[①] 安宗林、肖立梅、潘志玉：《比较法视野下的现代家庭财产关系规制与重构》，北京大学出版社 2014 年版，第 252 页。

[②] 陈华彬：《民法总论》，中国法制出版社 2011 年版，第 330 页。

[③] 潘秀菊：《高龄化社会信托商品之规划》，《月旦财经法杂志》2008 年第 12 期。

经验的组织。从身体照护来看，委托人对自己老年生活作出充分考虑后，最终决定不再依靠家人朋友照顾自己年老体迈状态的生活，选择信任自己选定的社会组织或社会人来照护自己的老年生活，自然希望得到非常周全体贴的照护服务，因此，希望选择有专业护理知识与经验的诸如社会福利机构等类似的专业团队作为受托人。对利益衡量，日本学者认为应可活用信托制度达到此目的。虽然不能以单一信托合同同时委托信托机构从事财产管理与身心照护工作（因身心照护并非信托机构之业务范围），也不妨在同一信托合同中委托社会福利机构作为身心照护之受托人，二者结合实现老龄者财产管理与安养照护服务目的。因此，专业信托机构与社会福利机构作为老人安养（福祉型）信托的共同受托人是十分合理的选择。

以共同受托人模式设立信托时，须完成职责分配与责任分担问题。① 我国信托法规定共同受托人须依信托约定对不同信托事务分别处理，这实际上是一种职责划分，意味着不同受托人仅在自己负责的事务范围承担责任。

（二）监护信托受托人模式

无论选择何种受托人模式均应发挥监护与信托的互补作用。委托人选择受托人时往往会将信托功能加以扩张，除了实现财产管理目的外，还会要求实现照护安养目的。

1. 受托人模式选择需考量的因素

监护信托受托人的选任须考量：管理的风险性、管理的持续性、管理专业性以及人身照护能力。委托人可调查受托人管理财产的专业能力或技能水平以及照护服务的品质等，从受益人最佳利益出发决定受托人人选。

2. 受托人模式的类型

（1）个人受托人和专业受托人

受托人模式既可以选择具有照护能力或具有财产管理能力的个人，此情形下的个人可以是监护人或其他人，但须与专业受托人或社会服务机构或公证机关一起作为共同托人，因为监护人作为受托人可能缺乏财产管理能力或照护能力，而且有产生道德风险之虞；也可以选择具有财产管理经验的专业受托人，但涉及人身照护问题的，专业受托人要么与专业服务机

---

① 潘秀菊：《从遗嘱信托与成年安养（福祉型）信托探讨台湾现行信托商品于发展上所面临之障碍与突破》，《月旦财经法杂志》2009年第17期。

构作为共同受托人,要么外聘专业服务机构专门从事人身照护事宜。

(2) 单一受托人和共同受托人

无论选择单一受托人还是共同受托人,均需综合考量受托人选任所须具有的要素。如果选择单一受托人模式,从受托人需考量的因素来看,专业受托人应优先于个人受托人,因为需要考虑受托人管理的专业性、承担风险的能力和管理的持续性。不过,选择专业受托人时,应依委托人的目的来进行选择,如果照护目的优先于财产管理目的时,可选择社会服务机构;如果财产管理目的优先于照护目的,则可选择信托机构;如果财产管理和照护安养同等重要,则可选择专业受托人模式,由信托机构担任受托人,专职从事财产管理事务,同时聘请社会服务机构作为代理人,专门解决照护安养之事宜。

为了兼顾财产管理和照护安养目的,选择共同受托人模式最为适宜。这种模式是对不同受托人所具备专业的互补。当同一信托有数位受托人时,信托财产由数位受托人名义上共同共有,除日常事务或信托行为外,信托事务的处理由全体受托人共同为之。受托人意见不一致时,应取得全体受益人一致同意。受益人意思不一致或无法表达意思时,须申请法院裁定。数位受托人一人的行为所为意思表示,对全体受托人发生法律效力。

(三) 成年监护制度支援信托受托人模式

此种信托的主要特色是引入专家监护人,由专家监护人依据受监护人的生活和财产状况,判断是否适用信托制度管理和运用财产,如果适合,则由专家监护人设立信托,将财产交付给受托人。

一般而言,信托的受托人可以是个人或法人,只不过未经主管部门许可者不得从事信托的营业。从此类信托产生的日本经验来看,选择的是信托银行(专业的信托机构),主要是因为有残疾的老龄人会选择:第一,不入住养老院,希望在家继续生活(居家养老);第二,希望得到专家对有效的资产运用方式的建议;第三,在心智障碍症状恶化的情况下,希望有人代理养老金领取、定期存款等事宜;第四,为了确保合理的生活质量,需要获得护理、医疗、福利制度相关的适当建议。[①] 上述事宜个人受

---

① [日]八谷博喜:《任意後見制度の促進における任意後見制度支援信託の利用:任意後見制度支援信託の実務上の留意点》,《実践成年後見》78号,2019年1月,第52—59页。

托人一般很难胜任，特别是在财产管理方面，专业受托人可以发挥非常有效的作用，有助于实现委托人财产保全的意图。

（四）安养（福祉型）信托受托人模式

安养（福祉型）信托旨在解决失能失智老龄人的财产管理和扶养问题。此种信托除失能失智老龄人不可为受托人外，自然人和法人均可为受托人。信托公司必须取得国家许可执照并且进行了登记，方可从事安养（福祉型）信托业务。

委托人为受益人设立安养服务的信托，将其财产或其他财产权利移转给受托人，由其为受益人的利益而运作。由于委托人和受益人的财产管理能力有欠缺，透过此种信托制度予以补充。安养信托需要提供受托人失能失智老龄人最低保障范围，信托财产不得投资于高风险的金融产品，既要保障财产安全又要保障其增值，对受托人的能力和技能要求高，且受托人需要承担严苛的信义义务，因此，受托人由专业的信托从业者担任较为适宜。

（五）保险（金）信托受托人模式

受托人是自然人或法人？由于法人具有较多专业人士，且存续期通常较自然人较为稳定，所以，以法人为受托人无疑是较佳的选择。委托人在设立保险（金）信托时，应先咨询信托机构，寻找信托业对该种信托有较高信誉或口碑的信托公司，并将相关权利交付给受托人。保险（金）信托受托人可以为保险业之保险公司，因为信托合同所涉及的保险合同部分为人身保险、健康保险和伤害保险，这些业务唯有保险公司方可经营。保险公司担任受托人主要有两种情形：第一，该保险公司是原保险合同之保险人；第二，该保险公司是原保险合同保险人以外的其他保险公司。

二 安养信托受托人的义务监控

（一）特殊需要信托受托人之义务及责任

1. 受托人的信义义务

受托人需要承担明确而严苛的义务。与一般的受托人相比，此种信托的受托人需要提供更为严格和苛刻的服务。受托人时常需要提供受托人的日常服务以及提供残疾受益人独特需要的服务，并在这一额外维度之间保持平衡。

为残疾人设立特殊需要信托时，收入和资产并不是"信托"的唯一内容。任何信托都会产生受托人和受益人之间信义关系的注意和忠诚义务。此种信托之受托人角色具有特殊的义务，因为信托旨在帮助和支援残疾人，提升其生活质量，以使其家人安心，使其至亲得到良好的照顾。受托人必须做好充分准备以勤勉和热情来满足这些特殊的需求，以胜任他们的信托职位。受托人须熟悉此种信托运作相关的法律法规，掌握相关的知识，积累一些经验，履行信义义务，以更好地提供服务。受托人须领略党的十九届四中全会《中共中央关于坚持和完善中国特色社会主义制度推进国家治理体系和治理能力现代化若干重大问题的决定》和国务院的《国家积极应对老龄化中长期规划》精神，了解联合国《身心障碍者权利公约》、我国《老年人权益保护法》《残疾人保障法》《民法典》中的有关老龄人权益保护的制度，民政部有关残疾人保障的法规，熟悉谨慎投资者规则，认真履行义务，切实保障失能失智老龄人的照护问题得以全面落实。

2. 受托人的管理义务

如果信托受益人是作为医疗保险的医疗补助计划的接受者，那么受托人就会因支付原本医疗补助计划应支付的医疗服务而危及其补助资格。如果信托受益人领取社会保障收入，食品和住房的支付将使受益人的每月社会福利减少，直到福利取消。

第一方当事人特殊需要信托是由受益人自己的资产设立的，通常是继承或诉讼返还的结果。这些资产必须有返还条款，规定受益人死亡后所有剩余信托资产将返还给政府。政府或代表机构在信托运作中保有利益，可以收回通过医疗补助系统为受益人支付的费用。受托人负有许多法定的义务，这些义务共同构成了受托人和受益人之间的纽带，是受托人应当保护受益人利益的法律和伦理义务，包括合规、谨慎、会计、保护、效率、保留、沟通、保密和技能及谨慎。

（1）忠诚

忠诚是受托人义务的核心。除了受托人的忠实义务之外，受托人必须仅为信托受益人的利益进行信托管理。受托人须以有利于受益人的方式运用信托资产，并考虑将剩余资产分配给第三方受益人。在保护任何可能的信托剩余利益方面，受托人须对受益人解释其所承担的忠诚义务，信托分配必须考虑到政府监督以及可能遭到政府部门的反对。

(2) 合规

与所有的信托一样，受托人有义务遵守和执行信托的条款。为指导受托人履行这一义务，信托文件应明确规定受益人的条件以及信托将满足的个人需要。受托人须确保受益人的需要得到满足，并保证合规。

(3) 审慎

受托人作为信义人必须行使合理的自由裁量权，谨慎地代表他人行事。良好的自由裁量需要对这个敏感工作训练有素、富有知识和经验。受托人的义务包括管理信托和投资资产，还延伸至信托特殊的具体管理规则、残疾人根据社会保障和医疗补助制度可获得的公共福利以及残疾人的特殊需要。受托人必须知道如何配置信托资产，同时保护受益人享有社会福利的资格。

(4) 说明

受托人有义务对信托的决策、记录和资金进行说明。这种说明义务有两个方面：在受托人和受益人之间，受益人有权获得文件和其他信托信息。如果受益人不能理解这些文件，受托人可能需要向监护人或其他家庭成员提供这些文件。受托人的说明义务还包括受托人向法院和/或其他对信托有管辖权的国家机构履行。由于政府提供了信托所补助的医疗补助，因此，政府转变为利害关系人。

(5) 保护

受托人有义务保护和维护信托资产，需要对信托财产采取及时、积极的控制，并保证其不受损失。由于残疾人无法保护信托资产，因此，受托人更有义务满足残疾受益人的需要。

受托人必须确保受益人的任何债务是有效的，而不是由任何欺诈或不当影响造成的。这种保护的义务可以延伸到要求保险公司支付保险金，要求金融机构返还不当或欺诈性交易所造成的损失，或者让以前的受托人对滥用信托资产承担责任。

(6) 效益

受托人必须使信托财产具有效益。受托人必须适当地投资信托资产，以获得适当的收入和收益；须依据信托文件恰当地运用信托资产以满足受益人的需要和愿望，信托资产的投资需遵守法律以及基于受益人当前和未来需求的"配置模式"，并注重短期和长期生活质量的最大提高（为了实现长期目标，受托人须使信托资产与股票和债券等投资一起增长。为了实现短期目标，受托人需要保持部分信托资产的流动性，并确保政府支持证券和现金账户等工具没有风险）；须了解受益人的残疾、预后和一般健康状况；须满足每位受益人的短期需求和长期关注其财务及个人健康。

（7）保留

从效益的义务衍生出保留信托资产的义务，以保留价值的方式保留特别是昂贵的物品，如汽车、房屋和其他为受益人利益而购买的财产。这些物品必须进行升值或折旧分析，在某些情况下，必须以信托的名义保存。在许多情况下，保留的义务要求谨慎、有效地购买资产，以扩大信托资产的规模，以便满足受益人的长期需要。

（8）沟通

受托人有义务向受益人传达有关信托的必要信息。对残疾受益人，这种交流可以通过家庭成员、代理或法院指定的监护人为之。为了促进受托人和受益人之间的良好沟通，受托人可以访问受益人，对财务报表进行个人审查，并就影响信托发展的情况与受益人沟通。受托人还需要充分了解受益人的医疗状况和预期需要，沟通的义务是双向的。受托人必须鼓励开放的、信任的对话，以最好地满足残疾受益人的需要。

（9）保密

受托人有沟通的义务，同时也有保密的义务。受益人的财务状况、健康信息和个人需求可能是私密的，为了满足受益人的需求和目标，不应分享超过最低限度的必要信息。在某些情况下，这种保密义务可能意味着对第三方隐瞒信息，因为受托人怀疑第三方可能想利用信托为自己的个人利益而不是受益人的利益服务。保护受益人的隐私也意味着仔细审查可能协助经营信托的专业人员，以确保他们在不泄露隐私的情况下做好自己的工作。

（10）技能和谨慎

所有上述义务都以受托人对残疾人可获得的商品和服务有足够的了解为前提。否则，受托人无法妥善管理信托和满足受益人的需要。受托人所需要的技能和谨慎不仅限于对法律和会计方法的了解，还应该熟悉那些对受益人生活质量的提升具有重要价值的商品和服务。受托人须了解可用来帮助残疾人的无障碍设计或社区服务。每一部分的知识都可以帮助受益人获得生活质量提高的支援。

（11）同情

虽然同情不是一个受托人的义务，特殊需要信托中同情可能是最重要的品质。没有发自内心地理解残疾受益人和他们家庭的特殊需求，受托人就不能为受益人提供一定水平的服务。虽然怜悯之心必须与法律和金融专业精神相平衡，但对于一位真正关心残疾人的专业人士来说，他的关心经验能够帮助残疾人解决特殊需要信托所产生的复杂的个人、法律和金融问题。

即使受托人很好地履行了所有的这些义务，也可能不能使所有的受益人满意。无论受托人多么勤勉，受托人角色中所固有的义务冲突都会产生一种风险，受益人或其他利害关系者可能会不满意，或者根本无法达到他们的目的。在某些情况下，受托人必须拒绝轻率或不符合信托目标和目的的支付请求。例如，就受益人的需要或相对于信托规模的费用而言，旅行要求可能是不切实际的。

受托人可能对信托拥有的资产承担侵权责任。世界上所有的勤勉并不总能保护受托人不承担责任。即使遵守所有已知的法律并履行义务，受托人仍可能发现自己还要面对失望的受益人及其家人或政府机构，而这些机构对保留信托本金享有利益，最终保有其剩余利益。调整此种信托的特别规则以及履行受托人的义务可能会导致受托人采取与利害关系人的意愿相反的立场。

3. 监护和信托双重义务规制机制

若监护人担任受托人，则其受双重身份下双重义务制约。其一，受托人需要承担作为监护人的固有职责以及违反职责和侵权行为所应承担的民事责任和刑事责任。这些责任的承担具有相应的法律依据，如《残疾人保障法》第9条规定残疾监护人履行对残疾人监护职责，必须以尊重其意愿，维护其合法权益为指导。禁止对残疾人实施家庭暴力，禁止虐待、遗弃残疾人。《民法典》第34条规定监护人不履行职责或者侵害被监护人合法权益将承担法律责任，第36条对撤销监护人的监护资格进行了规定。《精神卫生法》第9条规定，禁止监护人对精神障碍者实施家庭暴力，禁止遗弃精神障碍患者；该法第78条规定，给精神障碍患者造成人身、财产或其他损害的应承担赔偿责任。《刑法》第261条之一规定了虐待被监护人罪，即对残疾人等负有监护职责的人虐待被监护的人，情节恶劣的，处三年以下有期徒刑或者拘役。其二，监护人需要承担作为受托人的信义义务和特殊需要信托下的特殊义务。《信托法》第25条阐述了受托人的一般信义义务（忠实义务和注意义务），受托人应为受益人的最大利益着想，严格按照信托文件，管理和运作信托财产。受托人还应当履行掌握公共福利相关制度和持续了解受益人情况的义务，违反信义义务需要承担严苛的民事责任与刑事责任。根据我国《信托法》的相关规定，受托人如因管理不当致信托财产发生损害或违反信托本旨处分信托财产以及违反忠实义务时，受托人自己所获利益应当归入信托财产；受益人可以自由选择金钱赔偿或恢复原状，并得请求减免报酬，且受托人须以自己的固有财产赔偿，承担无限责任；共同受托人违反信义义务应负连带赔偿责任。受托人违反信义义务若构成刑法上的背信（《刑法》第185条）或侵占（《刑法》第270条），应负相应的财产刑（罚金）和人身刑（有期徒刑、拘役）之责任。

（二）监护信托受托人之义务及责任

监护信托受托人的义务是财产管理、安养照护、医护医疗和社会福利。

1. 财产管理

受托人管理不动产、现金、存款、有价证券、数字资产以及其他财产权。受托管理不动产时，如果受托人（监护人兼任）缺乏财产管理能力，则可以请主管机关（民政部门或法院）批准，委托信托公司管理不动产。

受托人对信托财产具有安全保障和保值增值的义务。失能失智老龄人属于低收入或具有特殊情形，受托人将信托财产用于风险极低的存款。其他情形下，受托人须将信托财产运用于国内外基金和其他金融商品，以使信托财产保值增值。对高净值客户，受托人可依其指示于法律规定的范围内量身运作。

受托人有收益分配之义务，须将信托管理运用的收益并入信托专户管理，根据受益人的实际生活需要分配信托利益给受益人，以作为其生活、医疗等费用，为其代缴水电费等生活费用。

2. 安养照护

受托人须依据失能失智老龄人的需要，安排或聘请受严格训练的照护服务员或委托社会服务机构派员到家协助家庭照顾。

受托人有安排社区照护之义务。受托人自己或委托照护机构安排老龄人白天到日间照护中心或机构，晚上返回家中照顾。

受托人安排老龄人至照护机构接受照护，根据老龄人身心状况或需求，安排社会服务机构照护健康老龄人或长期照护罹患身心疾病的老龄人。

3. 医护医疗

受托人须根据老龄人的需求，安排医疗服务机构，提供一般医疗、健康检查及出院准备服务等。

4. 社会福利

受托人须帮助申请社会福利，对低收入者及特殊情形，申请政府可能提供的一切福利或经济补助，如低保、医疗费用的补贴、重大疾病治疗费用的补贴等。

此种信托的受托人仍然也要遵守信义义务规则，否则，对违反信义义务的行为要承担严苛的责任。

(三) 监护制度支援信托受托人之义务及责任

信托设立前，受托人有义务依照法院指示书、意定监护监督人的同意书确认有无影响信托合同效力的事由。依专家意见，受托人有义务协助法院预先建立合理的信托架构，与作为被监护人代理人的专家或意定监护人签订信托合同。

信托履行期间，遵守《信托法》的规定，尽到合理的注意义务，将信托财产与受托人固有资产独立分离并进行管理，以保证信托财产不受受托人破产所招致的不利影响。受托人有义务定期向监护人报告信托财产状况，以便于监护人向法院提交监护事务状况的书面报告。在监护人请求一次性交付、变更定期交付受益人所需费用时，受托人有义务在检查确认法院的指示书和意定监护监督人的确认同意书后向监护人进行交付。

因被监护人死亡信托终止时，受托人有义务立即停止向监护人定期支付相关费用、清算信托报酬，有义务按信托文件的规定将剩余的信托财产移交给信托文件规定的受益所有权人或被监护人的继承人，当存在多数继承人时，根据遗嘱等将财产移转给继承人。

若无行为能力或限制行为能力的受益人取得行为能力，受托人有义务根据法院的决定在信托报酬清算后将剩余信托财产交由受益人本人。意定监护中，法院决定对被监护人开始实施法定监护后，受托人有义务在信托报酬清算后将剩余的信托财产交由监护人。

受托人违反义务须承担损害赔偿责任，因义务违反所获得的不当得利须作为信托财产予以返还,情节严重的,需承担相应的民事责任和刑事责任。

(四) 安养（福祉型）信托受托人之义务及责任

受托人是信托制度的关键当事人,有许多严格的义务要求。老人安养（福祉型）信托中,受托人除了一般信托制度中应该负担的忠实审慎的信义义务[①]、独立公平经营信托财产义务、资产管理的公开透明义务、定期支付受益人收益义务以及其他作为适格受托人应该具备的义务,还应承担一些特殊的义务。

1. 受托人定期查看受益人状态的义务

因为老龄人安养（福祉型）信托分为两个阶段,并且以受益人丧失行为能力为界限。这一时间节点涉及身心照护受托人是否开始照护服务,以及资产管理上能否与委托人磋商的问题。老龄人的智力、精神等状态是一项不能量化的抽象状态,必须依靠受托人的定期查看。

2. 强化信义义务的监控

老龄人对于安养（福祉型）信托制度的适用存有疑义,为此受托人须受到信义义务的监控,受托人须尽到善良管理人的注意义务来管理和运用信托财产,并负有忠诚义务,须依信托文件的规定忠实地将安养信托财产所产生的收益用于失能失智老龄人的照护医疗等,并支付相关的设施费用和日常生活开支等;受托人不能亲自对老龄受益人进行照顾的情况下,须委托专业的社会服务机构代为照料并承担代理人行为的责任;或者和该社会服务机构一起成为共同受托人,分别实施财产管理和身心照护的行为,并相互监督。

(五) 保险（金）信托受托人之义务及责任

委托人将所有相关权利交付受托人后,受托人全权处理相关事宜。委托人须将已取得的保险单作为信托财产移转到信托。保险单一旦被移转于信托后,原被保险人不得对保险合同主张任何利益,因为受托人已成为名义上的所有权人,负有义务管理并处分基于保险合同所产生的利益。如果信托是附有作为向保险公司支付保险费来源的基金的,则受托人有义务按时缴交保险费。当然,此种信托的受托人可以是委托人指定为保险合同的受益人,投保人仍保有保险单的所有权,此种信托为可撤销的保险

[①] 姜雪莲:《信托受托人的忠实义务》,《中外法学》2016年第1期。

（金）信托，受托人则没有义务缴交保险费。

保险（金）信托受托人的义务与责任因信托模式不同而不同。如果采取他益信托的模式，那么，委托人即保单持有人将保险金请求权转让于受托人，指定其应照顾的受益人。一旦被保险人死亡，受托人有义务向保险公司请求保险金之理赔，立即通知信托受益人有关受托人取得了赔偿金之数额，有义务为信托受益人的最佳利益而管理；该受益人的财产法定监护人请求时，受托人有义务将信托财产连同所有收益交付给信托受益人。受托人有义务依照失能失智老龄受益人的生活需求，将有关保险金及其孳息用于受益人的安养照护。如果保险单持有人要求受托人对履行义务提供保证金的，受托人在同意的前提下履行提供保证金的义务。如果采取自益信托模式，保险受益人作为委托人设立信托，同时以保险受益人作为信托关系的受益人。当保险理赔金存入受人账户中时，受托人才开始履行管理运用之义务。受托人有义务为受益人之利益持有及管理信托财产（保险金），有义务为受益人的利益支付生活上的赡养、维持、健康和医护等费用，有义务将上述费用直接给付给为受益人利益的自然人、社会福利机构或公司等。

受托人须履行信托文件规定义务和信义义务，受益人造成损失的，须承担损害赔偿责任，对违反忠实义务而获不当利益，须承担返还财产或推定信托责任[①]。

第二节 安养信托受托人的外部监控

一 法院的监控

（一）法院介入监控的作用

安养信托旨在保护老龄人的利益，避免不必要的法院烦琐程序。只有在重大事情上，法院方会介入。法定监护信托设立时，委托人及受益人皆为被监护人，信托生效后，该委托人及受益人都无法监督受托人的行为是否遵守其义务规范，原则上，监督受托人的责任应由监护人来担任，但监护人对财产管理或法律规范不具有相应的能力，因此，对受托人的监督职

---

① 此种责任尚待立法加以确立。

责非法院莫属。

法院具体的权限主要有：解任受托人；根据利害关系人的请求提交会计报告；确定受托人管理行为的合理性；受托人的报酬请求权；确认受托人的银行账户；判断受益人的行为能力；指定受托人的继任人；交付一定数额的金钱给无监护人的无行为能力人；设立监护信托时需法院许可等。①

由于法院自身的负担沉重，人力和物力有限，法院对受托人信托事务执行的监督实难做到"主动"。除特定情况下，须法院许可外，须由监察人持续地、定期地监督受托人的运作管理行为。为失能失智老龄人设立安养信托时，法院应同时选任一位监察人，以便适时适度监督受托人，须以利害关系人申请为前提。

(二) 法院的权力、义务和责任

安养信托中法院的权力、义务和责任有时难以区分。

信托生效后，委托人判断能力下降或丧失行为能力，也未与监护人达成意定监护合同，被指定监护时，监护人可为本人的法定代理人，有权终止信托，但需获得法院的许可。

受益人尚有判断能力时，受益人保留了很大的权限，受益人丧失行为能力后受托人才获得自由裁量权。由于受托人为了避免卷入受益人家族之纷争，怠于行使自由裁量权，可能无法因应高龄受益人的生活医疗费用等变动的需求。为解决此问题，法律可赋予法院许可监护人行使信托相关权力的权限，满足受益人的需求，防止监护人滥权而无故变动本人先前所设立的信托。

借鉴日本的经验，法院有权对信托行为是否恰当进行审查，有权对信托合同的缔结、临时金交付于监护人、定期交付给监护人的数额变更、信托财产的追加以及信托的终止等事项作出指示书。② 法院有权监督、调查监护事务，定期要求监护人提交监护事务以及财产状况等报告，审查是否妥善履行监护事务，③ 对不合格监护人、怠于履行职责监督人享有撤销权。法院有权要求受托人对其未履行相应的义务导致被监护人遭受财产性

---

① Uniform Custodial Trust Act §§5-17.
② 李智仁、张大为：《信托法制案例研习》，元照出版有限公司2018年版，第360页。
③ 新井誠、赤沼康弘、大贯正男：《成年後見制度》，有斐閣2006年，第201页。

损失时承担损害赔偿的责任。①

为了防止监护人为了一己之利进行不当的信托行为，在监护制度支援信托中法院对信托行为有事先审查的权力。②

法院应有许可监护人行使信托相关权力的权限。为了兼顾变更信托的实际需求与受益人财产安全的保护，法院应有权决断监护人变更信托是否符合被监护人的利益。由于我国不存在监护监督人，而且不是所有的信托均设有信托监察人，因此，意定监护人想代理本人变更信托，须经过法院许可。法定监护人"代理被监护人订立、变更和终止信托合同"也应经过法院许可。

二 监察人的监控

（一）监察人的作用及地位

为了给老龄人提供全面的保障，除了着重身心照顾外，还应保护其财产利益。信托监察人是为对受益人的"人""财"两方面的保护而设立。随着老龄人渐趋高龄化，行动和记忆力也逐渐衰退，虽然他们自己有一些财产，但担心失能失智后无法亲自管理，无法照顾自己，甚至担心钱财被近亲属挪用或身心受到虐待，设立安养信托，将日后的财产管理、日常照护、医疗照顾和安养服务等交付给受托人。许多老龄人在设立安养信托时考量日后因身体状况等因素无法自己决定财产运用及安养照顾的问题，在信托合同中约定由信托监察人代替自己处理相关事宜，让信托运作更能满足受益人的需求。在选任信托监察人时，他们一般会选择信赖的亲朋好友来担任，当然也可选择社会福利团体来担任。

我国《信托法》仅规定了公益信托必须设立信托监察人，实现对受托人的第三方监督。但是对老人安养信托，一般情况下虽然是老龄人的个人行为，但是为保障这一制度对老人利益保护的周延性，设立信托监察人制度是十分必要的。对安养信托的资产管理和身心照护的监察人有不同的要求，这要依工作的复杂程度进行划分。

为了妥善安置老龄人的养老生活，需要设立监察人制度，监察人一般

---

① ［日］新井誠、赤沼康弘、大贯正男：《成年後見法制の展望》，日本評論社2011年，第494—508页。

② 李智仁、张大为：《信托法制案例研习》，元照出版有限公司2018年版，第360页。

为具有完全民事行为能力的自然人或者其他团体。对于资产管理则需要区分简单与复杂，若是资产管理仅仅采用简单的储蓄模式，则对监察人没有专业性的要求；若是资产以证券、股票等专业度高的方式经营，则要求监察人具有专业知识。

受托人还需要接受监察人的监督。依信托文件，受托人支付费用到指定账户后，不可能监督照顾者是否真的把钱用于老龄人身上，是否照顾好老龄人，应由监察人担当此职责。信托设计中，老龄人在尚未失能失智前指定行为能力丧失后的代理人或监察人。由具有较强公权力的机构如社会福利机构作为监察人，应当更具有公信力。我国立法还可规定，老龄人设立安养信托时可以向主管机关申请适当的公证人担任信托监察人。主管机关应对信托监察人的资格或派免程序等事项，订立相关程序，以便于实务中具有可操作性。

（二）监察人的权力义务和责任

如果委托人设定监察人，须取得监察人的书面同意，方可生效。有正当理由时，信托监察人可经委托人同意或获得法院许可辞任；有重大过失或怠于执行信托事务时，信托监察人可被委托人予以解任。监察人因死亡、辞任或解任或解散或经主管部门撤销等，有约定继任者，由继任者接任。如果无人接任，委托人可以指定继任信托监察人，并书面通知受托人。对监察人的继任，委托人须书面通知受托人，继任监察人出具同意书。如果委托人不能选任新的监察人，那么，由委托人的配偶、子女选任信托监察人，采取多数决规则决定之。信托监察人变更时，受托人应将变更之事实书面通知事业主管机关。一般信托监察人领取报酬，除非信托合同另有约定。

信托监察人须以自己的名义，为受益人的利益，实施有关信托诉讼上或诉讼外的行为，并履行善良管理人的注意义务；监察人须依信托合同和相关法律的规定履行其义务。监察人的报酬可以在信托合同中予以约定，如果委托人指示受托人变更信托监察人的报酬，应事先经监察人书面同意。

监察人有要求受托人履行说明责任的权力，受托人对下列事项的报告须获得其同意或承认：有关信托财产的管理和运用；信托事务的转委托；信托之变更；支付信托财产给各受益人；经信托监察人同意支出的其他费用；信托关系终止时信托清算报告和信托财产的分配；年度信托事务计划书和收支预算执行情况；信托事务年度报告；资产负债表；年末信托财产的目录。

结　　语

由于失能失智老龄人人数逐年剧增，老龄照顾问题、身心障碍者扶助问题、监护人照护问题等都日渐凸显，将信托与老龄人福利相结合，可以提升失能失智老龄人的福祉，可以保障财产管理和照护安养目的的实现。2020年万向信托首推以"意定监护+信托"为架构的监护支援信托产品，为失能失智老龄人提供定制化服务，是我国监护信托的首次尝试。信托制度能够克服成年监护制度的缺陷，实现"失智""失能"老龄人的充分保护，帮助老龄人在将来因年老、疾病、意外事件等原因致使辨识能力减弱以及自身照护能力衰退或丧失后，由受托人依照信托文件履行监护和信托事务之职责，实现身心和财产的共同照料。[①]

少子超高龄化社会来临，高龄者谋求外部经济来源、财产及人身照护服务，同时，由于高龄者养老资产被欺诈或从事不利于己的交易，不仅对被侵害的老龄人生活影响巨大，而且使政府不得不投入较多资源对其予以救助。有必要设计某种制度来保全老龄人的财产，满足其日常事务处理、身心照护和财产管理等需要。

从信托的优势来看：首先，信托可以解决意定代理和法定代理的竞合问题。当意定代理的委托人丧失意思能力后，无法监督被代理人，该委托人成为被监护人后，其法定监护人的法定代理权与原先的委托代理权产生冲突。其次，信托可以克服成年监护与行为能力"挂钩"的桎梏。我国的《民法通则》限制成年监护的对象为精神病人，《老年人权益保障法》第26条规定了老年人意定监护制度，[②]《民法典》将成年监护的对象扩展到成年人，从而涵盖了老龄人；新增了意定监护和成年法定监护制度，确

[①] 参见陈雪萍、张滋越《我国成年监护特殊需要信托制度之构建——美国特殊需要信托制度之借鉴》，《上海财经大学学报》（哲学社会科学版）2020年第1期。

[②] 参见杨立新《〈民法总则〉制定与我国监护制度之完善》，《法学家》2016年第1期。

认了成年监护应尊重被监护人的真实意愿和最有利于被监护人的两项原则。[①] 但现有的成年监护制度依然存在缺漏,成年监护制度与行为能力全面"挂钩",严格区分了"失能"(失去生活自理能力)、"失智"(辨识能力不足),将监护对象限制为失智成年人,[②] 并未包含仅身体残疾,囿于缺乏生活自理和财产管理能力,但具有完全行为能力的成年人,对其现存能力不够尊重,与《身心障碍者权利公约》第1个原则[③]有悖。其次,意定监护与信托之结合,有利于尊重本人自我决定权。信托可以在未来本人判断能力下降后,由受托人管理财产,不影响本人之行为能力,受托人也是本人所选定,较好地尊重本人自主性,也与《身心障碍者权利公约》不产生抵触。若受托人为信托公司,具有较好的公正性和公信力,还可通过信托监察人加以监督,有效监控受托人的行为,避免财产管理缺乏监督的风险。

从信托的功用来看,包括以下方面:第一,自主性的保障。信托制度的优势在于其灵活性,能充分满足当事人的个性化设计和多元化需求,以当事人的意思自治为先,委托人从受益人最佳利益出发决定受托人人选。活化信托制度,可以依被监护人的身体状况和具体需求,合理设计信托财产管理及信托利益分配方式,满足其多样性需求,恰恰符合"尊重自我决定权"理念,提供多元化的支援决定措施。尚具行为能力之心智障碍者对于自己财产状况、想过何种生活、想接受何种程度的医疗等事项具有自己的意愿,可借助信托之意思冻结功能,于信托文件中事先规划自己将来丧失能力后的财产管理及人生照护事宜,由具备专业知识和技能的受托人严格按照其意愿进行管理、执行、分配;利用信托连续性功能,使财产管理和身心照护不因老龄人行为能力丧失而终止,从而保证受托人自始至终地履行信托义务,实现信托目的,尊重其自我决定权。第二,多元化需求的满足。信托所具有的家庭内部赡养、抚养和辅助的功能,迎合了当下社会对老年人赡养和残疾人扶养方面的迫切需求,国家也大力支持通过设

---

① 参见陈雪萍、张滋越《我国成年监护特殊需要信托制度之构建——美国特殊需要信托制度之借鉴》,《上海财经大学学报》(哲学社会科学版) 2020 年第 1 期。

② 参见陈雪萍、张滋越《我国成年监护特殊需要信托制度之构建——美国特殊需要信托制度之借鉴》,《上海财经大学学报》(哲学社会科学版) 2020 年第 1 期。

③ "自我决定权的促进",为了对将来无能力状态做好准备,应运用意定监护或事前指示的手段,促进具有能力成年人的自我决定。

立残障人士财产信托来保障欠缺行为能力身心障碍者的合法权益。心智障碍者的需求，大致包括财产处理、健康医疗、日常照护、生活协助、休闲娱乐、社交活动等广泛层面，其中尤以财产管理与身上照护最为紧要。一方面，通过信托的财产管理和投资功能，实现心智障碍者财产的保值增值，从而获得更多的资金以充分满足上述多元化需求；另一方面，将财产管理职责从监护事务中剥离，使得监护人更能专注于生活照料等人身监护职责。第三，机会主义的遏制。信托财产的独立性保障了被监护人的财产安全。委托人需将财产移转给受托人，将监护人的财产监护权交由受托人全权负责，减少监护人同时从事人身照护和财产管理所产生的道德风险。在信义义务标准方面，信托受托人较监护人承担更高标准的信义义务，能有效地预防受托人侵犯受益人权益。忠实义务要求受托人为受益人的最佳利益履行其职责，遵循"禁止获利"和"禁止利益冲突"规则。受托人须为受益人（或被监护人）的最大利益忠实履行信托文件规定的内容，将受益人的利益放在首位。

信托能发挥与监护的互补效用。失能失智老龄人因生活无法自理，其身心照顾和财产管理均需他人协助。2012 年《老年人权益保障法》第 26 条将成年监护对象扩大到老龄人，设立了老年人意定监护制度。① 但我国法律缺乏对意定监护人法律责任的规制，无法落实失能失智老龄被监护人的生活保障，对其身心和生活照护、财产管理问题等未能得到有效的解决。虽然我国法定监护制度能够解决失能失智老龄人一些生活困境，但仍存在相当多的问题。一则法定监护严格与行为能力"挂钩"，将监护对象限制为失智之人，具体表现在监护的适用条件完全凭借欠缺行为能力的认定，② 并未包含仅身体上残疾但具有完全行为能力的人。这类人虽具有行为能力（法律上的）但生活不能自理和财产不能亲自管理，迫切需要他人的帮助。二则绝大多数的监护人是本人的亲属，而非专业的监护人，不熟悉财产管理或法律规范，也没能获得相应的报酬，有些不良监护人擅自将本人的财产挪为己用，这些侵占被监护人财产行为因是至亲所为，外人很难发现。监护与信托的一体化，可有效地解决这些难题，两者的有机结

---

① 参见杨立新《〈民法总则〉制定与我国监护制度之完善》，《法学家》2016 年第 1 期。
② 彭诚信、李贝：《现代监护理念下监护与行为能力关系的重构》，《法学研究》2019 年第 4 期。

合可用于帮助判断能力的高龄者维持和保全财产，防止因认知能力而从事于己不利的法律行为。①

信托可发挥其内在监督机制的监控效用。通常情况下，受益人有权监督信托事务，防止受托人违反信义义务。为失能失智老龄人的利益设置的信托，可能无法期待受益人能够自己行使监督权，受益人缺乏有效监督受托人的能力。但老龄受益人丧失行为能力前，仍对信托享有较大的控制权。在其丧失行为能力后，受益人本人无法行使监督权，可将监督权交由委托人或监察人。如果委托人也可能因年龄、死亡等原因无法行使监督权，那么，由信托监察人进行监督。监察人能够代替身体、智力上障碍的老龄受益人对受托人履职实施有效的监督，发挥"信托保护人"的功能，从而确保老龄受益人的财产和人身权利不受侵犯。在重大事情上，法院会介入受托人的监督。此外，受托人受到信义义务的严格规范和监控以及受托人与监护人之间相互监督与制衡的机制，可以确保失能失智老龄人的财产得到妥善管理，身心得到合理的照顾。

联合国《身心障碍者权利公约》强调身心障碍者的自主性保障和固有尊严之尊重，立法需要尊重其自由作出自己选择的权利以及维护其对自我认知的权利。为此，安养信托的制度设计应兼顾高龄者财产管理与身心照护的阶段性为之，应以生命曲线以及可能面临的生理状况作为分类标准，兼顾高龄者意思自主为前提，选择安养信托的模式和类型。我国《民法典》"以人为本"的精神与该公约的宗旨完全契合，《民法典》第33条规定了意定监护制度，由于信托与监护等制度在本质上具有天然的共性，因此，信托与监护等制度的结合更有利于满足高龄者财产管理和身心照护的需求。

（1）意思表示清晰且判断能力充分的阶段。高龄者意思表示清晰且判断能力充分时，因其具有完全的判断能力或认知能力，仅担心日后行为能力丧失后的财产管理、财务管理和身心照护的问题，在尊重其自我决定权的前提下，选择自益信托的模式和意定监护信托的类型，分离财产管理和身心照护义务，实现财富管理和传承，预防未来丧失行为能力，财产无人管理和身心无人照顾的风险。心智健全的高龄者可以自主确定意定监护

---

① 李沃实：《美日信托法制运用于高龄化社会对我国的启示》，《中央警察大学法学论集》2003年第8期。

人，与其达成协议，对丧失行为能力后的意定监护人就医疗决定权、照顾医疗以及财产管理等方面的权限与义务作出明确规定；同时，与具备资质的专业受托人订立信托合同，指定本人为受益人，将财产移转给受托人，由其按照合同约定的内容，尊重委托人的意愿，对委托人的财产进行管理投资运作。受托人应充分发挥财产管理和投资运营能力，为受益人积累财富。委托人在信托合同中约定自己丧失行为能力后的财产管理和人身照护安排以及去世后的剩余财产分配方式，通过指定后续受益人的方式，实现财富传承。受益人丧失行为能力前，意定监护职责尚未开始，受益人对该信托享有充分的控制权，可以变更或终止信托，有权指示信托财产的运用。受益人丧失行为能力后，受托人必须按照信托文件记载的内容，进行管理和运作，支付被监护人兼受益人的安养照顾和医疗护理等费用。受托人须就受益人丧失行为能力的判断获得医疗机构或司法鉴定机构出具的报告依据加以确定。意定监护启动，受益人人身照护开始，监护人无权干涉信托财产的运作，只能根据被监护人的具体需求，如日常生活支出、医疗护理支出、娱乐休闲支出，向受托人提出费用支付请求，由受托人根据实际情况而为支付。受益人医疗所需的大额支出，需要意定监护人提供相关证明。

如果高龄者判断能力充分，只有不动产而无现金可供生活所需时，也用"以房养老"信托方式，将房屋移交给受托人名义所有，由受托人向其提供生活费，同时结合《民法典》第366条居住权的规定，在保障高龄者居住权的前提下，将资产活用，解决高龄者经济储备不足的困境。

（2）决断能力弱化阶段。高龄者判断能力不足或明有缺漏状态，甚至持续弱化时，通过安养信托设立，将财产交付给可信赖的专业受托人进行管理，指示受托人运用信托财产支付安养照护、医疗康复等费用，委托社会服务机构进行身心照护。由专业受托人（信托机构和社会服务机构作为共同受托人）承担财产管理和身心照护的义务，并有效避免个人受托人的道德风险，从而更有利于失能失智老龄人的身心健康。对于专业受托人而言，因其较之于个人受托人具有较好的连续性，可以预防个人受托人将来自己遭遇不测，失能失智老龄人无人照顾的风险。

（3）判断能力全然丧失阶段。如果高龄者判断能力已然丧失，如果已设立意定监护信托者，受托人须通知意定监护人开始履行其职责。也可由子女作为委托人为自己的失能失智父母设立信托，子女作为法定监护人，委托人将财产（父母的财产）信托给专业受托人，为了失能失智父母的利益进行管理、分配。法定监护人同样可考虑将部分人身监护职责委托于受托人，由其承担疗养看护事务。受托人委托第三方医疗护理类社会服务机构对受益人身心进行全面监护，由专业服务机构提供治疗、护理、康复服务，帮助失能失智老龄人恢复行为能力，改善身体状况，帮助其融入社会；受托人以谨慎投资人标准对信托财产进行投资，使其保值增值以及确保其安全性，以满足身心障碍者的教育、娱乐等多元化需求。法定监护人负有定期向受托人报告受益人的身体状况的义务，以便受托人更好地安排监护事务，调整信托资金运用方式。由专业受托人（信托机构和社会服务机构作为共同受托人）承担监护职责，可以解决法定监护人无暇或无能力履行监护职责的问题，有效避免监护人的道德风险，从而更有利于失能失智老龄人的身心健康。对于法定监护人而言，减轻了自身负担，同时预防将来自己遭遇不测，失能失智老龄人无人照顾的风险。

（4）高龄者身故以后的阶段。高龄者身故以后，其遗产如何运用方可实现其生前的心愿，这可以通过遗嘱信托的方式来达成，高龄者在失能失智之前以遗嘱的方式将生前财产信托给受托人，由受托人于其去世后根据其遗愿支付葬仪、埋葬或亲属供养等费用，管理其财产，并分配受益利益给受益人。我国《民法典》第1133条为遗嘱信托的设立提供了顶层设计。当然，委托人也可以于失能失智前以生前信托方式达成上述目的。

由于社会呈现超高龄化趋势，对财产管理与身心照护产生高度需求。信托之活用，有助于高龄人口的财富规划和财产运用。但对于超高龄社会来袭，如何构建应对之信托规范，乃各界关切之重点。为支援高龄者或失能失智老龄人的生活，安养信托作为以支援其生活为目的的信托，应为所有为实现这些目的的信托类型的总称，其制度设计需要符合的主要特征如下：第一，因应受益人现实状况和实际需要；第二，委托人需要有一定的财产；第三，具有财产管理与身心照护的一体性需求；第四，与其他福祉措施联动。①

英国、美国、日本及我国的台湾地区对失能失智老龄人财产管理和保

---

① 参见［日］今川嘉文、石田光曠、大貫正男、河合保弘《誰でも使える民事信託——財產管理・後見・中小企業承繼・まちづくりetc. 活用の實務》，日本加除出版2012发売，第37—38頁。

全、安养照护以及社会求助等方面的信托法制的成功经验为我们提供了有益的借鉴。特殊需要信托,亦称补充需要信托,意在为失能失智老龄人的照顾护理、残障设施等有助于生活品质改善的服务提供信托资金支持,同时还可保留社会福利资格,强调"补充"而非"替代"社会救助,既可用失能失智老龄人自有财产设立,也可用第三方财产设立,可以是自益信托也可以是他益信托。[①] 日本意定监护制度支援信托并用信托和监护制度,由老龄人在失能失智前预先签订意定监护合同,对自己的人身照护、财产管理进行规划,充分考虑被监护人的意思自治,减少法定监护制度支援信托中法院过多参与,确保当事人的意愿得到最大尊重。该种信托同样划分为丧失能力前和丧失能力后两个阶段,在丧失能力前,委托人兼受益人享有指示信托财产交付的权利;丧失能力后,意定监护发生作用,监护监督人有权监管意定监护人之履职行为,从而增强信托财产安全性,预防监护权滥用,且意定监护人需对受益人的医疗、护理等人身监护事项进行管理。二者均切实考虑到被监护人的精神智力状况,以心智障碍者监护判断能力之变化调整其权利,从而满足被监护人自治需求。保险(金)信托制度是美国和我国台湾地区用于解决财富管理的问题,弥补保险制度的不足。保险与信托的结合,可确保经济生活的安定,利用信托财产的独立性,借助于受托人(信托机构)的专业知识为信托受益人的利益作最佳考量。借助保险信托制度,在委托人和监护人的合作下,依投保人的生前指示,妥善运用保险金于有照顾需求之老龄人,通过信托制度,失能失智老龄人仅能被动地接受受托人就信托财产所产生信托利益所为的支付,以避免失能失智老龄人不善管理运用保险金或保险金被监护人不当挪用。高龄化社会下福祉型信托制度还可以灵活设计,具体可设计为不动产管理信托、信托利用不动产担保年金式融资、遗嘱代用信托、受益人连续型信托、遗嘱信托、将个人年金与信托结合以及储蓄与信托结合的信托,加之信托本身具有弹性,未来新型的信托类型问世指日可待。

安养信托是在协助高龄者完善财产管理之余,兼顾身心照护之落实。为了实现失能失智老龄人财产管理和身心照护的一体化,许多信托类型皆可实现,具体取决于设立的信托的各种意图。通过信托制度与监护制度、

[①] 参见陈雪萍、张滋越《我国成年监护特殊需要信托制度之构建——美国特殊需要信托制度之借鉴》,《上海财经大学学报》(哲学社会科学版)2020年第1期。

保险制度等制度的结合和互补，依据高龄者不同时段的需求，尊重当事人的意思，选择最有利方式保障失能失智老龄人的权益。总之，高龄者可以依据不同的生命曲线来规划财产管理和安养照护，使晚年活得具有尊严，衣食无忧。通过此研究，探掘养老信托制度的疑义与阙漏，作为制度再造之根基。将信托制度与民法相关制度结合，以实现财产管理和身心照护的目的，可考量设计适宜的信托模式和制度，以发挥信托的弹性。透过高龄者的信托规划，提升制度的实用性，活化信托制度，以发挥养老信托应有的效用。

由于信托服务养老的理论博大精深，不能一一详尽，信托制度在实践中的活化以及具体制度的发展还有待进一步探讨和研究。

参考文献

一　中文文献

（一）著作

安宗林、肖立梅、潘志玉：《比较法视野下的现代家庭财产关系规制与重构》，北京大学出版社 2014 年版。

陈华彬：《民法总论》，中国法制出版社 2011 年版。

陈雪萍：《信托在商事领域发展的制度空间——角色转换和制度创新》，中国法制出版社 2006 年版。

陈月珍：《信托业的经营与管理》，台湾金融研训院 2002 年版。

陈自强、黄诗淳：《高龄化社会法律之新挑战：以财产管理为中心》，元照出版有限公司 2014 年版。

方嘉麟：《信托法之理论与实务》，元照出版有限公司 2003 年版。

高凤仙：《亲属法——理论与实务》，五南图书出版公司 2020 年版。

何宝玉：《信托法原理研究》，中国政法大学出版社 2005 年版。

黄进：《国际私法》（第 2 版），法律出版社 2005 年版。

黄诗淳、陈自强主编：《高龄化社会法律之新挑战：以财产管理为中心》，元照出版公司 2014 年版。

江朝国：《保险法逐条释义〈第一卷总则〉》，元照出版有限公司 2012 年版。

江朝国：《保险法基础理论》，瑞兴图书股份有限公司 2012 年版。

李智仁、张大为：《信托法制案例研习》，元照出版有限公司 2010 年版。

梁慧星：《民法总论》，法律出版社 2015 年版。

刘宗荣：《新保险法》，三民书局 2007 年版。

马俊驹、余延满：《民法原论》（第 3 版），法律出版社 2007 年版。

潘秀菊：《人寿保险信托所生法律问题及其运用之研究》，元照出版有限公司 2001 年版。

佟新：《人口社会学》，北京大学出版社 2006 年版。

杨崇森：《信托与投资》，正中书局 1977 年版。

许志雄：《人权的概括性保障与新人权》，元照出版有限公司 2008 年版。

王泽鉴：《民法总则》，五南图书出版公司 2009 年版。

王泽鉴：《民法总则》，中国政法大学出版社 2001 年版。

王志诚：《信托法》，五南图书出版公司 2018 年版。

王志诚：《信托法》，五南图书出版公司 2016 年版。

王志诚：《信托法》，五南图书出版公司 2021 年版。

张彩：《老龄化社会与老龄广播》，中国传媒大学出版社 2007 年版。

周志宏、许志雄、陈铭祥等编：《现代宪法论》，元照出版有限公司 2008 年版。

［日］道垣内弘人：《信托法入门》，姜雪莲译，中国法制出版社 2007 年版。

［日］能见善久：《现代信托法》，赵廉慧译，中国法制出版社 2010 年版。

［日］新井诚：《信托法》，刘华译，中国政法大学出版社 2017 年版。

［日］樋口范雄：《信与信托法》，朱大明译，法律出版社 2017 年版。

［德］萨维尼：《当代罗马法体系》，朱虎译，中国法制出版社 2010 年版。

（二）论文

陈北：《走出投资连结保险舞曲的金融产品——保险信托》，《财贸经济》2004 年第 1 期。

陈雪萍：《信托的担保功能在商事活动中的运用》，《法商研究》2007 年第 6 期。

陈雪萍：《信托受益人权利的性质：对人权抑或对物权》，《法商研究》2011 年第 6 期。

陈雪萍、张滋越：《我国成年监护特殊需要信托制度之构建——美国特殊需要信托制度之借鉴》，《上海财经大学学报》（哲学社会科学版）2020 年第 1 期。

陈雪萍：《论我国〈信托法〉对信托有效要件规定之完善——以英美信托法信托有效设立的"三个确定性"要件为借鉴》，《政治与法律》2018 年第 8 期。

陈雪萍：《论英美欺诈性移转信托及对我国的借鉴》，《法学评论》2008 年第 6 期。

陈雪萍：《推定信托的修正正义与修正正义的推定信托制度之借鉴——以攫取公司机会行为的修正为例证》，《上海财经大学学报》2018 第 4 期。

陈雪萍：《信托财产双重所有权之观念与继受》，《中南民族大学学报》（人文社会科学版）2016 年。

陈雪萍：《我国民事信托法律制度反思与重塑——兼议我国〈信托法〉之完善》，《中国法学会民法年会论文集》，2019 年。

邓学仁：《高龄社会之成年监护》，《中央警察大学法学论集》1998 年第 3 期。

邓学仁：《我国制定意定监护制度之刍议》，《台北大学法学论丛》2014 年总第 90 期。

方勇男、张璐：《我国成年监护制度之探讨与展望》，《延边大学学报》（社会科学版）2019 年第 2 期。

何锦璇：《信托立法不宜操之过急》，《北大法律评论》1998 年第 2 期。

和晋予：《养老与信托的"一体化"发展思路》，《当代金融家》2014 年第 12 期。

黄国精：《银行最具潜力之商品——信托商品》，《财税研究》1992 年第 4 期。

黄诗淳：《美国生前信托之启示：以信托与监护之关系为焦点》，《台湾大学法学论丛》2019 年第 2 期。

黄诗淳：《初探我国成年监护与信托之并用》，《万国法律》2014 年第 2 期。

黄诗淳：《从心理学的老化理论探讨台湾之成年监护制度》，《月旦法学杂志》2016 年总第 256 期。

黄诗淳：《从身心障碍者权利公约之观点评析台湾之成年监护制度》，《月旦法学杂志》2014 年总第 233 期。

江朝国:《死亡保险中受益人之确定》,《台湾本土法学杂志》2000年第6期。

姜雪莲:《信托受托人的忠实义务》,《中外法学》2016年第1期。

焦富民:《民法总则编纂视野中的成年监护制度》,《政法论丛》2015年第6期。

李洪祥:《论成年监护制度研究存在的若干误区》,《政法论丛》2017年第2期。

李国强:《论行为能力制度和新型成年监护制度的协调——兼评〈中华人民共和国民法总则〉的制度安排》,《法律科学》(西北政法大学学报) 2017年第3期。

李沃实:《美日信托法制运用于高龄化社会对我国这启示》,《中央警察大学法学论集》2003年第8期。

李世刚:《〈民法总则〉关于"监护"规定的释评》,《法律适用》2017年第9期。

李霞:《我国成年人民事行为能力欠缺制度》,《政治与法律》2008年第9期。

李霞:《成年后见制度的日本法观察——兼及我国的制度反思》,《法学论坛》2003年第5期。

李霞:《论台湾成年人民事行为能力欠缺法律制度重构》,《政治与法律》2008年第9期。

李霞:《协助决定取代成年监护替代决定——兼论民法典婚姻家庭编监护与协助的增设》,《法学研究》2019年第1期。

李霞、刘彦琦:《精智残疾者在成年监护程序启动中的权利保障》,《中华女子学院学报》2017年第5期。

李智仁:《高龄化社会与信托制度之运用》,《月旦财经法杂志》2013年第32期。

李智仁:《高龄化社会与信托制度之运用——日本经验之观察》,《月旦财经法杂志》2005年总第32期。

林艳:《为什么要在中国构建长期照护服务体系》,《人口与发展》2009年第4期。

刘得宽:《新成年监护制度之检讨》,《法学丛刊》1997年总第168期。

刘得宽：《意定监护制度立法上必要性——以成年（高龄者）监护制度为中心》，《法学丛刊》1999年第4期。

刘金霞：《德国、日本成年监护改革的借鉴意义》，《中国青年政治学院学报》2012年第5期。

潘红艳：《人身保险合同受益人法律问题研究》，《当代法学》2002年第2期。

潘秀菊：《从遗嘱信托与成年安养（福祉型）信托探讨台湾现行信托商品于发展上所面临之障碍与突破》，《月旦财经法杂志》2009年第17期。

潘秀菊：《高龄化社会信托商品之规划》，《月旦财经法杂志》2008年第12期。

彭诚信、李贝：《现代监护理念下监护与行为能力关系的重构》，《法学研究》2019年第4期。

王志诚：《信托制度在高龄化社会之运用及发展趋势》，《月旦法学杂志》2018年第5期。

宋炳庸：《无效法律行为用语不可屏弃》，《法学研究》1994年第3期。

苏永钦：《从以房养老看物权的自由化——再谈民法作为自治与管制的工具》，《中国法研究》2013年第1期。

孙海涛、曲畅：《财产信托制度在美国成年监护制度中的应用》，《北京工业大学学报》（社会科学版）2010年第2期。

孙文灿：《养老信托初探——从养老消费信托谈信托对积极应对人口老龄化的作用》，《社会福利》2015年第3期。

孙犀铭：《民法典语境下成年监护改革的拐点与转进》，《法学家》2018年第4期。

吴国平：《民法总则监护制度的创新与分则立法思考》，《中华女子学院学报》2017年第5期。

吴煜宗：《私事的自己决定》，《月旦法学教室》2003年第6期。

徐仁碧：《人寿保险受益人之受益权》，《寿险季刊》1986年第2期。

杨立新：《〈民法总则〉制定与我国监护制度之完善》，《法学家》2016年第1期。

杨立新：《我国老年监护制度的立法突破及相关问题》，《法学研究》

2013 年第 2 期。

尹隆：《老龄化挑战下的养老信托职能和发展对策研究》，《西南金融》2014 年第 1 期。

张冠群：《台湾保险法关于人身保险利益诸问题之再思考》，《月旦法学》2013 年总第 215 期。

张云英、胡潇月：《城市失能老年人长期照护体系研究综述——基于 2002—2015 年国内外文献研究》，《湖北经济学院学报》2016 年第 4 期。

赵虎、张继承：《成年人监护制度之反思》，《武汉大学学报》（哲学社会科学版）2011 年第 2 期。

赵廉慧：《信托财产确定性和信托的效力——简评世欣荣和诉长安信托案》，《交大法学》2018 年第 2 期。

赵英：《浅议我国台湾地区的安养信托》，《市场研究》2016 年第 3 期。

朱娟：《论我国监护信托制度的构建——以老年人的监护为视角》，《西南石油大学学报》2015 年第 1 期。

朱圆、王晨曦：《论我国成年监护设立标准的重塑：从行为能力到功能能力》，《安徽大学学报》（哲学社会科学版）2019 年第 2 期。

（三）硕士学位论文

白友桂：《身心障碍财产信托制度之研究》，硕士学位论文，东吴大学，2004 年。

陈怡蒨：《人寿保险（金）信托之法律问题及课税研究——以利他死亡保险为基础》，硕士学位论文，台湾大学，2012 年。

郭奇坤：《保险金信托有关问题之研究》，硕士学位论文，长荣大学，2008 年。

黄御哲：《老人安养（福祉型）信托制度之研究与建议》，硕士学位论文，淡江大学，2016 年。

李沃实：《高龄社会成年监护制度之研究——以身体上照护为中心》，硕士学位论文，中央警察大学，1998 年。

林义轩：《我国成年监护及辅助宣告制度之研究》，硕士学位论文，中国文化大学，2013 年。

吴彦钦：《我国新修正之成年监护制度兼论美国法上之持续代理权授与法》，硕士学位论文，东吴大学，2009 年。

吴玉凤：《保险金信托法律问题之研究》，硕士学位论文，台湾政治大学，2002年。

谢佳琪：《信托受托人为受益人投保人身保险之研究》，硕士学位论文，东吴大学，2018年。

二 网络文献

Ari Houser, Wendy Fox-Grage, Kathleen Ujvari, "Across the States 2012: Profiles of Long Term Services and Supports", https://www.aarp.org/home-garden/livable-communities/info-09-2012/across-the-states-2012-profiles-of-long-term-services-supports-AARP-ppi-ltc.html., on May 21, 2020.

Centers for Medicare and Medicaid Services, "What Part A Covers", https://www.medicare.gov/what-medicare-covers/what-part-a-covers, on May 21, 2020.

Centers for Medicare and Medicaid Services, "Important Facts for State Policymakers: Deficit Reduction Act", https://www.cms.gov/Regulations-and-Guidance/Legislation/DeficitReductionAct/downloads/TOAbackgrounder.pdf Pages 1-2., on May 21, 2020.

Enea, Scanlan, & Sirignano, "When is a Crisis a Medicaid Crisis?", https://www.esslawfirm.com/articles/when-is-a-crisis-a-medicaid-crisis/, on May 21, 2020.

Genworth, "Cost of Care Survey", https://www.genworth.com/aging-and-you/finances/cost-of-care.html, on May 21, 2020.

Greg Daugherty, "Asset Protection Trusts: Help For Seniors", https://www.investopedia.com/articles/personal-finance/110514/asset-protection-trusts-help-seniors.asp, on Jan 19, 2020.

Julia Kagan, "Special Needs Trust", https://www.investopedia.com/terms/s/special-needs-trust.asp, on Sep 23, 2019.

Natalie Valios, "The Pros and Cons of Care Trusts for Adult Care, Adults, Mental Health, Social Care Leaders", Workforce, https://webcache.googleusercontent.com/search?q=cache:1srBR9p97wwJ:https://www.communitycare.co.uk/2010/03/04/the-pros-and-cons-of‐care‐trusts‐for‐adult‐care/+&cd=1&hl=zh‐CN&ct=clnk&gl=hk&client=aff‐cs‐360se‐channel.，on March 4，2010.

Ria N.，"Special Needs Trusts and the Role of a Trustee"，Fremont Bank，2019，https：//www.liushairlaw.com/blog/2019/7/29/professional‐perspectives‐special‐needs‐trusts‐and‐the‐role‐of‐a‐trustee，on Sep.16，2020.

Royal College of Nursing，"Defending Dignity‐Challenges and Opportunities for Nursing"，London：RCN，2008.www.rcn.org.uk/publications，on May 20，2020.

Social Security Administration，"SI 01730.048 Medicaid Trusts"，https：//secure.ssa.gov/apps10/poms.nsf/lnx/0501730048，on May 21，2020.

"The Eldercare Trust was set up by NTUC Eldercare Co‐operative Ltd. (now NTUC Health Co‐operative Ltd.)，a Registered Charity and Was Granted IPC Status in 2000 by the Commissioner of Charities and National Council of Social Service Service's Central (General) Fund respectively, Singapore"，https：//www.eldercaretrust.org/.，on May 21，2020.

"The Social Care Institute for Excellence 2010"，http：//www.scie.org.uk/publications/guides/guide15/index.asp，on June 31，2012.

TD Wealth，"Family Trusts in Wealth Planning"，http：//advisors.td.com/public/projectfiles/67342a2a‐383f‐4d2f‐88f4‐08312d4feeb2.pdfl，on Dec.16，2020.

U.S.Department of Health and Human Services."Financial Requirements‐Assets"，https：//longtermcare.acl.gov/medicare‐medicaid‐more/medicaid/medicaid‐eligibility/financial‐requirements‐assets.html，on May 21，2020.

WHO，"Global Health and Aging"，https：//www.who.int/ageing/publications/global_health.pdf.，on March 26，2020.

国民信托：《老龄化背景下养老信托运行机理与制度保障研究（四）——其他国家和地区的养老信托运行机理与制度保障》，http：//www.chinatrc.com.cn/contents/2017/7/19‐069db63b130d4e18b749d196478‐3eba2.html，2017年7月19日。

黄诗淳：《保护信托制度于我国运用之可行性研究》（研究报告），https：//www. trust. org. tw/upload/107403780001. pdf，2022 年 1 月 29 日。

［日］信託協會：《後見制度支援信託》，2019 年 9 月発行，https：//www.shintaku-kyokai.or.jp/，2022 年 1 月 18 日。

《2020 养老行业市场发展趋势分析，我国人口老龄化趋势逐年显现市场前景可期》，锐观网，https：//m. reportrc. com/article/20200509/6701. html，2020 年 5 月 9 日。

民政部发布《2016 年社会服务发展统计公报》，新华网，http：//www. xinhuanet. com/politics/2017-08/03/c_129672055. htm，2017 年 8 月 3 日。

《权威发布：我国 60 岁以上老年人口 24949 万人，占总人口的 17.9%，老龄化加深》，搜狐网，https：//m.sohu.com/a/291016099_100018361，2019 年 1 月 23 日。

广东现代国际市场研究：《成年心智障碍人士就业状况和需求调研报告》，搜狐网，https：//www.sohu.com/a/227539827_100098499，2018 年 4 月 8 日。

董瑞丰、田晓航、邱冰清：《面对 2.64 亿人，中国守护最美"夕阳红"——"十三五"时期积极应对人口老龄化工作综述》，http：//www. gov. cn/xinwen/2021-10/13/content_5642333. htm，2021 年 10 月 13 日。

三 外文文献

（一）著作

David J. Hayton, *Cases and Commentary on the Law of Trusts*, London: Sweet & Maxwell /Stevens, 1991.

E. H. Burn & G. J. Virgo, *Maudsley & Burn's Trusts & Trustees: Cases & Materials*, Oxford: Oxford University Press, 2008.

George T. Bogert, *Trusts*, (6th edition), St. Paul: West group, 1987.

Geraint Thomas, *The Law of Trusts*, Oxford: Oxford University Press, 2004.

Henry Godefroi & Whitmore L. Richards, *The Law relating to Trusts and*

Trustees, London: Stevens and Sons, Limited, 1907.

Jesse Dukeminier & Robert Sitkoff, *Wills Trusts & Estates* (9th Edition), New York: Aspen Publishers, 2013.

Jon Glasby & Edward Peck, *Care Trusts: Partnership Working in Action*, Oxford: Radcliffe Medical Press Ltd., 2004.

L. B. Curzon, *Equity and Trusts*, Plymouth: Macdonald and Evans, 1985.

Lusina Ho, Rebecca Lee, *Special Needs Financial Planning: A Comparative Perspective*, Cambridge: Cambridge University Press, 2019.

Lwobi, *Essential Trusts*, 3rd Edition (Essential Series), Oxfordshire: Routledge-Cavendish, 2001.

Majeed A, Malcolm L., *Unified Budgets for Primary Care Groups*, London: BMJ, 1999.

Marcia Libes Simon, *An Advocate's Guide to Laws and Programs Addressing Elder Abuse: An Information Paper*, Washington, D.C.: U.S. Government Printing Office, 1991.

Mohamed Ramjohn, *Cases & Materials on Trusts*, London: Cavendish Publishing Limited, 2004.

Muriel L. Crawford and William T. Beadles, *Law and the Life Insurance Contract*, (6th Edition), Homewood: Richard D. Irwin, Inc., 1989.

Pat M. Keith, Robbyn R. Wacker, *Older Wards and Their Guardians*, Boston: Greenwood Publishing Group, 1994.

Paul G. Haskell, *Preface to the Law of Trusts*, New York: The Foundation Press, 1975.

Robert H. Sitkoff & Jesse Dukeminier, *Wills Trusts & Estates*, Tenth Edition, New York: Wolters Kluwer Law & Business, 2017.

Robert H. Sitkoff and Jesse Dukeminier, *Wills, Trusts and Estates*, (Tenth Edition), New York: Wolters Kluwer, 2017.

Robert Pearce and John Stevens, *The Law of Trusts and Equitable Obligations*, (2nd edition), London: Butterworths, 1998.

Smyer M., Schaie K.W., Kapp M.B., eds, *Older Adults' Decision-making and the Law*, New York: Springer, 1996.

Tina Sarkar, *Health Care for People with Intellectual and Developmental Disabilities across the Lifespan*, Switzerland: Springer International Publishing, 2016.

冨永忠祐:《成年後見と信托》, 載新井誠、赤沼康弘、大貫正男《成年後見法法制の展望》, 日本評論社 2011 年。

[日] 今川嘉文、石田光曠、大貫正男、河合保弘,《誰でも使える民事信託—財產管理・後見・中小企業承繼・まちづくり etc.活用の實務》, 日本加除出版 2012 発売。

[日] 四宫和夫:《信托法》, 有斐閣 2002 年。

[日] 山本敬三:《民法讲义 I 总则》, 有斐閣 2012 年。

[日] 新井诚:《信托法》,（第 4 版）, 有斐閣 2014 年。

[日] 新井诚:《信托法》, 有斐閣 2008 年。

[日] 新井诚:《成年後見法と信托法》, 有斐閣 2008 年。

[日] 新井誠、赤沼康弘、大贯正男:《成年後見制度》, 有斐閣 2006 年。

[日] 田中实、山田昭:《信托法》, 学阳书房 1989 年。

(二) 论文

Allyson M Pollock, "Will Primary Care Trusts Lead to US-style Health Care?", *BMJ: British Medical Journal*, Vol.322, No.7292, Apr.21, 2001.

Barbara K. Lundergan, "Estate Planning Techniques for Elderly Clients: Planning for Potential Disability", *The Compleat Lawyer*, Vol. 3, No. 4, Fall 1986.

Carney, Terry & Keyzer, Patric, "Private Trusts and Succession Planning for the Severely Disabled or Cognitively Impaired in Australia", *Bond Law Review*, Vol.19, No.2, 2007.

Chih-Cheng Wang, "The Main Features of Trust Law and Practical Issues of Offshore Trust in Taiwan", *Trusts & Trustees*, Vol.20, No.4, 2014.

Daryl L. Gordon, "Special Needs Trust", *Quinnipiac Probate Law Journal*, Vol.15, No.1 & 2, 2000.

Donna G. Barwick, "Estate Planning for Beneficiaries with Special Needs", *Journal of Retirement Planning*, Vol.6, No.12, 2003.

Feder, David & Sitkoff, Robert H., "Revocable Trusts and Incapacity

Planning: More than Just a Will Substitute", *Elder Law Journal*, Vol. 24, No.1, 2016.

Jacqueline d.Farinella, "Come on in, the Water's Fine: Opening up the Special Needs Pooled Trust to the Eligible Elderly Population", *Elder Law Journal*, Vol.14, No.1, 2006.

Jennifer Brannan, "Third-party Special Needs Trust: Dead or Alive in a Uniform Trust Code World", *Texas Wesleyan Law Review*, Vol. 16, No. 2, 2010.

John H.Langbein, "The Contractarian Basis of the Law of Trusts", *Yale L.J.*, Vol.105, No.3, 1995-1996.

Katherine B.McCoy, "The Growing Need for Third-party Special Needs Trust Reform", *Case Western Reserve Law Review*, Vol.65, No.2, 2014.

Kristen Lewis Denzinger, "Special Needs Trusts", *GPSolo*, Vol. 20, No.6, September 2003.

Kemp C.Scales, CELA & Linda M.Anderson, "Special Needs Trusts: Practical Tips for Avoiding Common Pitfalls", *Pennsylvania Bar Association Quarterly*, Vol.74, No.2, 2003.

Lauretta Murphey, "Special Needs Trust Basics", *Michigan Probate Estate Planning Journal*, Vol.31, No.3, 2011.

Louis A.Mezzullo & Michael C.Roach, "The Uniform Custodial Trust Act: An Alternative to Adult Guardianship", *U.Rich.L.Rev.*, Vol.24, No.1, 1989.

Patricia Tobin, "Planning ahead for Special Needs Trusts", *Probate and Property*, Vol.11, No.56, 1997.

Penington, Robert, "Life Insurance Trusts", *Corporate Practice Review*, Vol.1, No.7, April 1929.

Ruthann P.Lacey & Heather D.Nadler, "Special Needs Trust", *Family Law Quarterly*, Vol.46, No.2, 2012.

［日］岸本雄次郎：《信托受托者の職務と身上監護》，《立命館法学》2017 年 5・6 号（375・376 号）。

［日］八谷博喜：《任意後見制度の促進における任意後見制度支援信託の利用：任意後見制度支援信託の実務上の留意点》，《実践成年後見》78 号，2019 年 1 月。

［日］矶村保:《成年监护の多元化》,《民商法杂志（成年监护法改革特集）》2000 年第 4 期。

［日］浅香竜太、内田哲也:《後見制度支援信託の目的と運用について》,信託 250 号,2012 年。

［日］新井诚:《权利能力・意思能力・行为能力・不法行为能力》,《法学教室》1993 年第 144 号。

［日］伊室 亜希子:《後見制度支援信託の概要と考察》,明治学院大学法律科学研究所年報 29 巻,2013 年。

［日］植田淳:《高齢社会の到来と信託の活用：期待される信託の機能についての》,《神戶外大論叢》,2005 年第 56 卷,第 3 号。

后　　记

　　每一个人终有老去的一日，失能失智老龄人的安养照护是一个难以回避的话题。多年来，我一直对如何通过信托制度之活化解决高龄者生活安养及医疗照护等问题进行思考，最终汇集为《失能失智老龄人安养信托的制度设计》，即将付梓，心有慰藉。虽不知有关建议可否真正解决高龄者安养照护之难题，但至少能为失能失智老龄人安养信托制度的融合创新助一臂之力。

　　"人生下半场不能只有基本生活被满足。"透过信托之多功能性和多目的性，使老龄人安养乐活得以充分保障，既是信托法学者重要的研究课题，亦是信托业者职责所在。

　　《失能失智老龄人安养信托的制度设计》之研究以信托为路径，将"失能失智老龄人安养照护"与"信托法律制度"相结合，使信托法律制度之多功能兼顾，多特性并举，将信托制度与其他制度等并用，助力居家社区机构养老相协调、医养康养相合养老服务体系之建立，实现"失能失智老龄人照护"问题之妥适解决，通过信托制度，最终化解失能失智老龄人安养照护之困境。失智失能老龄人面临的"人""财"两方面的困境，一直萦绕在心，敦促我对之深入地思考和研究。多少个"007"，无数次"星星点灯"，倾注的心血和和付出的艰辛，唯我自知。

　　此著述仅为自己对"失能失智老龄人安养信托制度"的一点思考，尚有诸多问题有待进一步的探究，研究存在浅陋在所难免，恳请同仁批评指正。

　　在此著述的写作和出版过程中，获得诸多的鼓励、支持和帮助，在此表示衷心的感谢！

　　感谢中国社会科学出版社梁剑琴老师在本书编辑出版过程中的辛劳付出和给予的宝贵支持！

感谢法学院领导的支持!
感谢所有给予支持和帮助的人!

2022 年 2 月 10 日